1848 D.

Jar.

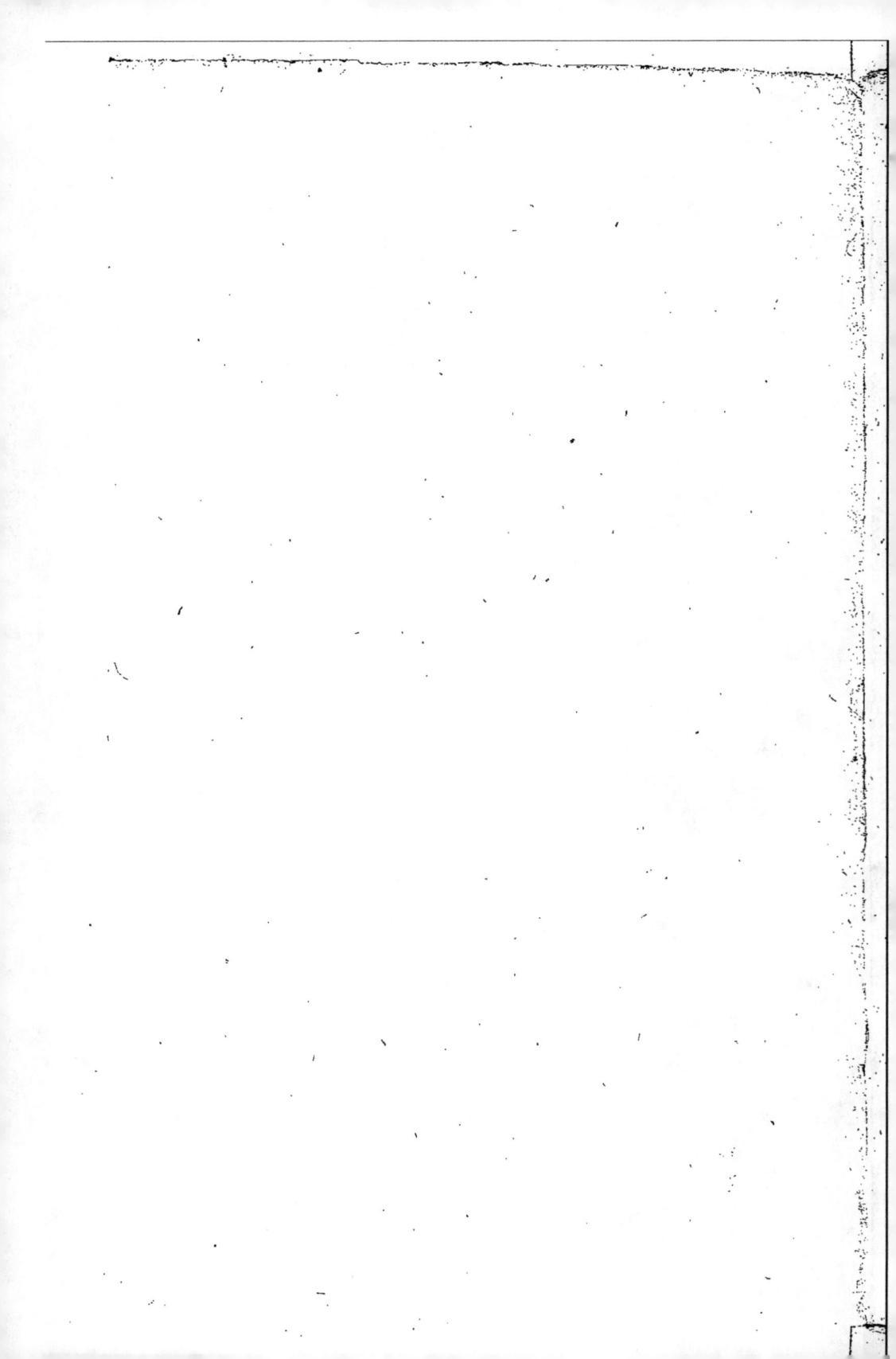

DROIT PUBLIC
D'ALLEMAGNE,

CONTENANT

La forme de fon Gouvernement, fes différentes
Loix; l'Election, le Couronnement &c. de
l'Empereur & du Roi des Romains, leur
Origine, Titres, Droits &c. ainfi que ceux
des Electeurs, Princes & autres États de
l'Empire; y compris ceux de la Nobleffe
immédiate.

On y a ajouté

Les Droits de la Nobleffe Equeftre de la Baffe-Alface,
fon origine, & autres matieres intéreffantes,
avec ce qui eft analogue à la France.

*Le tout enrichi d'une compilation de Loix
fondamentales de l'Empire.*

PAR M. JACQUET,
Licencié-ès-Loix.

TOME III.

à STRASBOURG,

De l'Imprimerie de Simon Kürsner,
M DCC LXXXII.

APPROBATION.

J'ai lu ce troifieme Tome du Droit Public, *dans lequel je n'ai rien trouvé qui m'ait paru devoir en empêcher l'impreſſion.*

Signé, REISSEISSEN, *Doyen de la Faculté de Droit.*

Vu l'approbation ci-deſſus, je conſens au nom du Magiſtrat de cette Ville à l'impreſſion du préſent Tome.

Fait à Strasbourg, ce 28. Septembre 1781. WENCKER, XV.

Permis d'imprimer ce 2. Octobre 1781, GERARD.

TABLE

T A B L E

Fin de la Table.

CHAPITRE VII.

De la Diete générale de l'Empire.

I.

Le nom de la Diete ne fignifie autre chofe qu'une affemblée du peuple ou de fes repréfentants, pour délibérer & ftatuer fur les affaires publiques de l'Etat (*a*). Ces fortes d'affemblées font d'une très - ancienne date , & paroiffent même être une fuite de la fociété des

Signification du mot Diete.

(*a*) En difant *du peuple ou de fes repréfentans*, j'y comprends auffi leur chef. Le nom de *Diete* paroît fortir du nom latin *dies*, Tag , *jour*; parceque ces affemblées fe tenoient à de certains jours fpécialement indiqués à cet effet, & le traitement des affaires occupoit ordinairement toute la journée , s'enfuivoit enfuite les fêtes & les divertiffemens. On appelle encore aujourd'hui l'affemblée des Etats de l'Empire , Reichstag , quoiqu'elle dure déja plus d'un fiecle.

Dérivation du nom Diete.

hommes (*b*). Les Romains , les
Francs & les Allemands s'en fer-
voient longtems avant nous (*c*);

(*b*) La société dénote ici une liaison
de deux ou de plusieurs. personnes à
l'effet de se mettre soi-même aussi bien
que ses biens & tous leurs accessoires
sous la protection les unes des autres :
de cette liaison dis-je, il résulte naturellement, que les personnes liées de cette
maniere s'assemblent de tems à autre ,
suivant l'exigence des cas , pour délibérer sur les mesures à prendre , afin de
lui donner de jour en jour plus de
solidité.

Assem-
blées des
Romains
appellées
Comitia.
(*c*) Les Romains appelloient ces assemblées du peuple *Comitia*, *Comices* ; elles
comprenoient les trois ordres de la République c-à-d. les Chevaliers Romains ,
les Sénateurs & les Tribuns avec le menu
peuple. On y traitoit les affaires les
plus importantes , on y créoit les magistrats, on y faisoit & publioit les loix
& les ordonnances, on y jugeoit les affaires qui devoient être portées au tribunal du peuple , on y délibéroit touchant la guerre & la paix ; mais à l'é-
gard de la guerre, la conduite en appar-
tenoit au Sénat & aux Consuls. Il y
avoit trois différentes manieres de convoquer ces assemblées selon les trois diffé-

on en trouve encore dans plufieurs

---

rentes diftributions qu'on avoit fait du peuple Romain, favoir : par curies, par cen-
turies & par tribus. V. *Denis d'Halicar-
naffe*, liv. 4, chap. 15, liv. 7, chap. 9.
& 15, & liv. 11, chap. 11. *Heineccius,
Antiquit. Rom.* lib. I, tit. II, lib. IV, tit.
18, §. 35. & *in appendice*, lib. 1, cap. I,
§. 64.

Déja les anciens Francs & Germains
donnoient à leurs affemblées publiques
des noms caractériftiques & diftinctifs,
en les appellant *Synodes*, *Plaids*; *Conciles*, *Conventus* & *Cours*.

Les Anciens Germains divifoient leurs
affemblées en grandes & petites. Les
grandes étoient ainfi appellées, parcequ'on
y traitoit des affaires d'importance. Tout
le peuple y étoit convoqué, & il y avoit
toujours au moins des députés de toutes
les claffes populaires. Dans les petites,
on traitoit des affaires moins importantes,
dont la décifion étoit abandonnée aux
principaux du peuple, qui feuls y affi-
ftoient. V. *Tacite, de Mor. Germ.* cap. X.
Du tems de Charlemagne les Allemands,
ainfi que les Francs, les divifoient en affemblées générales & particulieres ; les
générales fe convoquoient réguliérement
deux fois l'an, & même plus fouvent à
l'arbitrage des Empereurs ou des Rois
guidés par les befoins ou l'utilité publique.

*Affem-
blées des
anciens
Germains.*

A 2

elles fe tenoient ordinairement au champ ou en pleine campagne, appellée *Champ de Mars* ou de *Mai*, parceque'lles fe faifoient dans l'un de ces deux mois. Voyez-en une defcription dans *Arnoldus Lubecenfis*, cap. III, lib. IX.

Tous les citoyens majeurs, tant Laïques qu'Eccléfiaftiques qui avoient quelque part à l'adminiftration de l'Etat, y étoient appellés; mais ils n'y jouiffoient pas tous du même droit. Les principaux d'entre eux, c'eft-à-dire les Evêques,

Voix déli-bérative. Abbés, Ducs & Princes, & dans la fuite les Comtes, y avoient voix délibérative;

Voix d'ap-probation. mais leurs fubordonnés n'y avoient que la voix d'approbation. V. *Hincmarus, Epift.* 14. *ad Procer. Regni pro inftitut. Carolomanni R.* §. 29. & *Appendix Aélorum vet. apud Baluzium*, tom. II, nn. 26, 27, 31. & 32.

Il y avoit même de ces affemblées générales où l'on admettoit tous les citoyens de l'Etat indifféremment, même les Villageois. V. *Struv, Corp. hift. Germ.* per. III, §. XXXIX. On y traitoit les matieres civiles & eccléfiaftiques, avec cette différence, que l'Archevêque de Mayence y avoit ordinairement la direction des affaires eccléfiaftiques.

Obferv. Iᵉ. Les fubordonnés aux Ducs & aux Comtes s'appellent dans les anciens Diplômes *Juniores*. V. *Pithæus, Ann.*

Franc. ad an. 828 , tels étoient, par exemple , leurs Lieutenants , les Centeniers,
les Fauconniers & Chaffeurs de la Cour.

Obf. II°. On appelloit ces affemblées
Placita , *Plaids* , pour deux raifons : la
1re. parcequ'il dépendoit du bon plaifir
des Rois & des Empereurs de leur fixer
le jour , le lieu & la maniere d'y comparoître ou d'y donner fa voix ; la
2de. parceque leurs décifions mêmes
pouvoient s'appeller *Placita*, c'eft-à-dire,
le bon plaifir ou la bonne volonté du
Prince , vu que fa feule voix étoit déci-
five & faifoit la loi. Delà ce vieux ftyle
des ordonnances Royaux , *tel eft notre
plaifir.*

Obferv. III°. Les affemblées que l'on
nommoit *Cours* , Königliche Höfe , n'a-
voient d'abord d'autres but que la célébration de quelques fêtes publiques, p. e.
les jours de Pâques , de Pentecôte , de
la Nativité de Notre Seigneur & de la
Ste. Vierge , le jour de la naiffance d'un
Prince , des Nôces , d'une convalefcence
& autres. Les Grands & Vaffaux de la
Cour y paroiffoient & faifoient les fonctions attachées à leurs dignités & offices , en livrées , c'eft-à-dire en habits de
Cour de certaines couleurs diftinctives, qui
marquoient les rangs , les dignités & les
offices d'un chacun; habits dis-je , que les
Rois ou les Empereurs leurs livroient tous

Origine
des li-
vrées.

Origine les ans , appellés pour cette raison *livrées* , Kleiber , Hoftleiber , Galafleiber V. *Cod. Theodof.* lib. VI , tit. 30. & *Monachus Sangallerus de vita Caroli M.* lib. II , cap. 41. *Alteserra de Ducib. & Comit. Gall.* lib. III , cap. II. les *Gloffaires de Du Cange & Spielmann* , vocib. liberatio & liberata , & *Laurriere Gloffaire du Droit François* : lettr. *Droit de Manteau.* Ces aſſemblées s'appelloient Cours, parcequ'elles ſe faiſoient toujours à la Cour ou Palais du Prince. On n'y appelloit que les Grands de l'Etat ; auſſi elles ne peuvent point figurer ſous le nom d'aſſemblées générales. Dans la ſuite les Diétes & aſſemblées générales venant à manquer , ces Cours devenoient plus fréquentes & l'on commençoit déja du tems de *Henri IV.* à y délibérer ſur les affaires publiques. *Rahlmann,* Nachricht von den Reichstägen , pag. 92. Elles changerent de forme ſous *Maximilien I.* Mais déja long-tems avant lui les Grands y avoient voix déciſive, laquelle s'eſt formée & affermie avec le droit d'élection , v. *Regino ad ann.* 894. *Otto Friſingenſis de Geſt. Frid. I.* lib. II , ç. VI. *M. Chron. Belg.* pag. 266. & *Annal. Colmar. ad ann.* 1291. où nous liſons . . . . *Rex Rudolphus* (*Habsburgicus*) *Curiam celebravit* (*Spiræ*) *non ad ſuam per omnia voluntatem.* Les Dietes ſubſéquentes ainſi que celles d'aujourd'hui paroiſſent être une imitation de ces Cours & en tirer leur fource ; quoique la forme en ait beaucoup changée.

IV°. Les affemblées particulieres ne comprenoient que les Evéques, Abbés, Ducs & Comtes ; on y délibéroit fur de certaines affaires publiques, p. e. touchant les impôts. Quelquefois les Rois ou Empereurs tenoient des confeils fecrets avec l'élite des plus prudens & des plus expérimentés des Princes, vid, *Annal. Fuld. ad. ann.* 771. & *Otto Frifingenfis*, lib. II. cap. IV. *Pfeffinger*, lib. I. tit. II. p. 74. & feqq. rapporte une longe fuite d'affemblées tenues fous chaque Empereur.

V°. On appelloit auffi quelquefois même en Allemagne, & encore dans le quatorzieme fiecle, les affemblées générales *Parlemens publics*, parceque le peuple s'y entre-parle. *Albert de Strasbourg à l'année* 1343. en parlant de *Louis de Baviere*, dit : " Quibus articulis Principi " præfentatis, *ipfe* eorum copiam uni- " verfis Principibus, præfertim Electori- " bus & magnis Civitatibus deftinavit, " omnes Principes & civitates & oppida " totius Allemanniæ, ad *Parlementum* " *publicum* fuper ejusmodi facto in *Fran-* " *cofurt.* convocando ".

VI°. Dans les douzieme, treizieme & quatorzieme fiecles, il ne faut point confondre les affemblées d'élection, defquel-

Etats de l'Europe (*d*) : cependant elles ne jouent nulle part un rôle plus distingué qu'en Allemagne, où elles se divisent en Dietes générales & particulieres.   Nous

les les plus puissans d'entre les Etats s'efforçoient d'exclure les autres, & auxquelles le peuple & les villes n'avoient aucune part , avec les assemblées générales, qui se tenoient encore quelquefois & où l'on admettoit le peuple & les villes , quoique d'ordinaire il n'en soit fait mention expresse que depuis la *Bulle d'or* faite en 1356. Voyez-en la préface.   Et depuis les villes ont soutenu leur droit d'assister à la Diete de l'Empire , quoique la Diete de l'Empire ne paroisse point être une assemblée générale de même genre que celles desquelles nous venons de parler. Pour avoir une plus grande connoissance de ces anciennes assemblées, lisez *Struv. Corp. jur. publ.* cap. 23. & les auteurs qu'il y allégue.

(*d*) Telles sont p. e. *le Divan en Turquie* , la Diete Polonoise , l'assemblée du Parlement d'Angleterre , les Cortes d'Espagne, l'assemblée des Etats-Généraux à la Haye, la Diete des Cantons de la Suisse &c. V. *le Droit public du St. Empire* , liv. XXI. chap. I.

parlerons des premieres dans ce
chapitre , nous réfervant de tou-
cher les autres dans le fuivant.

II.

Pour ne point ennuyer mon
lecteur par un récit peu important des Dietes & Comices de
l'antiquité , je paffe immédiatement
à la defcription de la Diete générale de l'Empire , telle qu'elle eft
de nos jours ; & je dis que cette
Diete (a) eft une affemblée de tous
les Etats de l'Empire , jouiffant du
droit actuel de féance & de fuffrage,
pour délibérer fur les affaires dont
la difcuffion , le réglement & la

(a) Voici les ouvrages où l'on peut
puifer une connoiffance parfaite de la
Diete de l'Empire , favoir, 1°. le *Traité* de
M. de Herden, ou mieux de *Heyden*,
intitulé .. . Des H. R. R. Grundfefte,
ober auserlefene Anmerkungen über den
8ten Art. des Osnabrückifchen Friedens.
2°. Neueftes Reichtagstheatrum. 3°.
Tract. von Reichstägen de *J. J. Mofer*.
4°. Abbildung des itzigen Reichstags ,
dans Lunig Reichsarchiv. *part. Gen. in
Append.*

A 5

décifion dépendent de l'examen, de l'avis & du confentement du chef & des membres de l'Empire; & pour prendre des mefures convenables par des Réfultats, afin de rendre efficace & faire exécuter ce qui aura été ftatué ou ordonné de fa part (*b*).

III.

Convoquée par l'Empereur. Une pareille Diete peut & doit être convoquée (en cas que celle d'aujourd'hui vient à fe diffoudre) (*a*) par l'Empereur, comme

---

(*b*) Cette affemblée des Etats ne peut être nommée générale que rélativement aux Etats mêmes, & en comparaifon des autres affemblées collégiales & particulieres ; mais non pas à l'égard de tout l'Empire, vu qu'elle ne comprend point la Nobleffe immédiate ni d'autres Nobles, (appellés Landfaffen) affis dans les territoires des Etats, ni les Villes & autres endroits municipaux, qui tous enfemble font certainement une très-notable partie de l'Empire.

(*a*) V. *l'art. XIII. §. I. de la Capitul. de Jofeph II.* La Diete d'aujourd'hui, établie à Ratisbonne dans la Baffe-Baviere fur le Danube, y prit naiffance

chef de l'Empire, du confentement des Electeurs, ou à leur réquifition & admonition (b), dans un en-

---

en 1663. & y refta jufqu'après la mort de *Charles VI.* L'Empereur *Charles VII.* la transféra pour raifon de guerre avec l'Autriche, à *Frankfort* fur le *Mein*, où elle fe repofa jufqu'à fa mort arrivée en 1745. Alors *François Premier*, fon fucceffeur & pere de l'Empereur d'aujourd'hui, la replanta dans fon lieu natal ; cette Diete pour ainfi dire perpétuelle, eft d'une grande reffource à l'Empire, & ne finira probablement plus ; à moins qu'une violente fermentation d'efprit & de grandes diffenfions parmi les Etats, foit pour raifon du rang, foit par rapport aux fuffrages que les Princes & autres Etats prétendent devoir donner conjóintement avec les Electeurs touchant de certaines affaires, ne la culbutent.

(b) Avant *Charles V.* l'Empereur convoquoit la Diete de fon chef, librement & autant de fois qu'il le jugeoit à propos. Au moins eft-il conftant, qu'avant la Capitulation dudit *Charles* (art. 12.) il n'y eut point de loi formelle, qui aftreignoit l'Empereur à exiger & fuivre le confentement des Electeurs, pour être autorifé de convoquer une Diete générale ; mais depuis, cet article fut inféré

droit fitué dans l'Empire de la nation Allemande (c) tous les dix

---

dans toutes les Capitulations & fe trouve
en terme exprès au §. I. de l'art. XIII.
de la Capitulation de Joseph II. Il n'eſt
cependant point requis que ce confentement foit unanime, ni collégial ; la pluralité des voix données de chaque Electeur en particulier fuffit à cet égard, v.
Moſer, Staatsrecht, p. 484. & Reichstäg,
p. 36. Il eſt même d'ufage de mettre
dans les lettres patentes de convocation,
que l'Empereur convoque les Etats *de*
l'avis préalable, au ſçu & avec le con-
fentement des Electeurs. Cela me per-
fuade que c'eſt auſſi aux Electeurs de
juger conjointement avec l'Empereur,
fi les caufes de la tenue d'une Diete
projettée font fuffifantes ou non, parceque leur confentement ne devant point
être violenté, ni aveugle, préfuppofe
une connoiſſance de caufes & une dif-
cuſſion d'icelles.

(c) La Boheme depuis qu'elle a re-
pris voix & féance à la Diete, & qu'elle
fournit fa quote-matriculaire, paroît devoir être comprife dans l'Empire de la
Nation Allemande. Cependant les publiciftes prétendent, que ces termes *Empi-*
re de la Nation Allemande, ne doivent
être entendus que du territoire de l'Allemagne proprement dite : & que confé-

ans pour le moins (*d*), & en outre toutes & quantes fois que la fû-

---

quemment Il ne feroit pas loifible à l'Empereur, même conformement à l'avis des
Électeurs, de convoquer une Diete à *Pra-*
gue en Boheme, quoique la Boheme jouiſſe
inconteſtablement, comme Etat d'Empire, des niémes droits que l'Allemagne,
vid. *Linnæus*, *jur. publ.* lib. 4. cap. 8.
num. 87. Le fameux *Mofer* foutient pourtant le contraire, Staatsrecht *i* pag. 507.
& 512. Reichstag, p. 38. & certes je me
range volontiers de fon coté, d'autant plus
que la Capitulation ne dit point, que l'endroit de la Diete à convoquer doit être
fitué dans le territoire de l'Allemagne,
mais *dans l'Empire*. Or l'Empire exiſte
par-tout, où il y a un territoire y attaché,
& ces termes de *la nation Allemande*
peuvent très-bien convenir aux Bohémiens ou Boyens originaires Allemands
comme je le fis voir ailleurs.

Obf. C'eſt par l'art. XIII. *de la Capi-*
tul. de Ferdinand III, qu'il fut ordonné
pour la premiere fois, que la Diete doit
être tenue dans une ville fituée dans
l'Empire.

(*d*) Au projet de la Capitulation perpétuelle, il eſt porté, que l'Empereur con-
voquera une Diete dès la premiere année
de fon Regne; mais ce projet attend fon
approbation.

reté ou l'état des affaires de l'Empire ou le befoin de quelques Cercles le demandera. Mais avant de publier les lettres de convocation, il faut que l'Empereur convienne avec les Electeurs du tems qu'elle doit commencer (e), & du lieu où elle fe tiendra (f).

Obf. Il paroît que cette claufe fût inférée dans les Capitulations à la follicitation des Etats, afin d'empêcher par-là, que les Empereurs, naturellement jaloux de l'autorité de la Diete, ne s'avifent point de gérer les affaires de l'Empire fans jamais en donner communication aux Etats.

(e) Les Etats étant beaucoup difperfés & n'ayant pas toujuurs à leur difpofition des gens affidés & fuffifamment éclairés pour s'en fervir comme députés, il eft jufte de leur accorder un certain délai pour comparoir, afin d'être en état de fe pourvoir de tout ce qui pourroit faciliter les intérêts de l'Empire auffibien que ceux de leur propre territoire. Les Electeurs conviennent de ce terme avec l'Empereur, qui le fpécifie enfuite dans les lettres de convocation. Il eft d'ordinaire de fix mois depuis le jour de convocation.

(f) Si l'on veut fuivre la difpofition

de la *Bulle d'Or*, tit. 28, §. 5. La première Diete après le couronnement doit se faire à *Nuremberg* en Franconie, à moins qu'il n'y ait un légitime empêchement; mais selon le *Récès de Spire* de 1570, il paroît être loisible à l'Empereur & aux Electeurs, de désigner les endroits qu'ils jugeront les plus convenables aux affaires à traiter dans la Diete, sans faire attention si c'est la premiere, seconde ou troisieme depuis le couronnement. Voici ses paroles : " wollen einen Reichs=
„ Deputations=Tag gen Frankfurt, oder
„ aber wo es sonst den Sachen am ge=
„ gelegensten seyn soll, ausschreiben „.
Cependant si la premiere Diete après le couronnement se fait ailleurs, la Ville de *Nuremberg* obtient pour la conservation de son privilege, des lettres réversales, où se le fait assurer par le *Récès* même de cette Diete. V. le *Récès* de 1641, §. 2.

Observ. Il est d'usage de choisir pour la tenue de la Diete une Ville Impériale où l'exercice des deux Religions soit libre. Ratisbonne, où elle est aujourd'hui, tout catholique qu'elle est, paroît être à la bienséance de l'Empereur & des Etats, vu qu'elle est à portée de la Cour, & à l'abri d'un voisin dangereux. Une multitude de causes qui y sont pendantes, ou celles qui sont toujours en chemin pour s'y accrocher, en exigent la continuation.

IV.

Les Electeurs étant convenus avec l'Empereur du jour & de l'endroit où elle doit se tenir, il est du droit & du devoir de l'Empereur d'y convoquer les États chacun séparément, & même conformément à l'usage par des Lettres-patentes (*a*) imprimées à leur

---

Le danger de sa dissolution, les frais de son renouement ou de sa transplantation, nous donnent à croire que sans une émotion particuliere elle ne s'en ira plus, sauf cependant le droit de *Nuremberg*; d'autant plus que l'Empereur n'est point en droit de la dissoudre de son propre chef, avant que l'on soit parvenu à vuider les affaires qui y sont proposées, de même que celles qui par la disposition du *Traité de Westphalie*, y sont envoyées. Et au cas que les conjonctures du tems n'en permissent plus la continuation, il faut convenir alors avec les *Electeurs & les Etats* pour la proroger, comme le porte le dernier *Récès de l'Empire* de 1654, §. 192.

(*a*) Autrefois les Empereurs y convoquoient les Etats par un Edit général; cependant, soit par respect, estime ou

leur adreſſe, & en envoyer à chaque État autant qu'il a de voix

---

amitié, ils y invitoient quelquefois de
certains Etats, ſur-tout les Eccléſiaſtiques,
par Lettres-patentes à eux ſpécialement
adreſſées. V. *Struv. Corp J. publ.* cap. 23,
§. XIII. L'Empereur *Wenceslas* invita de
même la Ville de *Strasbourg* à l'Aſſem-
blée de *Nuremberg* en 1299, ſans doute
qu'il en eſpéroit quelque reconnoiſſance.
V. *Mullerus Fridericus I.* Vorſt. cap. II,
§. 6. Dans la ſuite les Empereurs voyant
qu'on ne déféroit plus à leurs Edits généraux & Impérieux, & que fort ſouvent ils
étoient obligés de congédier la Diete, pour
raiſon du peu de monde qui s'y trouvoit,
ils commencerent à ſe ſervir pour les engager à y vénir, de Lettres - patentes à
l'adreſſe d'un chacun, contenantes une
invitation gracieuſe & honnête. Il y a des
publiciſtes qui rangent l'époque de l'uſage
général de ces lettres ſous le regne de
Frédéric III, mais fort gratuitement. Cet
uſage prit ſa conſiſtence inſenſiblement
comme tout autre. Aujourd'hui il fait loi.

Obſerv. On déſigne toujours dans ces
patentes les matieres qui feront l'objet de
la *Propoſition Impériale*, afin que les
Etats puiſſent s'y préparer ou en inſtruire
leurs Miniſtres. A ces Lettres - patentes
l'Empereur joint d'ordinaire une lettre particuliere à chacun des *Etats* les plus puiſſans.

Tome III.   B

à la Diete (*b*). L'Empereur ainfi
que les États y comparoiffent
(après le délai expiré) en perfonne, ou par Commiffaires (*c*), Envoyés ou Miniftres (*d*).

(*b*) Lorsque plufieurs ont part à un
fuffrage en commun *fur le banc des Princes*, chacun doit être appellé féparément.
Au contraire, à l'égard de ceux qui n'ont
voix que par *claffe* ou en *corps*, la *convocation* fe fait par une feule *Patente* pour
chaque banc, adreffée au *Directeur*.

(*c*) V. l'*Art.* XIII, §. II, de la *Capitul.
de Jofeph II.* Autrefois les Dietes étant
moins gênantes & de moindre durée,
l'Empereur (ainfi que les Etats) s'y trouvoient d'ordinaire en perfonne; mais cela
changea, & nous trouvons que déja l'Empereur *Sigifmond* y envoya de fa part des
Commiffaires, appellés 𝕶𝖆𝖞𝖘𝖊𝖗𝖑𝖎𝖈𝖍𝖊 𝕸𝖆𝖈𝖍𝖙-
𝕭𝖔𝖙𝖍𝖊𝖓, 𝕾𝖊𝖓𝖉-𝕭𝖔𝖙𝖍𝖊𝖓. *Wencker, apparatus archivorum*, pag. 348. Dans la fuite
pour les y faire jouir d'une plus grande
autorité, les Empereurs leur donnerent le
Caractere repréfentatif avec le titre de
Commiffaire Principal, c'eft-à-dire, repréfentant la dignité & la perfonne de fon
Prince. *Maximilien fecond* paroît en avoir
conftitué le premier, en envoyant fous
cette qualité en 1567, *Albert, Duc de
Baviere*, à la Diete de *Ratisbonne* & lui
joignant deux Commiffaires: favoir *Char-*

les, *Comte de Hohenzollern*, & *George Ilsungen de Fraisberg*. V. le §. 6. du *Récès de Ratisbonne* de 1567. La suite des tems autorisa cette méthode, & aujourd'hui l'Empereur se fait représenter à la Diete par son Commissaire Principal, qui a le rang d'Ambassadeur, & qui conformément à l'usage, ne sauroit être moins que Comte d'Empire (c'est actuellement le Prince de Tour & Taxis) ; auquel il joint un Commissaire, qui d'ordinaire est un Conseiller Aulique, ou au moins un Jurisconsulte (c'est actuellement *Charles-Joseph, Comte de Seitewitz*). Ces deux Commissaires, ainsi que tous les autres Envoyés ou représentans, étant obligés de se légitimer par des lettres de créance, conçues en Allemand ou en Latin, présentent les leurs à cet effet à l'Electeur de Mayence, ou en son absence à son *Envoyé Directorial*; & les Envoyés de cet Electeur présentent les leurs au *Commissaire Principal* de l'Empereur, qui en donne avis à l'Empire par un décret. Les Envoyés des autres Etats présentent leurs lettres, tant au Commissaire Principal de l'Empereur, qu'à l'Electeur de Mayence, ou à son *Envoyé Directorial*, qui en fait part à l'Archi-Maréchal de l'Empire & aux Directeurs des autres Colleges à chacun en particulier; lesquels à la premiere séance font insérer au protocole, qu'un tel a présenté ses lettres de créance, comme celui

de Mayence le fait auſſi lui-même au Collége Electoral à chaque occaſion, en vertu
d'une convention faite entre les Etats
en 1678. On préſente & on reçoit ces
Lettres de créance par des *Secrétaires de
Légation*, envoyés de part & d'autre. Mais
les Députés ou Envoyés des Villes pré-
ſentent les leurs en perſonne audit Miniſtre. Les Ambaſſadeurs des Royaumes
ou Etats étrangers ſe légitiment devant
l'Electeur de Mayence ou ſon repréſentant.
V. *Lunig*, Reichs-Archiv, tom. I, pag. 643.
& ſuiv. 680. & ſuiv. & 1129, & tom. 4,
p. 666. & ſuiv.

Obſerv. Il eſt encore indécis, à qui appartient le directoire de la Diete lors de
la vacance du ſiege électoral de Mayence.
Ainſi le cas avenant, les délibérations die-
tales ceſſent juſqu'après l'élection du nouvel Electeur.

(*d*) Tous les Etats ayant voix & ſéance
à la Diete, y ayant été appellés, ſont
obligés d'y comparoître en perſonne ou
par leurs Envoyés, à moins qu'ils n'aient
quelque raiſon légitime de s'en excuſer ;
quoique dans ce cas ils ſoient néanmoins
tenus à tout ce qui (ſuivant les *Conſtitutions de l'Empire*) y eſt conclu. V. le
Récès de l'Empire de 1500. tit. wie man
mit etlichen Ständen & §. nachdem auch
etliche merkliche Stände, &c. Il paroît
même qu'ils ne ſont gueres excuſables

aujourd'hui , puifque l'ufage les autorife de donner commiffion à un Envoyé d'un autre *Etat de l'Empire*, pour opiner & porter la voix en leur nom. Les Villes y comparoiffent par Députés , & depuis que la Diete eft à *Ratisbonne* , pour ob-vier aux frais , elles commettent la plu-part quelques - uns du Magiftrat de cette Ville pour y exercer leur droit de fuffrage , quoique cela paroiffe déplaire à la Cour Impériale.

Obferv. I°. Le droit de voix & de féance s'acquiert , quant aux *Eccléfiafti-ques.* par l'élection. Si le fiege eft vacant, le *Grand Chapitre* l'exerce. V. le *Traité d'Ofnabruck* , art. V, §. 17. & 21 , & quant aux *Séeuliers*, par la fucceffion du fang, ou en vertu d'une fufvivance. Si l'ayant droit eft empêché de l'exercer pour raifon de minorité ou autre qui l'en rend inca-pable , c'eft à fon tuteur, curateur, ou à une *Mere Régente*, lorfqu'il y en a, de l'exercer. V. les *Signatures des Récès de l'Empire* de 1551. & de 1603.

II°. Le Comte de *Pappenheim* , en qua-lité de Vice-Maréchal ou Maréchal héré-ditaire de l'Empire, eft obligé de s'y trou-ver quelque tems avant qu'elle commence, pour régler conjointement avec le Magi-ftrat de la Ville , les quartiers à occuper par les Etats. Il fait cette befogne par fon fubdélégué , dit le Maréchal-des-Logis

B 3

V.

'Les États ou leurs Envoyés légitimes & reconnus, étant en nombre fuffifant (*a*) au lieu où fe doit

---

de l'Empire, Reichs-Quartiermeifter. Ses
autres fonctions à la Diete font 1°. celle
du cerémonial, en introduifant au College
des Princes le nouveau reçu; 2°. de convoquer aux *Séances & délibérations* par des
billets envoyés à chaque État, contenants
le rôle des matieres fur lefquelles on doit
délibérer au jour indiqué; 3°. d'appeller
aux *opinions* dans le College des Princes
fuivant la lifte (Anrufs Zettel), contenant tous ceux qui ont voix particuliere,
& les bancs de celles qui n'ont voix qu'en
corps; 4°. d'exercer une jurifdiction entiere fur les domeftiques de tous les Envoyés
indifféremment, mais non pas fur les Envoyés ou fur les Sécrétaires de Légation; 5°. le
droit de police, en vertu duquel il a le directoire aux feffions des Députés & Commiffaires de police, à l'effet de procurer l'abondan-
ce des vivres & autres marchandifes, & de
les faire taxer à un prix honnête; de même
que de pourvoir, par des ordonnances publiées au nom de l'Empereur, à la fûreté
& à la falubrité de la Ville où fe tient la
Diete. V. l'*art.* III, §. 24, de la *Capitulation de Jofeph II*

(*a*) L'Empereur *Frédéric III* fut obligé
de proroger l'ouvérture de la Diete con-

tenir la Diete, & le terme marqué dans les lettres de *Convocation* étant expiré, on en doit faire l'ouverture au plus tard dans la quinzaine (*b*). Le jour arrivé, les États vont proceffionellement à l'Églife, où l'on chante une grand'meffe à l'honneur du *St. Efprit*, pour qu'il daigne éclairer la Diete & la rendre fructueufe. A fon iffue, les États regagnent proceffionnellement l'hôtel où fe fait l'ouverture folémnelle de la Diete, qui fe fait dans une grande falle, & commence par une harangue aux *Etats af-*

---

voquée à *Francfort* en 1442, parce que le petit nombre d'Etats qui s'y trouvoient, en auroit rendu les délibérations inutiles. Il eft même déja arrivé depuis que la Diete eft devenue *perpétuelle*, qu'en l'abfence de la majeure partie des Envoyés, le Directeur en ait fufpendu les délibérations fur des affaires importantes, jufqu'à ce qu'ils fuffent revenus en nombre fuffifant.

(*b*) V. la *Capitulation de Jofeph II*, *art*. XIII, §. 2. C'eft depuis celle de *Charles VI*. que la claufe de ce terme fe trouve dans les Capitulations.

B 4

semblés en Corps (c). A son issue

(*c*) Dans cette salle les Electeurs sont assis suivant le rang prescrit par la *Bulle-d'or*, chap. III. IV. VI. XXI. & XXII. aux deux côtés de l'Empereur ou de son Commissaire Principal, mais un peu plus bas. Ensuite à la droite de l'Empereur sont assis sur un long banc les Princes ecclésiastiques ou leurs Envoyés. Au bout de ce banc, il y en a un de travers faisant face à l'Empereur & aux Electeurs, où se trouvent les Prélats ecclésiastiques. A la gauche de l'Empereur sont assis sur un banc fort étendu les Princes séculiers ou leurs Envoyés, au bout duquel il y a un second banc transversal, où sont assis les Comtes & Barons d'Empire. A la droite de ce banc est posé celui où sont les Deputés ou Envoyés des villes Impériales, & à sa gauche en est un autre où sont placés les Secrétaires des Etats.

Obs. 1°. Entre les deux bancs des Princes ecclésiastiques & séculiers, il y a un petit banc en travers pour les Evêques de la religion protestante, vid. *le Droit publ. du St. Empire*, liv. VII. chap. II. pag. 108.

2°. Les Electurs assistants en personne à l'ouverture de la Diete, prennent la préséance devant tous les Envoyés des autres Electeurs.

l'*Empereur*, ou en son absence son *Commissaire Principal*, prenant la parole, prie cette illustre assemblée de bien peser les articles de la *PropositionImpériale* (*d*)dont on fait

---

3°. A l'issue de cette assemblée d'ouverture, les Electeurs, Princes & Etats reconduisent processionnellement sa Majesté Impériale (si elle y fut en personne) à son hôtel.

(*d*) Si l'Empereur s'y trouve en personne, elle se fait par un Prince, sinon elle est débitée par un Comte, Baron ou autre Ministre, dont le choix dépend de la prudente politique du Commissaire Principal.

Obs. I°. La *Proposition Impériale*, que le harangueur ou le Secrétaire du cabinet de l'Empereur met entre les mains de l'Electeur de Mayence ou de son Envoyé directorial, est un Mémoire par écrit, dressé par ordre de l'Empereur (qui en a seul le droit), contenant les articles sur lesquels les Etats sont priés de délibérer.

II°. Il a été décidé par la *Capitulation* de *Charles VII.* & *suiv.* art. XIII. §. 4. que les Etats ne sont point tenus de suivre l'ordre des articles & matieres contenues dans la *Proposition*; mais il leur est loisible de décider les affaires suivant

B 5

lecture, de vouloir bien y avoir
égard. Là-deſſus l'Archi-Chancelier de l'Empire, & en ſon abſence
ſon Envoyé directorial, répond au
nom des États, en remerciant l'Empereur de ſes ſoins paternels, & l'aſſure qu'on fera l'attention due aux
affaires propoſées de ſa part.

VI.

Outre la Propoſition Impériale,

qu'elles leurs paroiſſent plus ou moins
importantes ou ſuſceptibles de plus ou
de moins de délai.

III°. Pendant la tenue de la Diete,
l'Empereur abſent fait ſavoir par des
Décrets, ou par des Reſcrits expédiés en
ſon propre nom, adreſſés à ſon Commiſſaire Principal, ce qu'il ſouhaite d'être
délibéré au-delà des matieres contenues
dans la *Propoſition faite à l'ouverture*.
Sur quoi le Commiſſaire P. fait connoître
l'intention de ſa Majeſté Impériale aux
États & à leurs Miniſters préſens, par un
Décret expédié ſous ſon propre & privé
ſeing, nommé *Décret de Commiſſion*.
En l'abſence du Commiſſaire P. ces décrets ou Reſcrits ſont adreſſés immédiatement aux Etats ou à l'Electeur de
Mayence, qui en fait faire lecture aux
Etats aſſemblés.

l'Électeur de Mayence, en qualité de Directeur de la Diete (*a*), est tenu de donner communication aux États de tous les écrits (*b*), mémoires (*c*), ou requêtes adref- fées à la Diete, & pour cet effet les faire paffer à la *Dictature* (*d*),

Devoir de l'Electeur de Mayen- ce à la Die- te.

(*a*) La *Direction* de la Diete attachée à l'Electorat de Mayence, fe trouve de nouveau affermie par la *Capitulation de Joseph II*, art. XIII, §. 6. V. *Pfanner*, *hist. Comitior*. l. 6, p. 865.

(*b*) Les pieces dreffées au nom des États & fignées d'eux, qu'ils envoient enfuite à la Diete, s'appellent *Ecrits*.

(*c*) Les pieces que leurs Envoyés ou leur Agents ou d'autres font préfenter à la Diete, s'appellent *Mémoires*.

(*d*) Là Dictature n'eft autre chofe qu'une délivrance de la Propofition Impériale & autres écrits, mémoires ou requêtes adreffées à la Diete, que le Sécrétaire de Légation de l'Electeur de Mayence, fait par ordre de l'Envoyé directorial aux Sé- crétaires de Légation des Etats, légitimés à cet effet pour en donner communication aux Envoyés de leurs Commettants. La teneur de ces pieces fe délivre fur l'Hôtel de Ville dans une chambre à ce deftinée, foit à la dictée du Sécrétaire de Légation

en ordonner l'accélération, & les
mettre en propofition & délibération dans deux mois (à compter
du jour qu'ils lui font parvenus)
tout au plus tard, ou même plutôt,
fi le cas requiert célérité (*e*).

---

de Mayence, foit par des exemplaires im-
primés, que ledit Secrétaire diftribue aux
Secrétaires de Légation des Etats.

(*c*) V. ladite *Capitulation, art.* XIII,
§. 7, pourvu que de pareils écrits foient
conçus en termes honnêtes & décents,
& contiennent les titres dus aux Etats ou à
leurs Envoyés, auxquels on donne le titre
d'*Excellence.*

Obferv. 1°. Si lesdites pieces péchent
par un de ces points, le Directeur ou fon
Envoyé directorial en communique & prend
langue avec le Collége Electoral, pour être
ftatué, s'il faut les faire corriger, ou renvoyer, ou fupprimer. V. *le même*, §. 7.

2°. Si durant la Diete il vient de nouveaux écrits, mémoires ou requêtes, le
Directeur eft toujours tenu de les faire
paffer à la *Dictature* fous les mêmes clau-
fes & conditions que deffus; ou de déclarer qu'il faut les regarder comme s'ils
y avoient paffé, & en conféquence indi-
quer le lieu où l'on peut les acheter im-
primés.

VII.

La Dictature étant achevée & les pieces communiquées aux Envoyés des Etats (*a*), le Maréchal héréditaire, de l'Empire annonce en vertu d'un *Décret de commiſſion* le jour des délibérations (*b*). Elles ſe font dans trois Colléges ; ſavoir, celui des Électeurs, celui des Princes & celui des Villes Impériales (*c*).

(*a*) On ne voit plus d'Electeurs ni de Princes en perſonne à la Diete, tout ſe fait par leurs Repréſentants.

(*b*) L'Electeur de Mayence, & en ſon abſence ſon Envoyé directorial, fait connoître aux Etats préſents & aux Envoyés des autres, la veille de chaque féance, la matiere qui en doit faire l'objet, ou s'il y en a pluſieurs, la liſte de celles que l'on mettra en délibération à la fois. Cela ſe fait par des billets, Anſage-Zettel, que le Vice - Maréchal de l'Empire, ou en ſon abſence, la *Chancellerie directoriale de Mayence*, fait porter là où il appartient.

(*c*) Cette diviſion en trois Colléges de délibérations paroît avoir pris naiſſance ſous l'Empereur *Frédéric III.* Nous en voyons un commencement à la Diete de *Nuremberg*, tenue en 1442. V. *Datt.* lib. I, cap. XXIX, n. 20, ſeq. Aupara-

L'Électeur de Mayence est Directeur du Collége Électoral. Il y recueille les suffrages & donne le sien le dernier à l'Électeur de Saxe. Voici

---

vant les Electeurs & les Princes ne faisoient qu'un Collége , nous en voyons encore un exemple à la Diete de *Francfort* en 1344. V. *Albertus Argent.* pag. 134. Aujourd'hui les Etats ne font pas seulement divisés en trois Colléges quand il s'agit de délibérer; mais chaque Collége a son appartement séparé pour ses séances.

Obf. Iº. Les séances ordinaires se font deux fois par semaine, savoir, le lundi & le vendredi depuis onze heures jusqu'à midi.

IIe. Les vacances ordinaires de la Diète font la quinzaine de Pâques, les fêtes de Pentecôte, quatre semaines dans la Canicule, & depuis Noël jusqu'après les Rois. Les vacances extraordinaires, soit pour raison de l'absence des Envoyés ou du retard de la réponse des Etats aux demandes & confultations desdits Envoyés, font quelquefois plus confidérables. Ces défauts, qui font de longue date, & ne peuvent que déplaire à tous les Etats en général, seroient corrigés il y a long-tems, si l'on avoit suivi *l'art.* VIII, §. 2, du *Traité d'Ofnabruck.*

le plan du rang que les Électeurs ou leurs Envoyés tiennent à la Diete (*d*), au Collége Électoral en l'abſence de l'Empereur (*e*).

Mayence ,

Treves ,	Cologne ,
alternativement par ſéance avec l'Electeur de Cologne, Boheme, Saxe , Baviere.	alternativement par ſéance avec l'Electeur de Treves , Brandebourg, Hannovre.

VIII.

Dans le Collége des Princes il y a à la droite le banc des Princes

Collége des Prin- ces.

(*d*) Les Electeurs qui ſe trouvent en perſonne au Collége Electoral, prennent la préſéance devant tous les Envoyés des abſents, ſans aucun égard au rang des maîtres; mais les ſuffrages ſe recueillent ſuivant le rang que les Electeurs tiennent entr'éux.

(*e*) Depuis la Diete perpétuelle de Ratisbonne, ni l'Empereur, ni les Electeurs ſe trouvent perſonnellement aux délibérations. Mais s'ils s'y trouvoient, ils tiendroient entr'eux le rang preſcrit par la *B. d'Or.*

Ecclésiastiques, & à sa suite les bancs des Prélats & Abbés immédiats, qui sont Etats de l'Empire ; à la gauche se trouve le banc des Princes Séculiers, & à sa suite les bancs des Comtes & Barons de l'Empire. Au milieu des bancs des Princes Ecclésiastiques & Séculiers, est un banc en travers, destiné à l'Évêque de *Lubeck* & à celui d'*Osnabruck* (s'il est Protestant), & un siege, où se trouve le Maréchal héréditaire de l'Empire, ou son Envoyé (*a*). Le Collége des Princes est dirigé alternativement par l'*Archiduc d'Autriche* & par l'*Archevêque de Saltzbourg* (*b*). Ils alternent à chaque matiere (*c*) ; l'Archiduc commence

---

(*a*) V. le *Traité d'Osnabruck*, art. XIII, §. 1.

(*b*) *Lehmann*, lib. VII, cap. 124. Cela se fait depuis que *Charles-quint* fit prendre séance à l'*Archiduc d'Autriche* sur le banc des Princes Ecclésiastiques. Il y occupe la premiere place alternativement avec l'Archevêque de Saltzbourg.

(*c*) On a choisi cette méthode, parce

ce , le Comte de Pappenheim ,
Maréchal héréditaire de l'Empire ,
y recueille les fuffrages (*d*).

---

qu'il eft important , que celui qui propofe
la délibération d'une affaire , la pouffe &
l'acheve , étant cenfé en être mieux inftruit , & la prendre plus à cœur qu'un
autre.

(*d*) En fon abfence cette fonction fe
fait par un des Directeurs , alternativement d'une féance à l'autre , & en cas
que les Directeurs foient auffi abfens , c'eft
à l'Envoyé du Grand - Maitre de l'Ordre
Teutonique de recueillir les voix.

Obferv. 1°. Les fuffrages fe donnent debout , de vive voix ou par écrit , & d'ordinaire en Latin ou en Allemand. Celui
qui les recueille , va d'abord alternativement d'un Prince Eccléfiaftique à un
Prince Séculier , & ayant ainfi demandé
tous les fuffrages des Princes , il paffe
alternativement aux deux bancs des *Prélats & Abbés* qui n'ont de voix qu'en
corps , fuivant le nombre de leurs bancs ;
& en dernier lieu il va alternativement aux quatre bancs des Comtes , qui
felon le nombre de leurs Colléges ont
quatre voix.

2°. D'ordinaire pour obvier à toutes
difputes fur le rang , dans lequel chaque
Etat prétend donner fa voix , les Etats fe

IX.

Le College des Villes Impériales eft compofé de deux bancs;

---

rangent en cercle & donnent lecture de
leurs fuffrages , qui font enfuite infcrits
dans le Protocole du Directoire.

3°. Autrefois & même jufqu'au fiecle où
nous vivons, lesEmpereurs paroiffent avoir
été en droit de priver de leur propre chef
pour caufes légitimes , les Etats de la
voix & féance à la Diete. V. *Puffendorff*
Rer. Suecicarum l. 17 , §. 59. Mais
depuis *Charles VI*, ils promettent dans
leurs *Capitulations*, art. I, §. 3 , de n'en
plus fufpendre ni exclure les Etats, *ni*
provifionnellement , ni d'aucune autre fa-
çon , fans le fçu & le confentement préalable des Electeurs , Princes & Etats.

4°. Quant au rang que les Princes ,
tant Eccléfiaftiques que Séculiers tiennent
entr'eux à la Diete, voici la lifte telle que le
Sr. Heiff l'a donné dans fon *Hift. de l'Emp.*
tom. IV, p. 298. Ceux qui font en difpute touchant ce point , donnent leurs
fuffrages avec proteftation , qu'ils ne prétendent point déroger à leurs droits de préféance, ni à celui de donner leurs voix avant
leurs compétiteurs. Les Empereurs, feuls
juges de pareils différens , les laiffent la
plupart indécis , pour ne point aliéner de
leurs intérêts l'efprit des uns ou des autres.

favoir, le banc du Rhin & celui
de Suabe (*a*) ; la direction en appartient à la Ville Impériale où fe
tient la Diete (*b*). La collection
des fuffrages s'y fait par l'Envoyé
ou Député de la Ville dirigeante,
en appellant alternativement les Envoyés de chaque banc, en com-
mençant par l'Envoyé de la pre-

(*a*) Sur le banc du Rhin font placés
les Envoyés des Villes libres Impériales,
fituées le long du Rhin & de celles de *Wet-
téravie*, de *Saxe*, & de *Thuringe*. Sur
celui de Suabe fe trouvent les Envoyés
de ces Villes fituées en Suabe & en Franconie.

(*b*) Si la Diete fe tient dans une
Ville médiate, la direction appartient à
la premiere Ville du banc du Rhin. Cela
fut ainfi ordonné à la *Diete d'Ausbourg*
en 1474. V. *Schweder de pari nexu civitat.
Imper.* cap. II, §. 5. Ainfi la Ville de
Strasbourg (ci-devant la premiere Ville
Impériale du banc du Rhin) eut le directoire du Collége des Villes, lorsqu'à
la Diete d'*Ofnabruck* on travailloit au
Traité de Weftphalie. Nous voyons un
plan de la féance de ces Villes dans *Lunig*,
Teutfches Reichs = Archiv, *p. gen. Append.*
p. 11.

miere Ville du Banc du Rhin. Le
Colleĉteur des voix fait favoir fon
opinion après toutes les autres (c).

X.

Les voix étant données & en-
régiſtrées au Protocole principal,
on les compte d'abord en chaque
Collége féparément, pour en faire
un Réſultat Collégial; à l'effet de
quoi l'on fuit cette maxime : *la
pluralité des voix l'emporte*, c'eſt-à-
dire, le fentiment du plus grand
nombre eſt pris pour celui de tout
le Collége (*a*). Cependant cette

(*c*) Le colleĉteur des fuffrages, affis
à une table (𝔇irectorial-𝔗iſch), conjointement avec deux Camériens & deux Con-
fulens, infere les voix dans le Protocole
du College, y ajoutant la fienne, les En-
régiſtrateurs d'*Ulm* & de *Spire* font de
même.

(*a*) Il eſt vrai que cette maxime peut
avoir de mauvaiſes fuites, vu qu'il arrive
quelquefois, que la majeure partie ne foit
point la plus faine ni la plus juſte; mais
outre que cela eſt fort rare, il feroit encore plus dangereux, d'introduire dans un
corps auffi nombreux que celui des Etats
d'Allemagne, la néceffité de l'unanimité

regle fouffre des exceptions, fondées dans le traité de Weftphalie (*b*). Les voici : 1°. s'il s'agit
d'une affaire de Religion (*c*) ;
2°. quand il eft queftion d'une affaire concernant le droit d'un Etat
en particulier (*d*) ; 3°. lorfque les

---

des voix pour la décifion des affaires,
vu que cette maxime, eu égard à la diver-
fité des intérêts des Etats, entraîneroit une
impoffibilité morale d'en décider aucune,
& fomenteroit conféquemment les troubles & l'injuftice. Il n'y a jamais eu de
fociété qui n'ait fenti cet inconvénient.

(*b*) V. le *Traité d'Ofnabruck*, *art*. V,
§. 49. & 51.

(*c*) Par *affaires de Religion*, les Proteftans entendent tous les cas où la plura-
ralité des voix des Catholiques pourroient
préjudicier à leur doctrine de foi, à leur
difcipline & autres affaires eccléfiaftiques,
ou bleffer leur confcience, foit directe-
ment foit indirectement. V. le *Droit
public du St. Empire*, l. XIII, chap. II,
§. 3, les *Caufes Spirituelles*, & chap. III,
§. d'autres caufes, & *Struv*, *C. J. publ.*
cap. XXIII, §. 43.

(*d*) D'autres difent : dans toutes les affaires, où les Etats ne peuvent point être
confidérés comme un feul corps. Or ces

États *Catholiques* & les *Proteſtans*
forment un double parti, enſorte
que tous les Catholiques ſont d'un
même ſentiment, & tous les Proteſtans d'un ſentiment contraire (*e*);

---

affaires (comme prétend l'Auteur des
Méditations ſur le Traité d'Oſnabruck, à
l'art. *V*, §. 51, 1 (*f*), p. 760 -- 762,
ſont toutes celles portées par les *Etats de
l'Empire* au Congrès pour la paix de
Weſtphalie, qui avoient été reçues pour
des objets de la négociation, ſans y avoir
pu être vuidées, & leſquelles ont été ren-
voyées à la prochaine Diete de l'Empire.
V. *Struv*, *C. J. publ.* cap. XXIII, §. 44.
Cependant l'objet principal de ces affaires paroît être la privation d'un Etat de
ſes droits & priviléges, ou la conceſſion
des exemptions & autres prérogatives au
préjudice des autres. V. *Ziegler*, *Comment. ſur Grotius de Jure B. & P.* lib. II,
cap. V, §. 17.

(*e*) Cela s'entend ſur d'autres affaires
que celles de la Religion, dont l'exception
s'étoit déja faite par une autre clauſe du
ſuſdit traité. V. *Henniges*, *in meditat. ad
art. V. Pacis Oſnabruck.* §. 21, *ſpecim.* 5.

Obſerv. 1°. Les Publiciſtes appellent
cela: *ire in partes.* Ce double parti ſe forme non-ſeulement quand tous les Prote-

s'il vient à naître quelque doute
au fujet du traité de Weftphalie par l'interprétation doctrinale &
autres événemens , ou dans des
matieres qui touchent la *Paix de*

---

ftans en général foutiennent un fentiment
contraire à celui de tous les Catholiques ,
mais encore lorfque dans quelqu'un des
trois Colléges les Etats Catholiques font
oppofés en opinion aux Etats Proteftans ,
de même que quand le Corps Evangélique
eft convenu d'un fuffrage commun , quoique quelques membres de ce Corps foient
en particulier dans l'un ou l'autre des
trois Colléges de l'avis de tous les Catholiques. V. *ledit Auteur* des Méditations
audit endroit , & *Struv* , *C. J. publ.* cap.
XXIII , §. 45. & *feqq.*

2°. Ce Corps des Evangéliques nâquit
très - naturellement du fein de fa religion , & n'avoit dans fes premiers jours
d'autres but que celui de défendre fa
mere. Il pofa fes premiers fondemens ,
lorfque les Luthériens préfenterent leur
Confeffion , ou formule de foi , à la Diete
d'Augsbourg en 1530 , fous la direction
& la protection de l'Electeur de Saxe.
Dans la fuite les Evangéliques étendirent
leur reffort à toutes les matieres dont la
décifion ne peut fe faire que par une
amiable compofition , à laquelle ils s'ef-

Religion. Or, dans tous ces cas rien ne ſauroit être arrêté que par une compoſition à l'amiable, qui ſe fait dans des conférences particulieres, dont les arrêtés ſont portés au Protocole par les Directeurs.

---

forcerent de ſoumettre une grande partie des affaires qui ſe traitent à la Diete, même les Collectes ; mais ils échouerent, quant à ce dernier ſujet, dont le §. 51. de l'*art.* V. du *Traité d'Oſnabruck*, renvoie la déciſion à la Diete prochaine. Celle d'aujourd'ui ne s'eſt pas encore aviſée de la décider. Je penſe que, ſi *Guſtave Adolphe* avoit ſurvécu audit traité, on en ſeroit débarraſſé

3°. Lorſqu'il ſe préſente une queſtion dont les Evangéliques craignent une déciſion peu favorable à leur Corps, & qu'ils appréhendent, que pour faire valider la pluralité des voix, quelques Catholiques n'accédent à leurs ſentimens, ou qu'au contraire quelques-uns des leurs n'entrent dans les ſentimens des Catholiques : ils prennent les avances en leur particulier, déliberent là-deſſus hors de la Diete, & conviennent d'un *ſuffrage commun*, qui fait loi entr'eux. Par-là ils éludent tout ce qui peut réſulter au contraire dans les délibérations à faire poſtérieurement dans les Colléges de la Diete. Voici la raiſon

XI.

Chaque Réfultat Collégial, formé fuivant la pluralité des voix, eft lu enfuite à fon Collége pour en être approuvé. Cela fait, le Dire-

---

pour laquelle *Struv, C. J. publ.* cap. XXIII, §. 4ς, dit, que ce droit de former un corps particulier à la Diete, eft le *Palladium* des Evangéliques. Je ne faurois m'éloigner de fon fentiment. Il eft vrai que les Empereurs en font jaloux, & que les Etats Catholiques fe font déja fort fouvent plaint de cette maniere d'agir. Ainfi il eft à fouhaiter pour eux, que le Ciel, qui doit leur avoir envoyé ce *Palladium*, veille & empêche, qu'à la faveur d'une nuit ou de quelques troubles, il ne leur foit dérobé par des Diomedes ou des Ulyffes.

4°. Pour juger les caufes de Religion, les Etats fe divifent d'ordinaire en deux Corps; celui des Catholiques & celui des Evangéliques. Chacun délibere féparément, & les Directeurs s'en communiquent réciproquement les réfultats. Cela s'appelle dans le ftyle, *traiter de corps à corps.* V. le *Récès de* 1720. dans *Faber*, Etaats-Canßlet, tom. 47, pag. 540. Ces conférences durent jufqu'à une amiable compofition, à moins qu'une iufructueufe diffolution ne la prévienne.

cteur du Collége Électoral ou celui du Collége-des Princes, dont
le Réfultat eft le premier en régle,
envoie fon Sécrétaire de Légation
au Directeur de l'autre Collége, pour

5°. Le Directoire de ce Corps appartient à l'Electeur de Saxe ; il l'acquit du
tems de la Confeffion d'Augsbourg par
le confentement tacite des Etats Luthériens. L'Electeur Palatin en eut pendant
quelque tems la direction; mais depuis
1631, que *George I, Electeur de Saxe*,
convoqua les Etats Evangéliques à *Leipzig*, le Directoire refta toujours attaché
à cet Electorat. Il eft vrai, que lorfque
Frédéric Augufte III, Electeur de Saxe
& Roi de Pologne, fit en 1718. une déclaration publique de fa profeffion de foi
Catholique, qu'il avoit fait à *Rome* l'année
1712, & que fon Prince héréditaire fuivit
fes traces en 1718, ils appréhenderent
un mauvais coup pour leur Corps, & dé-
libérerent fur le changement du Dire-
ctoiré. La branche Erneftine de Saxe le
réclama comme un droit de fa Maifon;
le Roi de Pruffe, comme le premier des Electeurs Proteftans; & l'Electeur d'Hannovre,
comme le feul Electeur Luthérien. Mais
le tems calma la premiere chaleur, & les
affurances réitérées de la part du Roi, que
les affaires de Corps feroient toujours di-

favoir fi fon Réfultat eft également
en forme. Si la réponfe eft affirmative, les deux Colléges des Electeurs & des Princes s'affemblent
dans une même falle (*a*), où le

---

rigées par des Envoyés Proteftans , acheverent de diffiper leurs frayeurs ; & ils re-
prirent la ferme réfolution de le laiffer à
la Maifon Electorale de Saxe , qui depuis
entretient toujours un Envoyé Proteftant
à la Diete pour diriger en fon nom le
Corps Evangélique , dont vous pouvez
acquérir une meilleure connoiffance dans
Pfeffinger , lib. III , tit. XII , pag. 934.
& feqq.

(*a*) Nommée la *Salle de Ré-& Co-*
Rélation.

Obferv. Le droit de féance & de fuffrage décifif à la Diete ayant été accordé
aux Villes Impériales par le *Traité de*
Weftphalie , fans exception d'aucun acte
ou délibération quelconque , qui pourroit
s'y faire ; il me femble que ce n'eft point
à tort que les Villes ont demandé d'être
admifes aux conférences appellées *Ré-&*
Co-Rélations , que les deux Colléges fupérieurs des Electeurs & des Princes font
entr'eux , pour pouvoir convenir d'un
avis commun. *Wickh* démontre affez
clairement la folidité de cette demande

Collége Electoral propofe fon avis au Collége des Princes, lequel lui communique réciproquement le fien ; leurs avis n'étant point unanimes, ils entrent en délibération & conférences, jufqu'à ce qu'ils foient convenus d'un avis commun (*b*). Conformément à cet

---

dans fon ouvrage intitulé : *de Jure liberarum · Impcrii civitatum adfpirandi ad fimultaneam Re - & Co-Relationem in Comitiis, ex voto decifivo ipfis competente, fluente.* V. *Struv*, *Biblioth. J. C.* 16, §. 16, pag. 803. & fuiv. *Herden*, Grundvefte, pag. 2, cap. 6, pag. 140. & fuiv. *Pütter*, lib. 2, cap. 4, §. 243, not. *c.*

(*b*) Si par le moyen de ces conférences les deux Colléges ne peuvent point tomber d'accord, l'affaire refte indécife, à moins que le Réfultat du Collége des Princes p. e. étant conforme à celui du Collége des Villes, ne foit approuvé & ratifié de l'Empereur, & qu'en conféquence il en foit fait un Réfultat de l'Empire ; & cela peut avoir lieu autant de fois que le Réfultat commun de deux Colléges fait auffi en même tems la pluralité des fuffrages, que les Etats de l'Empire pourroient donner dans une affemblée générale, abftraction faite des Colléges refpectifs.

avis l'on dreſſe un nouveau Réſultat (c) , que l'Envoyé Directorial
envoie à l'Empereur. S'il l'approuve , on en forme un *Réſultat de* Réſultas
de l'Em-
pire.

Cette maxime eſt conforme aux vrais
principes du Droit public univerſel. V. le
Droit publ. du St. Empire , l. XXI , chap.
II , pag. 191. Ce principe, qui ne peut
guere fouffrir de difficultés , prouve , que
quoique les Villes Impériales ne ſoient
point admiſes à la *Ré- & Co-Rélation* ,
leur voix reſtent toujours déciſives ; & que
faiſant la pluralité avec celles du Collége
des Princes , elles puiſſent , moyennant
l'approbation de l'Empereur , l'emporter
ſur celles des Electeurs.

(c) Ce Réſultat , ou cet *avis commun*
eſt communiqué enſuite au Collége des
Villes , lequel trouvant ſon Réſultat
conforme à celui des deux Colléges ſupérieurs , ou changeant de ſentiment
contraire pour accéder à l'avis deſdits Colléges , donne à cet avis la qualité d'un
Réſultat commun de tous les Colléges ;
lequel après avoir été rédigé par l'Electeur de Mayence en forme d'*Avis général de l'Empire* (Reichs Gutachten), eſt
préſenté par le Miniſtre dirigeant de
Mayence au Commiſſaire Principal de l'Empereur , pour lui être envoyé. Si l'Empereur par ſon Reſcrit ou dans ſon Dé-

l'Empire (Reichs = Conclusum ou Reichs-Schluß), que l'Empereur consomme par un *Décret de Ratification*; alors il a force de loi (*d*).

---

cret de commission expédié là-dessus, déclare, qu'il ne consent aucunement à cet avis général, ou qu'il n'en approuve que quelques points; il faut recommencer les délibérations dans chaque Collége & procéder de la même maniere qu'au commencement, & cela par différentes reprises, jusqu'à ce que l'Empereur ratifie l'avis des Etas, ou que l'impossibilité d'en convenir se montre clairement; & dans ce dernier cas l'affaire reste au croc, vu que ni la pluralité des voix des Etats, ni la seule opinion de l'Empereur ne puissent faire une constitution générale de l'Empire.

(*d*) V. *Kulpis de Placitis Imperii.* Comme c'est par maniere de contrat ou de convention entre l'Empereur & les Etats de l'Empire, que toutes ces choses auxquelles les objets de la Diete consistent, se font; il est nécessaire (suivant les principes du *Droit de la Nature* & de la jurisprudence en général) que le consentement libre de part & d'autre y intervienne, pour qu'une obligation parfaite en puisse résulter.

Observ. 1°. Il faut pourtant se souvenir

XII.

A la fin de la Diete on dreſſe Récès de
un Récès de l'Empire dans les l'Empire.

---

que les États d'Allemagne ne ſuivent point
à la rigueur la nature des conventions,
qui paroît exiger le conſentement de toutes les parties contractantes; mais qu'ayant
dérogé à cet égard par le *Traité de Weſtphalie* à leur nature, ils ſont convenus
de reconnoître pour loi, ce qui aura été
décidé à la pluralité des voix, eu égard
aux trois Colléges, y joint l'approbation
& la confirmation de l'Empereur, à l'exception des cas réſervés à une amiable
compoſition.

2º. C'eſt donc la *Ratification de l'Empereur* qui donne à un *avis général des
Etats*, d'abord & ſans avoir beſoin d'une
Publication ſolemnelle, la force & la même autorité que l'on attribue à un Récès
de l'Empire, dreſſé en forme à la fin de
chaque Diete. Car à quoi auroit ſervi & ſer-
viroient encore les arrêtés & avis généraux, faits ſur des matieres preſſantes par
la Diete d'aujourd'hui, qui dure déja plus
d'un ſiecle, & n'a point l'air de finir ſitôt,
ſi quoiqu'approuvés & ratifiés de l'Empereur, ils n'auroient force de loi qu'après
leur ſolemnelle publication, fait à l'iſſue
de la Diete.

3º. Cette ratification ſe fait ordinaire-

formes (a). L'Electeur de Mayence en fait faire la minute, qui eſt lue & revue dans la ſalle du College

_____

ment par un Décret adreſſé aux Etats aſſemblés en Diete, ou au Commiſſaire Principal de l'Empereur, & par lui communiqué auxdits Etats. On nomme ce Décret: Kaiſerl. Ratifications-Commiſſions-Decret.

4°. Un tel avis ratifié (s'il a quelque influence ſur la juriſdiction) eſt envoyé enſuite en copie aux Tribunaux Souverains de l'Empire, à l'effet de s'y conformer. Les Etats le font également publier dans leurs Provinces reſpectives, s'il contient quelques Réglemens à ſuivre par leurs Tribunaux ou leurs ſujets. Tel étoit *l'avis général de l'Empire contre les abus des corps de métier*, adreſſé à l'Empereur & ratifié en 1731.

5°. Le grand Recueil des Récès d'Empire fait à *Francfort* en 1750, contient tous les avis généraux de la Diete d'aujourd'hui, faits & ratifiés par l'Empereur avant ſa collection.

(a) Qui n'eſt autre choſe qu'un Recueil de tout ce qui a été réſolu & arrêté à la Diete, du conſentement réciproque de l'Empereur & des Etats.

lége Electoral en préfence des Commiffaires de l'Empereur & des Députés des Etats (b), lequel étant
approuvé ou corrigé, &.arrêté d'un
confentement mutuel, on en expédie deux exemplaires authentiques (c) fignés par l'Empereur,
l'Archi-Chancelier, ainfi que par
les Etats préfens & les Envoyés
des abfens, & contre-fignés par le
Vice-Chancelier de l'Empire.
L'Empereur y fait enfuite appo-
fer le grand fceau. L'Electeur de
Mayence, ainfi que les Députés
des Etats pour cet acte, y mettent auffi leurs fceaux ou les ca-
chets de leurs armes (d). Après

(b) Ces Députés des Etats doivent
être des deux Religions en nombre égal.

Obferv. Les Etats affemblés en Diete
font convenus en 1654. de choifir à la
fin de chaque Diete de nouveaux Députés pour l'acte de la fignature.

(c) Dont l'un eft enfuite dépofé aux
archives de l'Empereur, & l'autre aux
archives de l'Empire, fous la garde de
l'Electeur de Mayence.

(d) Voyez le *liv.* I, *chap.* II, §. VII.

Tome III. D

quoi on en fait la publication so-
lemnelle en pleine affemblée de la
Diete, de la même maniere qui eft
obfervée par rapport à la Propofition Impériale ; laquelle étant achevée , tout le monde fe retire en
ordre & avec toute la décence
convenable & ufitée.

XIII.

Des Die-
tes de Dé-
putation.

Outre la Diete générale, dont
nous venons de parler, l'on
connoît en Allemagne les Dietes
de Députations (a), qui font des

On en donne copies par la dictature aux
Cours fouveraines de Juftice & aux Etats
de l'Empire. Les Tribunaux fouverains
enjoignent par décret aux Avocats & aux
Procureurs de s'y conformer ; de même
les Etats les font publier à leurs fujets
avec ordre de les fuivre.

(a) Les Dietes de Députations, quoique moins nombreufes que la Diete générale , peuvent fe nommer générales en
comparaifon des Dietes particulieres des
Cercles, des Electeurs, des Princes , des
Villes Impériales ou de la Nobleffe immédiate, desquelles elles font diftinguées,
principalement en ce que repréfentant
tout l'Empire, leurs Réfultats deviennent
des loix générales.

affemblées de quelques-uns parmi les Etats, choifis de chaque Collége à la Diete générale, ou défignés par les conftitutions de l'Empire, pour traiter au nom de tout le Corps de certaines affaires (*b*), que l'on ne peut point facilement, ou que l'on ne veut point négocier à l'affemblée générale, ou dans tous les trois Colléges par tous les membres dont ils font compofés.

XIV.

Ces Députations fe divifent en ordinaires & extraordinaires. On appelle Députations ordinaires, celles, dont les Députés nommés par les conftitutions Impériales font toujours les mêmes, appellés pour cette raifon Députés ordinaires (*a*); & les

---

(*b*) Si ces affaires regardent tout l'Empire, l'Empereur a la même part à ces affemblées qu'à la Diete générale. En conféquence il y envoie un Commiffaire.

(*a*) Autrefois les Députés ordinaires (des Reichs Deputirte Stände) conformément au *Récès d'Augsbourg* de 1555, §. 65, par lequel fut établi la premiere

extraordinaires font celles, dont
les Députés choifis par le Corps
des Etats, varient & changent à
chaque Députation au gré du
Corps. L'établiſſement de l'aſ-
ſemblée de Députation ordinaire a eu pour principal motif,
le maintien de la paix publique
& de celle de Religion (*b*). L'Éle-

Députation ordinaire, étoient ſix Electeurs,
quatrePrinces,ſavoir,l'Archiduc d'*Autriche,*
les Evêques de *Würtzbourg* & de *Munſter,*
& le Duc de *Baviere* ; enſuite le Prélat
de *Weingarten,* le Comte de *Fürſtenberg,*
& les Villes de *Cologne* & de *Nuremberg.*
Le nombre en a augmenté depuis, comme
nous allons le voir.

(*b*) Ainſi en cas de rébellion ou d'é-
motion populaire, que les Cercles n'étoient
point en état de dompter, l'Electeur de
Mayence étoit en droit de convoquer les
Députés ordinaires,pour délibérer & convenir avec eux des ſecours que chaque Etat
devoit envoyer, ſoit en argent, ſoit en
troupes, pour calmer les eſprits & rétablir la paix.

Obſerv. Dans la ſuite on ſoumit d'autres objets à la Députation ordinaire, p. e.
La Viſitation de la Chambre Impériale, la
réviſion de ſes Arrêts. V. l'*Ordonnance*

ỻeur de Mayence a le droit de
la convoquer & de fixer le jour de
fon commencement (c) ; elle doit
être tenue à *Francfort* (d). Le

---

de la Chambre Impériale, p. 1, tit. 50.
Les réglemens de la monnoie, de la
matricule, le plan de la Capitulation per-
pétuelle, l'accompliffement du *Traité de
Weftphalie* & autres. V. *J. J. Mofer*,
Reichstage, pag. 565 & 602.

(c) Au cas où le tems pour une telle
Diete n'eft pas déja fixé par celle de
l'Empire, comme au *Récès de Ratisbonne*
en 1654, §. 194.

(d) A moins que la Députation ne fe
faffe pour vifiter la Chambre Impériale,
ou que d'autres raifons folides ne donnent lieu de choifir un autre endroit.
Ainfi il eft dit, dans le *Récès de Spire* de
de 1570, §. 19 ... „ wollen einen Reichs-
„ Deputationstag gen Frankfurt, oder
„ aber wo es fonft den Sachen am gele-
„ genften feyn foll, ausfchreiben ". Ce
droit étoit perfonnel dans les commencemens; mais dans la fuite il fut attaché
aux Princes regnans de certaines familles,
& à de certaines Villes Impériales. On
les trouve divifés en cinq claffes dans le
*Comment. de M. de Spon, fur la Capitul.
de Charles VII*, pag. 343.

Obferv. La divifion de la Députation

droit d'y voter devenu héréditaire & dévolutif aux fucceffeurs (e), fut attaché à un certain nombre d'Etats , tant Eccléfiaftiques que Séculiers, défignés par différens Récès d'Empire (f). Ces Etats y

---

ordinaire en deux Colleges', déplait aux Princes & Etats Proteftans. Ils en ouvrirent leurs raifons à la Diete en 1653. dans différens Mémoires dont on trouve la fubftance audit ouvrage, pag. 349. Peut-être y aura-t-on égard à la premiere Députation.

(e) V. le dit *Récès de Spire* , §. 20 , & celui de 1559, §. 49.

(f) Par le *Récès d'Augsbourg* de 1559, on joignit au nombre mentionné dans la note (a), le Duc de *Juliers*, & le Landgrave de *Heffe*; & par le *Récès de Spire* de 1570, l'Evêque de *Conftance*, les Ducs de *Bourgogne*, de *Brunswick* & de *Poméranie*. Dans la fuite il fut ordonné par le *Traité d'Ofnabruck*, art. V, §. 18, que les Députés feroient des deux Religions en nombre égal. En vertu de cet art. on y ajouta par le dernier *Récès* de 1654, §. 194. le Duc de *Saxe-Altenbourg*, le Marggrave de *Brandebourg*, de la branche de *Culmbach*, les Ducs de *Mecklenbourg* & de *Würtenberg*; un des

forment deux Colleges féparés ;
favoir, celui des Electeurs & celui
des Princes, auquel fe joignent les
Députés des Comtes & des Villes.
Le Commiffaire de l'Empereur y
fait la propofition des matieres.

Comtes de la *Wétéravie* & quatre Villes,
favoir, *Aix - la - Chapelle*, *Uberlingue*,
Strasbourg & *Ratisbonne*.

Ainfi le nombre des Députés eft aujourd'hui fixé à celui de tous les Electeurs, fix Princes Catholiques, fept Princes Proteftans, d'un Prélat & d'un Comte
Catholique, d'un Comte Proteftant, de
trois Villes Catholiques, & d'autant de
Proteftans.

Obferv. 1º. Si l'on vouloit faire une
Députation ordinaire aujourd'hui ou de-
main, il faudroit d'abord remplacer la
Ville de *Strasbourg*, qui ne fait plus partie de l'Empire. Il eft vrai que la Capitulation de Jofeph II, art. 17, §. 5, ainfi
que le Réfultat de 1766, approuvé de l'Empereur, fubftituent à *Strasbourg* la Ville
de *Nuremberg*; mais cette fubftitution
fut faite pour la Députation extraordinaire,
qui avoit déja été ordonnée par le dernier Récès de 1654, pour la révifion des
vieux procès de la Chambre Impériale.
Cette Députation a commencé en 1767,

Chaque Député a fa voix. L'Ele-
éteur de Mayence, ou fon Député
Directorial, recueille les voix du
College Electoral, & l'Archiduc
d'Autriche ou fon Député, celles
du College des Princes. Chaque
College fait fon Réfultat à part.
Si ces deux Réfultats ne s'accordent point, l'affaire refte indécife (g) ; mais s'ils font confor-
mes & que les Commiffaires de

---

le 26. Janvier. Ses fruits font peu connus, v. wahre Bewandtniß der am 8. Maii
1776. erfolgten Trennung der bisherigen
Vifitation des Kayferl. und Reichs-Cam-
mergerichts. Göttingen 1776. ıc.

2°. Enfuite pour fe conformer au *Traité
d'Ofnabruck*, & faire enforte qu'il y ait au
College Electoral parité de voix, eu égard
aux deux Religions, il faudroit accorder
à chacun des deux Electeurs Proteftans
d'aujourd'hui trois voix, vu qu'il y a fix
Electeurs Catholiques contre deux Proteftans.

(g) V. le *Récès d'Augsbourg* de 1555,
§. 66. C'eft auffi en ce point que les
Dietes de Députation different de la Diete
générale, comme je l'ai fait voir plus
haut.

l'Empereur y acquiefcent, l'Electeur de Mayence fait dreffer par
fon Miniftre Directorial de cet
avis commun ratifié de la forte
de l'Empereur, un *Réfultat de Députation de l'Empire* (Reichs=De=
putations=Abfchied), qui a la
force d'un Récès formel de l'Empire, à moins que la Diete, en
donnant aux Etats Députés le pouvoir de concerter un avis commun,
ne fe foit réfervée le droit de l'approuver de la maniere ufitée à la
Diete générale (*h*).

_____

(*h*) La derniere Diete de Députation
ordinaire, décernée par le *Récès de
l'Empire* de 1654, §. 191, qui a été tenue
à *Francfort-fur-le-Mein*, exprime clairement ces deux cas. Si bien que par rapport à la reftitution à faire, conformément au *Traité de paix de Weftphalie*,
fondé fur l'article de l'amniftie, ou fur
celui des griefs, il y a été donné plein-
pouvoir aux Députés, d'en prendre connoiffance, de les décider, & d'en ordonner l'exécution ; au lieu qu'à l'égard dès
cas douteux & qui auroient demandé une
interprétation du traité même, ainfi qu'à
l'égard de la fécurité de l'Empire & la
maniere de l'effectuer, de même quant au

D 5

XV.

Il eſt conſtant, que depuis la la durée de la Diete générale de *Ratisbonne*, il n'y a plus eu de Dietes de Députation ordinaire. Cependant je ſuis bien éloigné de conclure de-là, qu'elles reſteront dans l'oubli. Bien au contraire, ſi d'un côté je conſidere la diverſité des Religions de l'Allemagne qui entraîne d'ordinaire une contradiction de ſentimens, d'intérêts & d'actions ; & que de l'autre j'enviſage l'inſuffiſance de la Diete générale, ou mieux ſon impuiſſance de vuider la multitude d'affaires qui s'y accumulent, & que l'on ne confieroit pas facilement à une Députation extraordinaire (*a*) ; &

point concernant la police, leur autorité y a été bornée à concerter ſeulement là-deſſus avec les Commiſſaires de l'Empereur un avis, pour en faire le rapport à la Diete prochaine de l'Empire.

(*a*) Telles ſont p. e. le plan de la Capitulation perpétuelle, les réglemens de la monnoie & de la matricule, ou autres de pareille importance.

qu'en outre je fais attention à la néceffité de la Vifite annuelle de la Chambre Impériale, réfervée aux Dietes de Députation ordinaire, & projettée depuis long-tems par les Récès & Capitulations (*b*); & que j'ajoute à toutes ces réflexions la promeffe formelle des Empereurs, de les reftaurer au plutôt poffible (*c*) : je fuis tenté de croire

---

(*b*) Par le *Récès* de 1654, §. 132, il eft difpofé, qu'auffi-tôt que moyennant la Vifite extraordinaire de la Chambre Impériale, l'on aura vuidé les vieux procès de révifion (c'eft - à - dire ceux dont la révifion fut accordée avant l'exiftence de ce Récès), la Vifite annuelle doit être rétablie & faite par les membres de la Députation ordinaire, fuivant un rôle dont ils conviendront pour régler entr'eux le nombre & la défignation de ceux, qui dans une certaine période d'années, y affifteront alternativement. *Charles VII.* s'étoit déja engagé par l'*art.* XVII, §. 3. *de fa Capitul.* à remettre fur pied & en regle cette Vifite annuelle de la Chambre Impériale. Cet engagement fut répété dans les Capitulations fuivantes.

(*c*) C'eft en partie à caufe de la Vifite annuelle de la Chambre Impériale & pour

que l'on attend avec impatience
une occafion favorable de les faire
renaître, tant pour le foulagement
de la Diete même, que pour le bien
général du Corps Germanique (d).
Suppofons cependant que l'on regarde une Diete de Députation
ordinaire comme un Etre purement imaginaire à côté de la Diete

la pouvoir effectuer, que les Empereurs
promettent de rétablir inceffamment la
Députation ordinaire de l'Empire, & de
la remettre conformément aux conftitutions de l'Empire en fon Etat, regle &
activité. V. la *Capitulation de Jofeph II*,
art. 12, §. 6.

(d) Il eft certain, que la Diete acca-
blée du poids des affaires en tout genre,
fe foulageroit beaucoup, fi de tems en
tems elle en confieroit une partie à une
Diete de Députation ordinaire. Ce ne feroit que l'interprétation authentique des
loix de l'Empire, & l'adminiftration de
la juftice, eu égard aux procès dévolus
à la Diete, dont le vuidange tireroit bien
des familles de l'embarras de l'incertitu-
de; & en pofant un terme aux dépens
ruineux de cés différens, raffermiroit le
bon droit des uns & couperoit le fil aux
injuftes pourfuites des autres.

générale (*e*) ; aſſurera - t - on pour cela qu'elle n'aura plus lieu ? La Diete générale actuelle eſt- elle donc tellement cimentée, que ſa diſſolution doit être regardée comme

---

(*e*) Je ne vois cependant point la raiſon qui la doit faire enviſager de cette maniere. Seroit-ce parcequ'elle feroit re- garder le Corps des Etats comme un Corps exiſtant en pluſieurs endroits à la fois ? Cette objection tombe, ſi l'on fait attention que la Diete de Députation or- dinaire n'eſt que figurative & repréſenta- tive du Corps général des Etats ; or il n'y a point d'enfant qui ne ſache que tout Corps, tout Etat & tout Sou- verain ſe puiſſe faire repréſenter par ſes Députés ou ſes Miniſtres, & agir par eux, ſans que pour cela on les prenne conjoin- tement avec leurs Repréſentans actuels pour des Corps monſtrueux. Ainſi p. e. l'Empereur eſt dans un ſens figuré & par voie de repréſentation à toutes les Cours ſouveraines de l'Europe à la fois, quoique réellement il ne ſoit à aucune, ſi par haſard il voyage ou s'il ſe trouve au camp &c. Seroit-ce pour raiſon du conflict de pouvoir dans ces deux Corps ? Cela n'eſt point ſoutenable, vu que le pouvoir de la Diete générale à l'égard des objets abandonnés à l'examen & à la dé-

impoſſible (ƒ)? cela n'eſt aucunement démontré. Poſons donc qu'elle arrive, ne ſera-t-il pas plus facile & moins coûteux au Corps des Etats d'agir, négocier, examiner & décider un grand nombre d'affaires par de certains Députés repréſentants tout le Corps, que par tous ſes Membres ou leurs Miniſtres, & avec grands frais? L'avenir inſtruira la poſtérité du cas qu'il faudra faire de mes conjectures.

XVI.

Les Députations extraordinaires

Des Dietes de Députation extraordinaires.

———————————————————————

ciſion de la Députation ordinaire, ſeroit lié & inactif. Conféquemment il ne mettroit point d'obſtacle à l'exercice de l'autre; & comme ces deux Dietes ne ſe tiendroient probablement point dans le même endroit, la diſpute ſur le rang ou autres honneurs ſeroit aux arrêts.

(ƒ) Tous ceux qui connoiſſent les viciſſitudes de ce monde & le peu de ſolidité des affaires publiques, ainſi que l'ambition, la variété des prétentions & la jalouſie des Etats d'Allemagne entr'eux, ne riſqueront jamais la moindre gageure ſur ſa perpétuité.

peuvent être décernées, foit pour
traiter des affaires concernant l'intérieur de l'Empire (a), ou des
affaires étrangeres (b) , ou enfin
pour concerter un cérémonial (c).

(a) P. E. une Vifite extraordinaire de
de la Chambre Impériale.

Obferv. Les Députations extraordinaires
font le plus fouvent ordonnées pour examiner & préparer des affaires importantes , afin qu'étant enfuite portées à la
Diete , elles puiffent être plus facilement
expédiées. Elles fe font auffi quelquefois
pour vuider les affaires par voie d'accommodement.

(b) Les affaires à traiter avec les étrangers font P. E. les réglemens des limites ,
les préliminaires d'une paix à conclure ,
un traité d'alliance &c ; & dans ces cas
les Députations font envoyées fur les
frontieres , ou hors des terres de l'Empire,
ou au lieu d'un Congrès , &c.

(c) Le cérémonial à régler par une
Députation extraordinaire peut avoir pour
objet un compliment de félicitation ou
de condoléance à faire au nom & de
la part du Corps de l'Empire, à l'occafion de la naiffance ou de la mort d'un
Souverain ou d'un Prince héréditaire. Le
fujet peut auffi en être la réception &

Or toutes ces Députations doivent
être compofées des Etats en nombre égal des deux Religions (*d*).
Ils font choifis, felon l'importance
des cas, de deux ou de tous les
trois Colleges de la Diete; les Députés Catholiques font nommés par
les Etats Catholiques, & ceux des
Proteftans par les Etats de leur
Religion (*e*). Le Directoire de
ces

---

complimentation de l'Empereur ou de fon
Commiffaire principal ou d'un Souverain
Voyageur, ou d'un Ambaffadeur, &c.

(*d*) V. le *Traité de paix d'Ofnabruck*,
art. V, §. 50. Cependant fi l'affaire ne
regarde que les Catholiques, l'on ne députe que des Etats Catholiques; de même
fi l'affaire n'eft qu'entre des Etats de la
Confeffion d'Augsbourg, on ne députera
que de ceux de cette Religion; & fi la
chofe concerne les deux Religions, on
doit nommer des Commiffaires en nombre égal de l'une & de l'autre Religion.
Dans tous ces cas les Commiffaires font
obligés de faire leur rapport à la Diete
des affaires par eux maniées, & d'y ajouter leurs avis, fans pouvoir rien décider
par forme de fentence.

(*e*) La maniere de nommer ou plutôt

cesDéputations appartiennent à l'E-
lecteur de Mayence en qualité d'Archi - Chancelier de l'Empire (*f*).
Si l'affaire à traiter dans une pareille Députation concerne tout
l'Empire, l'Empereur est en droit
d'y envoyer un Commissaire, qui
fait la proposition de la matiere à
délibérer (*g*). Nous connoissons

---

la question par qui les Députés devoient
être nommés, causa autrefois de grandes
disputes, dont on trouve des raisons pour
& contre dans un ouvrage intitulé : *Selecta jur. publ.* tom. III , pag. 474 , &
dans *Henniges Meditat. ad Jus P. art.*
V, §. 51 , p. 746. *Mantissæ specimen V.*

(*f*) A moins que la Députation ne se
fasse, que pour affaires concernant seulement la Religion Protestante ; dans ce cas
elle est dirigée par l'Electeur de Saxe, de
même que le Corps Evangélique. V.
*Treueri Diatribe de Comitiis Corp. Evan-
gelici.*

(*g*) Mais si des circonstances qui le
touchent lui - même, ou qui regardent les
Etats en leur propre & privé nom, y
donnent lieu, la fonction des Commissaires Impériaux cesse alors très-naturelle-
ment.

Tome III.   E

plufieurs exemples de Députations extraordinaires ; les plus fameufes font celle de *Francfort*, ordonnée en 1681. (*h*) celle de *Ryfwick*, décernée en 1697. (*i*) & celle de

---

(*h*) Elle avoit pour objet la fuppreffion des Chambres de réunion, établies à *Metz* & à *Brifac*, & vifoit à faire reftituer à l'Allemagne plufieurs terres incorporées à la France par les arrêts de ces Chambres, p. e. le *Duché de Deux - Ponts*, les terres de *Saarbruck*, de *Veldentz*, de *Hombourg*, &c. Mais avant de traiter cet objet, les Etats Députés entrerent en conteftation avec eux-mêmes. Les Electeurs refuferent aux Plénipotentiaires des Princes le titre d'Excellence, & les Princes difputerent aux Electeurs le droit de tenir des conférences féparées. A ces débats d'autres fuccéderent, fur ce que les Plénipotentiaires de la France avoient préfenté un état en langue françoife. Ces minuties firent rompre le Congrès & on renvoya l'affaire des Réunions à la Diete de *Ratisbonne*, & la France garda ce qu'elle n'étoit point intentionnée de reftituer. V. *Londorp*, tom. XI. & *Struv. Corp. hift. Germ. per. X. f. XI. §. 52. Defing, Auxil. hift.* p. VII, pag. 735.

(*i*) L'Empereur Léopold cherchoit à exclure les Etats d'Allemagne des délibé-

1767, pour la visite extraordinaire de la Chambre Impériale (*k*) Voilà ce que je voulois dire sur les Dietes de Députation, lesquelles, comme je l'ai déja dit, peuvent supporter le nom de Dietes générales.

XVI.

Après avoir touché les matieres essentielles des Dietes générales, je me fais une loi de dire un mot des Dietes particulieres, non point de celles des Cercles ou des Ele-

Des Dietes particulieres.

---

rations sur la paix de *Ryswick*; mais la Diete arrêta le 30. Mai 1697, qu'elle y enverroit des Députés particuliers avec qui les Plénipotentiaires Impériaux conféreroient sur les intérêts de l'Allememagne. La Députation fut composée de quatre Electeurs, de vingt - quatre membres du College des Princes, & de quatre Députés des Villes, qui eurent l'avantage d'être présents à la signature d'un traité que l'Empereur conclut, pour ainsi dire, sans les consulter. V. l'*Abrégé Chronol. de l'histoire & du Droit public de l'Allemagne*, pag. 596. & suiv.

(*k*) Le Public n'est point encore assez instruit du fruit de cette visitation, conséquemment je laisse cette matiere intacte.

ɕteurs, que nous avons déja aſſez
dépeint ailleurs, mais de celles des
Princes, des Comtes & des Villes
Impériales; me réſervant de parler
de celles de la Nobleſſe immédiate
ou des Etats Provinciaux, dans leurs
titres reſpectifs.

XVII.

Dietes
des Prin-
ces.

Nous ſavons que par le *Traité
de Weſtphalie* (a), l'exercice de
la ſupériorité territoriale & de tous
les droits y attachés, ainſi que la
poſſeſſion des anciens droits, prérogatives & priviléges, fut aſſuré
& confirmé aux Princes Etats
d'Empire, y compris le droit de
faire des alliances avec les puiſſances étrangeres. Or, comment la
jouiſſance de ces droits pourroit-elle
être parfaite ſans la faculté de s'aſ-
ſembler pour leurs intérêts particuliers ? Dans la ſuite cette faculté
leur fut expreſſément accordée par
les Capitulations. Celle de Léo-

(a) V. l'*art.* VIII, §. 1. du *Traité
d'Oſnabruck*, & l'*art.* IX. §. 62. du *Traité
de Munſter*.

pold (*b*) porte en termes formels :
,, Il fera auffi loifible aux autres
,, Etats de l'Empire & des Cercles
,, qui ne font pas Electeurs , de
,, s'affembler fans que perfonne les
,, en puiffe empêcher , toutes &
,, quantes fois que la néceffité l'exi-
,, gera , ou que leurs intérêts le
,, demanderont, pour prendre foin
,, de leurs affaires ". Les fuivantes contiennent les mêmes clau-
fes (*c*).

XVIII.

Les Dietes ou affemblées des Prin-
ces (𝔉ürſtentág) font ou générales, lorsque tous les Princes des
deux Religions s'affemblent pour
de certaines affaires concernant
leur intérêt commun (*a*), ou par-

(*b*) Voyez - en l'art. VI.

(*c*) V. les *Capitulations de François I*,
& de *Jofeph II*, art. XIII, §. 10.

(*a*) Le fiecle où nous vivons nous
en fournit plufieurs exemples. Les voici :
1°. l'affemblée des Princes pour délibérer fur les mefures à prendre lorsque le
Duc de *Brunfwic-Hannovre* fut élevé par

ticulieres, quand les Princes Catholiques ou les Princes Proteftans feulement, ou quelques·Princes des
deux Religions, ou quelques-uns
de l'une ou de l'autre conviennent,
pour délibérer & ftatuer fur de
certaines matieres qui regardent
leurs intérêts particuliers (*b*). Les

---

l'Empereur à la dignité Electorale ; 2°. le
Congrès de la plupart des anciennes Maifons des Princes, tenu en 1741. & 42.
à *Offenbach*, entre *Francfort* & *Hanau*,
au fujet de la Diete d'Election de l'Empereur *Charles VII* ; 3°. celui de *Francfort*, tenu pendant l'interregne, arrivé par
la mort de cet Empereur, pendant lequel
la Diete étoit dans l'inaction.   Dans ces
deux dernieres affemblées les Princes dé-
libéroient fur les moyens pour faire redreffer leurs griefs contre les Capitulations
Impériales.   V. les *Remarques de M. Mofer fur la Capitulation de l'Empereur
François I.* tom. I, au chap. I, §. 1--4.

Obferv. Les Electeurs, quoiqu'ils aient
voix & féance au College des Princes,
s'en féparent ordinairement, fi l'on y
traite les intérêts particuliers des Princes,
différens ou contraires à ceux des Electeurs.

(*b*) De pareilles affemblées particulieres fe font quelquefois pour concerter

Dietes générales des Princes font convoquées par les Directeurs de leur College, & les particulieres par le premier d'entre ceux qui s'affemblent. Ces affemblées peuvent fe tenir à la Diete ou hors de la Diete, Les Députés jouiffent du droit de franchife (c), & leurs arrêtés peuvent être mis en exécution fans avoir été préalablement ratifiés par l'Empereur (d),

---

les manieres de fe comporter en cas de paffage de troupes, ou de quartier d'hiver, ou pour prendre des arrangemens aux fins de réparation des grands chemins ou d'une forterefie, &c.

(c) En vertu de l'*art*. VIII, §. XXXI. de la Capitulation de *Jofeph II*, tous les meubles & denrées des Princes & de leurs Miniftres, qui fe trouvent aux Dietes, paffent & repaffent fans payer aucuns péages, droits de Douane, impôts ou autres charges quelconques. Cela s'entend feulement des meubles & denrées deftinés à l'ufage des fufdites perfonnes, & non pas de ceux dont ils voudroient faire commerce en fraude de la loi.

(d) Les Princes ne font pas tenus d'en donner communication à l'Empereur. V. *Mofer*, Staatsr. 28. Theil, pag. 455. 463.

E 4

en quoi ces affemblées paroiffent avoir, une prérogative de plus que la Diete générale.

XIX.

Dietes des Comtes.

Les Comtes États d'Empire fondent leur droit de tenir des Dietes (Grafen-Tág), fur les mêmes loix que les Princes; ils forment quatre Colleges (a) à la Diete & partout ailleurs. Chaque College eft en droit de s'affembler féparément autant de fois que bon lui femble. Cés affemblées par Colleges s'appellent Correspondenz-Tág. Il leur eft également libre de tenir une Diete générale de tous les Colleges,

---

Obferv. Quand on dit que de pareils arrêtés peuvent être exécutés fans l'agrément de l'Empereur, il eft fous - entendu, s'ils ne contiennent rien contre l'Empereur & l'Empire, ni contre la paix publique, ni contre la paix de Weftphalie, & qu'ils ne portent aucun préjudice au ferment dont chacun des Princes eft lié à l'Empereur & à l'Empire. V. *l'art.* VIII, §. 3, du *Traité d'Ofnabruck.*

(a) Savoir, celui de *Wétéravie*, de *Suabe*, de *Franconie* & de *Weftphalie.*

(allgemeiner Grafentag), à laquelle comparoissent tous les membres en personne ou par Députés (*b*) ou seulement quelques Députés de chaque College (*c*). Chaque College a un ou deux Directeurs nommés par lui-même; leurs fonctions ne durent que trois

---

(*b*) Les Comtes n'admettent point à leurs assemblées, pour y assister aux délibérations & donner le suffrage à la place de quelque membre absent, un Plénipotentiaire, qui n'est point de leur ordre, ou engagé uniquement au service de quelque membre de leurs Colleges.

Observ. L'Empereur n'est point en droit d'y envoyer des Commissaires, non plus qu'aux Dietes des Princes.

(*c*) Il est très-rare d'y voir les Comtes en personne.

Observ. Il y a des Princes & même des Electeurs, qui ayant succédé à des Comtes ou dans des biens affectés à quelqu'un de leurs Colleges, y ont aussi gardé la voix & séance à la place des premiers possesseurs. Il y a aussi des Etats qui y ont plusieurs voix à donner, étant possesseurs de plusieurs biens attachés à ces Colleges, à chacun desquels biens la voix est annexée.

E 5

ans, à moins que leur pouvoir ne
foit prorogé (*d*). Le Réfultat de
leurs Dietes fe fait à la pluralité
des voix comme à la Diete des
Princes, & les Comtes ou leurs
Députés y jouiffent du même droit
d'exemption de péages & autres
impôts (*e*).

XX.

Dietes
des
Villes.

Les affemblées ou Dietes des
Villes, foit générales, foit par
banc, foit par Cercles, foit feulement par les Villes directrices (*a*),

---

(*d*) Il n'y a que le Directeur du College de Suabe qui foit perpétuel.

(*e*) V. la *Capitulation de Jofeph II*,
art. VIII, §. 31.

(*a*) Chaque banc a fa Directrice, qui
a le droit de convoquer la Diete de fon
banc. Ainfi par la Diete générale des Villes
tenue à *Nuremberg* en 1523, il fut arrêté
que *Strasbourg* feroit Directrice des Villes
du *Rhin* & de l'*Alface*, *Ulm* ; des Villes
de *Suabe* ; *Nuremberg*, des Villes de *Franconie*, & *Francfort* ; de celles de la *Wétéravie*. V. *Limnæus*, *addit.* ad l. VII,
c. 1, p, 134. Ces Villes (à l'exception de
celle de *Strasbourg*, conjointement avec
les autres Villes Impériales de l'Alface,

ont entiérement ceffé. Le jour de la St. Barthélemi étoit autrefois fixé pour leur commencement (b). Les Villes directrices ont été déclarées exemptes de garnifon & de logement (c).

CHAPITRE VIII.

Des

Tribunaux de l'Empire en général.

I.

Après avoir traité du pouvoir législatif & de la maniere de porter les loix dans l'Empire, nous allons donner une idée des Tribunaux,

---

qui a oublié ces fonctions à cet égard depuis qu'elle a le bonheur d'appartenir à la France) convoquent les Dietes des Villes de leur banc, y propofent les matieres & recueillent les voix.

(b) V. *Jacobi Lautz Differt. de Con-. ventib. Civitatum Imper. Argentorati* 1721. *Knipfch. de Jure Civit. Imp.* l. II, c. XI. *l.*

(c) L'art. 68. de la *Paix de Prague* porte : ,, Auch die Quartier ohne Unter= ,, fchied der Religion oder Standes, doch

dont l'Empire se sert pour appliquer ces mêmes loix aux actions de ses membres & de ses sujets, & pour rendre aux uns aussi-bien qu'aux autres une justice prompte & éclairée.

II.

Un Tribunal dénote ou le siege même des juges, ou le corps des personnes qui l'occupent, ou enfin l'endroit auquel la justice se rend(a). Le siege des juges a coutume d'être élevé, pour le rendre respectable & inaccessible aux bas flatteurs. Les juges doivent être graves, instruits & intégres ; ils ne doivent jamais porter leurs sentences qu'avec une parfaite connoissance de causes, au moins autant qu'il est humainement possible.

---

33 Churfürsten und Stände Residenzen 33 und Vestungen, wie auch die Ausschrei= 33 bende Städte damit zu verschonen ". le *Récès de Ratisbonne* de 1641, §. 28, leur confirme ce prvilege.

(a) *Heineccius, dans les antiquités Romaines*, l. IV, tit. VI, §. 7, fait la description du Tribunal de l'ancienne Rome,

III.

Chaque Prince étant le chef, le protecteur & le défenseur de son Peuple, en eſt auſſi le juge naturel, & le ſeul qui puiſſe établir des Tribunaux, auxquels ſes ſujets ſoient obligés de porter leurs plaintes & de pourſuivre leurs droits. Le Prince y rend la juſtice par lui-même ou par ſes Repréſentans. L'Empire avoit toujours ſes Tribunaux, tant ſupérieurs qu'inférieurs. Le Conſeil Aulique, le Conſeil des Princes (a) & le Conſeil des Pairs étoient des Tribu-

---

qui étoit au marché en plein air ; & *Denys d'Halicarnaſſe*, antiquit. Rom. L. 11. C .4. prétend, que *Romulus* avoit inventé ce tribunal pour intimider le peuple. V. *Mœurs* & *Uſages des Rom.* L. 14. C. 1.

(a) Ce *Conſeil des Princes* avoit particuliérement lieu dans les cauſes criminelles, c.-à-d. lorſqu'il s'agiſſoit de juger des Princes accuſés de crimes & de les dépouiller de leurs biens, ou de leur ôter l'honneur ou la vie pour en avoir été convaincus. De pareilles cauſes étoient quelquefois jugées à la Diete, d'autrefois dans un Conſeil compoſé de Princes.

naux souverains, ayant chacun une certaine espece de causes à juger. Les Conseils Provinciaux des Ducs & des Comtes, les Tribunaux des Centeniers & autres, étoient des Tribunaux inférieurs, dont l'appel alloit au Conseil Aulique. Ce Conseil étoit toujours à la suite des Empereurs, ils y

---

Il étoit même d'usage en Allemagne, de faire juget leurs causes par les Princes de leur sang. *Lamb. Schaffnab. ad ann.* 1070 & 1071. p. 330 & seq. Cela dura à peu près jusqu'au quatorzieme siecle. *Jean Guill. Comte de Wurmbrand* écrivit un ouvrage en 1692 sous le titre de *Forum S. Imperii R. G. Principum*, qui jeta un grand jour sur le *Conseil des Princes.* Le *Conseil des Pairs* se tenoit pour juger & décider les causes féodales ; v. *Schilter, Comment. ad J. Feud. Allem.* p. 416. *Tolnerus, Cod. Diplom. Palatin*, n. CXLI. & *Londorp.* tom. I. p. 36.

Observ. On appelloit Pairs de l'Empire tous ceux qui avoient des fiefs immédiats c.-à-d. qui dépendoient uniquement & immédiatement de l'Empire & de l'Empereur, & dont ils étoient investis par l'Empereur lui-même. En tout ceci ils étoient égaux, raison pour laquelle on les appelloit *Pares*, Paires, c.-à-d. égaux. Le

préfidoient fouvent eux-mêmes (*b*),
s'étant réfervés la décifion des différens furvenus entre les États.
Ce Tribunal, deffervi la plupart
du tems par les Comtes Palatins,
changeoit fort fouvent de place
& côtoyoit toujours le Rhin; cela
le rendoit fort incommode & pref-
qu'impraticable pour les fujets,
qui en étoient beaucoup éloignés.
C'eft ce qui fomenta les troubles

---

nom des Ducs & Pairs de France a la
même origine.

A tous ces Confeils fouverains, je
pourrois encore ajouter les fameux tribunaux *Wehmiques*, qui ont commencé
en Weftphalie, connus fous le nom de
Judicia Wehmica, & qui paroiffent être
une fuite des tribunaux établis en Saxe
par *Charlemagne*, pour venger & affermir la Religion Catholique. On débite
mille contes fur leurs cruautés. Ils s'é-
clipferent vers la fin du quinzieme fiecle;
l'érection de la Chambre impériale &
l'introduction de la Caroline les couvrirent
entiérement. *Thomafius* fit un traité : *de
vera origine, natura, progreffu & inte-
ritu Judiciorum Weftphalicorum.*

(*b*) Vous en pouvez voir plufieurs exemples, dans *Ludwig, Reliquiæ manu-*

& les diffentions des principaux
membres de l'Empire ; delà les
défis & les voies irrégulieres de
pourfuivre fon droit par la force
des armes. Ces troubles firent lan-
guir l'ordre & le cours de la juftice.   Les Tribunaux fe dérange-
rent., changerent de maître ; les
Ducs, les Comtes & autres Seigneurs s'en faifirent comme d'un
droit dépendant de leurs fiefs, &
firent rendre les jugemens en leur
nom, fauf l'appel à l'Empereur.
Les Evêques s'emparerent de la
jurifdiction eccléfiaftique comme
d'un droit inféparable de l'Épifco-
pat, & la rendirent exclufive : s'en-
fuivirent les troubles du grand interregne , & tout fut bouleverfé.
Enfin l'Allemagne abattue fe releva
de fa crife , on y dreffa la Paix
publique : & les États affoiblis cher-
cherent des remedes aux défordres
que la juftice mal adminiftrée cau-
foit

---

fcript. tom. 2. p. 289. Lunig, fpicilegium
Ecclef. tom. 2. p. 996. & Lehmann, Chron.
Spirenfe, lib. 5, cap. 109.

foit dans l'Empire. L'on projeta la création de quelques Cours de juftice qui fuffent ftables, & auxquelles on donneroit le pouvoir de juger en dernier reffort. Ce projet s'exécuta à la fin du quatorzieme fiecle, & depuis nous voyons en Allemagne ces deux fameufes Cours Souveraines; favoir, la *Chambre Impériale* & le *Confeil Aulique* (*c*).

(*c*) Ces deux Cours fe difputent le rang. Le Confeil Aulique le prétend, parce qu'il eft originairement plus ancien que la Chambre Impériale, & que fa jurisdiction s'étend fur plufieurs chofes, dont celleci ne peut connoître. La Chambre Impériale, au contraire, fe fonde en ce qu'elle a été établie par l'Empereur & les Etats conjointement, & qu'elle repréfente ainfi tout l'Empire, étant même nommée expreffément dans les Loix Impériales, *le premier & le Suprême Tribunal de l'Empire*. V. *les Récès de l'Empire de* 1531 & *de* 1654. §. 165. & *l'Ordonn. de la Chambre Impériale de* 1555. p. 1. tit. 3. Sans vouloir porter le moindre préjudice à ces prétentions réciproques, je parlerai en premier lieu du Confeil Aulique.

Obf. 1°. L'Empereur ne fauroit de fon propre chef fupprimer ces deux Tribu-

IV.

On attribua à ces deux Trib
naux une Jurisdiction universee
sur toutes les causes (*a*), à l'ex
-ception des causes ecclésiastiques
& quelques autres réservées à la
Diete. Tous les Etats (*b*) sont leurs

---

naux, ni en établir aucun autre au-dessus
d'eux. V. *la Capitulat. de Joseph II.*
art. XVI. §. 3. 2°. Il ne peut rien changer aux ordonnances faites pour eux. V.
le même art. §. 6. 3°. Il ne lui est point
permis d'évoquer aucune affaire de justice,
qui ne regarde pas ses droits particuliers
ou ses Provinces héréditaires, à quelqu'autre département. V. *le même art.*
§. 12. & suiv. encore moins de casser ou
réformer les Arrêts rendus par l'un ou
l'autre de ces Tribunaux, ou lorsqu'ils
passent la révision, ceux qui sont prononcés là-dessus.

(*a*) Je prie mon Lecteur de ne pas
conclure de ce que j'avance, que ces
deux Tribunaux ont en tout & par-tout
une jurisdiction égale & aussi étendue
l'un que l'autre ; la suite lui en fera voir
le contraire.

(*b*) L'Empereur même, non pas comme
tel ; mais en qualité d'Etat d'Empire, est

jufticiables , auffi - bien que leurs
fujets , au moins par la voie d'appel
(*c*) , fi ce n'eft qu'ils puiffent prou-

---

obligé de comparoître devant ces Tribunaux. D'ailleurs les Souverains en général confentent à ce qu'on intente contre
eux les actions civiles foit réelles , foit
perfonnelles , pour revendiquer fes chofes
& droits avec tous les dommages & intérêts ; & dans ces cas ils relevent les
juges de leur ferment.

(*c*) Il y a des Etats qui peuvent choifir
pardevant lequel de ces deux Tribunaux
ils veuillent comparoître , p. e. le *Roi de
Suede* en qualité de *Duc de Brêmen* , de
Verden &c. V. *l'art.* 10. §. 12. *du Traité
d'Ofnabruck.* Il faut cependant qu'il fe
déclare dans les fix mois après la fommation. Les Ducs de *Brunfwic-Lunebourg*
jouiffent du même droit. Voyez *Lunig*
Reichs-Archiv, p. fpeci. f. 4. 138.

Obf. 1°. Tous les Etats jouiffent du Droit
de première inftance ; enforte qu'ayant
des Tribunaux chez eux , leurs fujets doivent être convenus en première inftance
par devant eux , & ne peuvent être traduits aux Cours Souveraines que par voie
d'appel. Les Etats entre eux ont également une première inftance , qui eft celle
des *Auftregues* , enforte que le Défendeur a le droit d'y faire vuider la caufe ;

ver le contraire par des priviléges à
eux fpécialement accordés à cefujet.

---

avant qu'elle puiffe être portée aux Cours
Souveraines. La matiere des Auftrêgues
reparoitra dans la fuite.

2º. Ils jugent fouverainement les caufes criminelles de leurs fujets. V. le *Récés
de* 1530, §. 95. & *l'Ordonn. de la Chamb.
Imp.* p. 2. tit. 3. §. 14. L'appel ne peut
être reçu que lorfque l'accufé foutient
avoir été condamné, fans qu'on ait admis
fes moyens de juftification, ou lorfqu'il y
a nullité dans la procédure. Dans ces cas
la Chambre examine la procédure & la
renvoie au premier juge pour la recommencer, en accordant au condamné une
nouvelle défenfe. Voy. *Carpzov. Praxis
Crim. quæft.* 139. n. 3.

3º. Ils jugent fouverainement toutes
les caufes civiles de leurs fujets, dont le
principal ne paffe point la valeur de quatre cents écus d'empire, & de deux cents
pour un appellant pauvre. V. *le dernier
Récés de* 1654. §. 112 & 114. Cependant
fi le procès roule fur des chofes incor-
porelles, (p. e. fur des fervitudes & autres droits) qui ne peuvent point être
eftimés, la caufe eft toujours appellable.

4º. Les *Archi- Ducs d'Autriche*, les
Ducs de Saxe & de *Würtemberg*, le *Roi*

La maniere d'exécuter leurs Sentences fut déterminée par une *Ordonn.*
expresse faite *en 1555 (d)*; leur

---

de Suede & les *Electeurs* jouissent d'un
privilége illimité *de non appellando*, c.-
à-d. que leurs sujets ne peuvent point
être convenus pardevant d'autres Tribunaux, que ceux qu'ils ont établis eux-
mêmes dans leurs territoires, pour quelle
cause ou somme que ce puisse être. Cependant quelques-uns n'en usent que
jusqu'à la concurrence d'une certaine somme. V. *Böhm. Processus Criminalis*, t. 47.

5°. Les sujets des Etats ne peuvent
interjetter appel, que par degrés d'une Jurisdiction à l'autre, sans pouvoir en passer
aucune. Ainsi de la Sentence d'un Baillif,
par exemple, qui ressortit immédiatement
à la Régence de leur Prince, ils n'osent
appeller à la Chambre de Wetzlar; &
s'ils le faisoient, ils seroient renvoyés à
la Régence, parce que chaque Tribunal
doit être maintenu dans les droits de sa
Jurisdiction. V. l'*Ordonn. de la Chambre
Imp. part. 2. tit. 32.*

(*d*) On la trouve toute entiere dans le
§ 33, *du Récès d'Augsbourg de ladite
année* 1555. Elle seroit susceptible de
changement. On l'entreprit déja en 1679,
& l'on présenta la nouvelle Ordonnance
sous le titre de (verbeßerte Executions-

droits & autorité fe font beaucoup affermis par les capitulations. (e)

V.

L'Allemagne poffede, outre ces deux Cours, plufieurs autres Tribunaux affez confidérables, mais dont l'autorité ne s'étend d'ordinaire que fur les provinces de leurs fieges, & dont les jugemens peuvent être réformés par la voie d'appel. Le Confeil Aulique de *Rothweil*, le Tribunal de *Weingarten*; celui des *Auftregues* nous en fourniffent des exemples; j'en dirai quelques mots après avoir traité les matieres concernant les fufdites Cours Souveraines.

Ordnung) aux Etas de la Diete; mais elle ne reçut point force de loi.

(e) V. *celle de Jofeph II, art. XVI. XVII, XVIII.*

CHAPITRE IX.

Du Conseil Impérial Aulique.

I.

Ces mots *Conseil Aulique* (a), dénotent un Tribunal attaché à la Cour. Or, il est constant que depuis *Charlemagne* tous les Empereurs avoient un Tribunal à leur Cour. Delà il est permis de

---

(a) Le mot *Conseil* a un double sens ; 1°. il signifie un avis donné à un quelqu'un pour le débarrasser de ses doutes ; 2°. il dénote une assemblée de personnes établie & autorisée du Souverain, aux fins de juger les différens & les affaires contestées. C'est dans ce second sens que nous prenons le mot de *Conseil* dans ce Chapitre. Le nom *Aulique* vient du mot latin *aula*, Cour ; de sorte que tout ce qui fait partie de la Cour, peut être appellé Aulique.

F 4

conclure, que l'établissement du Conseil Aulique remonte jusqu'au tems que la dignité Impériale a passé à la Nation Allemande (c). Tout ce que je viens d'avancer est très-vrai, s'il n'est question que d'un Conseil Aulique en général : mais mon intention n'étant point de traiter la matiere d'un pareil Tribunal vague, générique & indéfini, que les plus fameux Publicistes paroissent avoir confondus avec le Conseil Aulique d'aujourd'hui ; je descends au sens particulier de ce Conseil, & me propose d'en dire tout ce que le but de ce petit ouvrage peut supporter.

II.

Son origine.

Le Conseil Aulique Impérial, tel qu'il existe actuellement à Vienne en Autriche, doit sa naissance & sa forme originaire à la constitution de *Ferdinand I*, faite *en* 1559 (*a*) ; & comme rien ne sort par-

(*c*) V. *l'auteur du Droit Public du Saint-Empire*, *liv. I*, *ch.* 5, *pag.* 21.

(*a*) On la trouve dans *Londorp*, *t. I*, *p.* 191, *& Lunig. P. Gen. pag.* 40.

fait de la main de l'homme, les Etats ayant trouvé que l'on avoit effentiellement manqué en donnant trop d'étendue à fa Jurifdiction, ils folliciterent l'Empereur *Matthias* de vouloir bien la refteindre, & corriger en tant que befoin la Conftitution de *Ferdinand*. Il le fit par un nouveau Réglement (*b*), lequel ayant été examiné à la Diete de Députations de *Nuremberg* en 1615, ne fut point approuvé (*c*). Ainfi les Etats continuerent toujours à fe plaindre hautement contre les griefs de ce Confeil : les Electeurs y ayant égard, firent promettre à *Ferdinand II* & *Ferdinand III* de faire dreffer auffi-tôt, qu'ils auront pris les rênes du Gouver-

---

(*b*) Il fe trouve chez *le même Londorp*, *tom. I*, *cap.* 41, *p.* 194.

(*c*) Les Députés de cette Diete ont fait ajouter beaucoup de remarques à ce Réglement, lefquelles pourroient fervir, en cas que l'on s'avife de faire une nouvelle Ordonnance au fujet de ce Tribunal. On peut les voir dans *Londorp à l'endroit cité*.

F 5

nement, une nouvelle Ordonnance pour y remédier. *Ferdinand III* tint promeſſe, & en fit une concernant particuliérement la forme des Procédures & de la Judicature dudit ᴄonſeil. Il la fit publier à la *Diete de Ratisbonne le* 16 *mars* 1654 (*d*). Ce Réglement avec les articles qui y ont été inſérés en 1714 en conformité des remontrances des Etats de l'Empire, doit être obſervé juſqu'à ce que l'Empereur conjointement avec le corps de l'Empire en faſſe dreſſer un autre, conforme aux circonſtances préſentes (*e*).

III.

Des perſonnes qui le compoſent.

L'Empereur en eſt le chef & en porte le nom dans les actes pu-

---

(*d*) On la voit toute entiere, avec pluſieurs autres qui y ſont analogues, dans *Lunig, p. Gen., pag.* 295, & à la fin de cet ouvrage.

(*e*) L'Empereur *Joſeph II promet*, par ſa *capitulation, art. XXIV*, § 5, de demander par un Décret à l'Empire, ſon avis au ſujet des corrections à faire

blics (*a*) ; mais ne pouvant y préſider lui-même, il s'y fait repréſenter par un Préſident, auquel il a coutume de joindre un Vice-Préſident (*b*), qui font leurs fonctions en fon nom, & font aviſés par vingt-quatre Conſeillers ordinaires, qui font tous de la création de l'Empereur (*c*). Ces Conſeillers

dans l'Ordonnance du Conſeil Aulique, d'y faire travailler au plutôt, & faire là-deſſus mettre cet ouvrage en état.

(*a*) V. l'*Ordonnance du Conſeil Aulique*, *tit*. *I*. Toutes les Requêtes font adreſſées à l'Empereur, & lui feul ſigne tous les Arrêts.

(*b*) Le Vice-Préſident ne juge qu'en cas d'abſence ou d'empêchement du Préſident.

(*c*) Je penſe que le nombre des Conſeillers dépend du choix & de l'arbitrage de l'Empereur. Par les *Récès de Treves* & de *Cologne* de 1512, il fut mis à huit. Par la nouvelle Ordonnance de *Ferdinand III*, il eſt taxé à dix-huit. On l'augmenta du double fous l'Empereur *Léopold*. Ses ſucceſſeurs le réduiſirent à vingt-quatre. Leur réception ainſi que leur congé ou dépoſition, dépendent uniquement de

ne forment qu'une feule chambre divifée en deux bancs, dont l'un (*d*) pofé du côté droit de la falle des Audiences, eft occupé par des Comtes, Barons ou Chevaliers ; & l'autre du côté gauche (*e*), par des Gentilshommes nouvellement créés, ou par des Docteurs ennoblis par leurs charges. Tous ces

---

l'Empereur. Cependant depuis la *Capitulation de Charles VII*, art. *XXIV*, § 3, ils prêtent ferment à l'Empire auffi-bien qu'à l'Empereur par la même formule. V. *la Capitul. de Jofeph II*, art. *XXIV*, § 3.

Obferv. Il y a plufieurs Confeillers Auliques titulaires, dont quelques-uns portent en vertu de leurs Patentes le titre de *Confeiller Impérial Aulique actuel*, quoiqu'ils n'aient jamais été introduits ou inftallés audit Confeil. Or, il n'y a que l'introduction actuelle qui faffe jouir des gages & émolumens attachés à cette charge.

(*d*) Ce banc s'appelle (der Grafen, Herren und Ritter Bank.)

(*e*) On appelle celui-ci (der Gelehrten Bank.)

Conseillers prennent séance selon
l'ordre de leur réception (*f*).

IV.

Le *Président* ainsi que le *Vice-* De leurs
Président doivent être *Allemands* qualités.
de nation, & en même tems Prin-
ces ou Barons du Saint-Empire, y
établis avec des biens immédiats
ou médiats (*a*). Les Conseillers

(*f*) Cela fut ordonné par la *Capitulation de Joseph I*, art. *XXXIX*, & répété par celle de *Charles VI*, art. *XXIV*,
& toujours observé depuis.

(*a*) V. l'*Ordonnance du Conseil Aul.*
tit. I, & la *Capitulation de Joseph II*,
art. *XXIV*, § 11. Il y a très-long-tems
que l'on n'a point vu de Président qui
fût Prince, pas même titulaire. Certes,
un Prince régnant n'ira point se mettre
sous la dépendance de l'Empereur, pour
être le premier membre de son Conseil.
V. le *Droit Public du Saint-Empire*, *l.*
XIII, chap. 3', *pag.* 349, *note* (*a*).
Le Président dirige l'ordre & la police du
Conseil; il reçoit & distribue les actes &
pieces des procédures, il demande les
voix, fait & prononce les Arrêts; ses autres
fonctions se trouvent dans l'Ordonnance

(qui pour la plupart font de très-
bonne nobleſſe) doivent être Allemands de nation, gens d'honneur

---

dudit Conſeil Aulique. V. *ladite Capitul.*
art. XXIV, § 12.

Obſerv. La plupart des Publiciſtes proteſtans prétendent que les eccléſiaſtiques
ne peuvent point occuper la charge de
Préſident au Conſeil Aulique, parce que
les *cauſes féodales & criminelles* dont le
Préſident y doit ſouvent connoître, les
rendent incapables de l'exercer. Mais al-
léguent-ils ces raiſons de bonne foi? Ne
ſavent-ils pas auſſi-bien que moi, que de
tout temps, tant en France qu'en Allemagne les eccléſiaſtiques ſe ſont trouvé
au Conſeil des Pairs, *pares;* où l'on juge
les cauſes féodales : ils ne ſauroient l'i-
gnorer, puiſqu'ils le diſent eux - mêmes
dans leurs ouvrages. Ne ſavent - ils pas
auſſi, que les Etats eccléſiaſtiques ont voix
& ſéance à la Diete, & qu'ils l'exercent
même perſonnellement s'ils le veulent,
lorſqu'il s'agit de proſcrire un Etat, ſans
doute pour *cauſes criminelles*? Et ont-ils
jamais douté, ou ont-ils jamais oſé ſoutenir le contraire? Je ſais que l'Egliſe
abhorre du ſang, je ſais auſſi que ſelon
l'eſprit des loix de l'Egliſe, les eccléſiaſtiques ne doivent point ſe mêler du temporel au préjudice du ſpirituel, dont le

& de bonne famille, établis &
poffeffionnés en Allemagne (*b*),

---

foin leur a été particuliérement confié;
mais s'il s'agit de prononcer une Sentence
de mort, ou s'il faut des foins particuliers en faveur de l'Eglife, ne peuvent-
ils point fe faire fuppléer par le Vice-Pré-
fident? pour quelle fin fut-il donc créé,
fi ce n'eft pour fuppléer les défauts du
Préfident? Soyons donc de bonne foi, &
avouons qu'un eccléfiaftique peut y être
Préfident. La Chambre Impériale a eu au
fiecle paffé deux Préfidens eccléfiaftiques,
favoir : *Philippe Chriftophe* & *Jean Hugo*,
tous deux *Archevêques de Treves* : pourquoi le Confeil Aulique n'en pourroit-il
pas avoir? Certes, depuis qu'à l'exemple
des Princes Etats féculiers, les Princes
& autres Etats eccléfiaftiques jouiffent dans
l'Empire de tous les droits de fupériorité
territoriale, leur pouvoir de connoître
des caufes féodales & criminelles doit
être regardé comme inconteftable.

(*b*) Les Empereurs promettent depuis
long-temps, de ne placer dans le Confeil
Aulique Impérial, que des Princes, Comtes, Barons, Gentilshommes & autres
gens d'honneur allemands, qui aient des
biens proportionnés à leur rang & condition. V. *les Capitulations de Charles
VI, Charles VII*, de *François I*, & de
Jofeph II, art. *XXIV*, § 11.

engagés ni liés à personne qu'à l'Empereur & à l'Empire en Corps (*c*), versés & consommés dans les affaires de Justice par l'expérience, qu'ils en auront acquise dans des Tribunaux d'Allemagne bien ordonnés, ou dans des facultés de Droit aux Universités (*d*), & trouvés

---

(*c*) Pas même aux Electeurs, Princes & autres Etats d'Empire, encore bien moins à aucune Puissance étrangere, soit par le lien de quelque charge & d'appointemens y attachés, ou par quelque pension : tout cela étant capable de les détacher de l'Empereur. V. *lesdites Capitul. aux lieux cités*, & *l'Ordonn. du Conseil Aul.*, tit. 7, § 21. Cela n'empêche cependant point, que les Conseillers ne puissent être vassaux d'un autre Seigneur ou attachés à un certain ordre, par exemple, à celui de *Malthe* ou *de Saint-Jean.*

(*d*) Il suffit cependant d'avoir été Echevin dans ces Tribunaux, ou d'avoir été Assesseur ou agrégé auxdites facultés, & d'y avoir travaillé conjointement avec les Professeurs en rapportant les procès, & en opinant avec eux. Tels sont les sentimens de *J. J. Moser* ; *V. ses observations sur la Capitulation de Joseph II*, *art. XXIX*, § 2, *n.* 18.

trouvés capables après avoir fubi
l'examen de la même maniere qu'il
eft requis à la Chambre Impériale
(e), âgés de vingt-cinq ans (f),
& profeffans une des trois Reli-

(e) V. *les fufdites Capitulations, aux
endroits allégués.*

(f) L'âge requis dans ceux qui doivent être promus à ces charges, n'a jamais été déterminé. Dans la Capitulation
de *Jofeph II*, *au l. c.* il eft dit feulement,
qu'ils doivent être d'un âge légal (recħten
Alters). Or, felon l'ufage de toute l'Europe, qui certainement peut paffer pour
loi, celui qui entre dans ces charges ou
offices publics doit avoir vingt-cinq ans
commencés, à moins qu'il n'ait obtenu
difpenfe, qui d'ordinaire ne s'accorde,
qu'en faveur de certaines qualités extraordinaires ; par exemple, un rare favoir,
une prudence & expérience confommée.
Il eft vrai que felon le droit canonique
l'on peut être juge à l'âge de vingt ans.
V. *Capit.* 41, *X. de offic. Deleg.*, & felon
le droit civil à l'âge de dix-huit ans. Mais
l'Europe s'eft écarté de ces codes de loix
dans ce point. *Mofer*, dans fes obfervations fur la *Capitulation de Jofeph II*,
art. XXIV, § 11, *n.* 15, paroît prétendre, qu'une dignité & une charge auffi
épineufe que celle d'un Confeiller Aulique,

Tome III.   G

gions adoptées en Allemagne (g).

---

demande au moins l'âge de trente ans.
Il attend l'approbation de son sentiment.

(g) Par le traité d'Osnabruck il a été
stipulé, *que S. M. I. tirera des Cercles
quelques sujets de la confession d'Augsbourg, doctes & versés dans les affaires
de l'Empire, en tel nombre toutefois que
(le cas échéant) l'égalité de l'une & de
l'autre Religion y puisse être observée.*
En conséquence on en créa six. Les Réformés prétendirent devoir également participer à ces charges. L'occasion de les
satisfaire se présenta en 1694 : un des
Conseillers protestans étant mort, l'Empereur *Léopold* le remplaça par le *Baron
de Danckelmann*, de la Religion réformée;
& il fut arrêté à la Diete que, sa mort
avenant, sa place seroit toujours remplie
par un réformé ; de façon cependant
qu'elle feroit nombre des six places accordées à ceux de la Confession d'Augsbourg. V. *Lunig. p. Gen. contin.* II.
p. 1531.

Observ. 1º. Ces six Conseillers protestans sont censés égaler le nombre des dix-
huit catholiques, dans les causes où il
faut un nombre égal de Conseillers des
deux Religions. Mais si l'un des protestans est de l'avis des catholiques, ou un
catholique de l'avis des protestans, alors

V.

Ce Conseil ainsi que toutes les Cours Souveraines a une Chan- cellerie appellée die Reichs-Hof-Canzeley, laquelle se trouve sous la direction de l'Electeur de Mayence en qualité de d'Archichancelier de l'Empire (a), qui en nomme

---

cette voix est prépondérante & décide le jugement. Voy. l'*Ordonnance du Conseil Aulique de Ferdinand III, tit.* 1 , §. 4 , & *tit.* 5 , §. 21.

2°. L'Empereur promet, par sa Capitulation, de choisir les Conseillers du Conseil Aulique non-seulement parmi ses sujets & vassaux, mais aussi & pour la plupart, parmi ceux qui sont nés & élevés dans les autres Provinces de l'Empire *de la Nation Allemande.*

(a) Cette qualité lui donne aussi le droit de visiter le Conseil Aulique. Cette Visitation, conformément à la *Capitulation de Charles VI, art. XXIV*, devroit se faire tous les trois ans. La maniere de la faire, & généralement tout ce qui doit y être observé, auroit dû être déterminée (il y a long-temps) par la Diete. V. l'*art. V*, §. 54. Mais d'autres affaires plus sé-

le *Vice-Chancelier* (*b*), les Réfé-

---

rieufes l'en ont empêché depuis. On trou-ve dans *Henniges, Med. ad inftr. pac. Ofn. fpec.* 5, *mantiffa* 2, *p. III, p.* 794, un plan des chofes à obferver lors d'une pareille Vifitation, dont les Etats pour-roient fe fervir, s'il étoit une fois queftion de dreffer un Récès là-deffus.

Obf. Les Etats Proteftans prétendent que l'Electeur faifant la Vifitation de ce Con-feil, doit prendre un Député des Etats de leur Religion avec lui. Cette préten-tion eft une des caufes pour lefquelles elle eft négligée. V. *Pfeffinger, Vitriar. illuftr. lib.* 3. *tit. X*, §. 12.

(*b*) Le *Vice-Chancelier* peut entrer au Confeil Aulique quand bon lui femble. Il y prend féance immédiatement après le Préfident & le dirige en fon abfence. Hors du Confeil Aulique, étant auffi-bien revêtu de la dignité du Confeil d'Etat privé actuel de l'Empereur que le Préfi-dent, il prend fon rang fuivant l'ancien-neté de fa charge. Il met fon contre-feing à toutes les Expéditions du Confeil Aulique, aux Réfolutions Impériales don-nées fur l'avis de cette Cour, & en gé-néral à toutes celles qui regardent les affaires de l'Empire. V. l'*art. XXV*, §. 4, *de la Capitul. de Jofeph II*, & les *Obferv. de Mofer fur icelle.*

rendaires (c), les Secrétaires (d),
les Archivaires, les Ingroffiftes (e),

(c) Ils font à deux, dont l'un eft
pour les affaires d'expédition latine, l'autre pour celles dont l'expédition fe fait
en allemand. Leurs fonctions confiftent
à faire part & rapporter au Vice - Chancelier verbalement ou par écrit les , affaires de leur Département, en y ajoutant
leurs avis & confeils. Par - là l'on fent
combien leur emploi eft important, &
que le bon ou le mauvais fuccès des
affaires dépend fort fouvent de leurs talens, de leur caractere, de leurs paffions,
& de la maniere de traiter ou de colo-
rer les chofes, ainfi que des talens & des
qualités du Vice-Chancelier. Toutes les
affaires d'Etat foit de grace, foit de juftice paffent par leurs mains.

(d) Ils font également à deux, l'un
pour les expéditions allemandes & l'autre pour celles qui fe font en latin. Leurs
fonctions confiftent à mettre au net, à
dreffer & protocoler tout ce qui a été
réfolu par le Confeil Aulique, d'en délivrer les extraits, &c.

(e) Les Ingroffiftes & Copiftes font des
Officiers de la Chancellerie, qui font les
expéditions de même que les copies dont
on a befoin.

G 3

les Copiftes & autres Officiers quelconques y attachés (f). Toutes ces
perfonnes ont de certains devoirs
à remplir, & font fujettes à de
certaines regles qui fe trouvent en
partie dans l'Ordonnance de la
Chancellerie (g).

VI.

Il y a un autre Corps de perfonnes fort refpectables attachées
au Confeil Aulique, favoir : les
Procureurs & les Avocats (a). Le
nombre des Procureurs y eft fixé
à trente ; la plupart d'entr'eux font
décorés du titre *de Confeiller* ou
d'Agent de différents Princes ou
Etats d'Empire.

(f) V. l'art. *XXV*, §. 1, *de la Cap. de Jofeph II.*

(g) Cette Ordonnance a été faite par l'Empereur *Maximilien II* en 1570, avec les avis & confeils de l'Electeur de Ma- yence. Elle eft rapportée en entier par *Schmaufs*, corp. *J. publ. p.* 293.

(a) Je penfe que MM. les Avocats des Cours Souveraines de la France, ne

VII.

Or, toutes ces perſonnes dont Privilé-
nous venons de parler, ont leurs ges de ces
cauſes commiſes en cette Cour (a), perſonnes

---

s'aviſeront point de me traiter d'ignorant
ou d'injuſte, de ce que dans cette matiere je poſtpoſe les Avocats aux Procureurs ; N. B. aux Procureurs du *Conſeil*
Aulique, qui, étant tous gradués, vont
de pair avec les Avocats, & joignant la
Pratique à la Théorie & à d'autres titres
diſtinctifs, méritent la préférence. C'eſt
par leur miniſtere, que les procès doivent
être entamés, conduits & ſuivis juſqu'à
fin de cauſe. Cependant il eſt loiſible aux
Etats d'Empire, de ſe ſervir de leurs propres Officiers dans les affaires qui y ſont
pendantes, pourvu qu'ils ſoient au fait
de la pratique, & qu'ils e conforment
aux Réglemens que l'on y doit ſuivre.
Le Conſeil Aulique prétend les avoir ſous
ſa Juriſdiction, & fait appoſer le ſcellé
à leurs effets lors de leur décès. Le
Maréchal de la Cour Impériale lui diſpute
ce droit alléguant qu'il lui compéte ex-
cluſivement à tout autre. V. *Struv. corp.*
J. publ. cap. 26. §. 4.

(a) Quant aux actions perſonnelles ;
mais quant aux actions réelles, on les
peut faire aſſigner à l'endroit, où le bien,

G 4

pendant le séjour qu'ils y font; &
ceux qui y font effectivement en
charge font exempts de toutes charges perfonnelles ainfi que de toutes fortes d'impôts fur leurs biens-
meubles, des droits de péage, de
gabelle (Abzugs-Recht) & autres
femblables, de tous lefquels jouiffent auffi leurs veuves & enfans pupilles, tant qu'ils reftent fous la
même Jurifdiction (b).

VIII.

Caufes de
fon ref-
fort.

Le Confeil Aulique juge en premiere inftance (a), ou par voie

---

dont il eft queftion, eft fitué. V. *Julian
Maguenhorft*, *ad Exord. Cam. p.* 1 , *tit.*
49.

(*b*) V. *les* §§. 5 & 6 *de l'art. XXV
de la fufdite Capitulation*, & ceux qui
veulent fe retirer & transférer leur domicile ailleurs, font exempts de tous
droits à l'effet de la transportation de
leurs meubles & effets mobiliers, & on
doit leur accorder, à leur réquifition, les
paffe-ports à ce néceffaires. V. *le §.* 7 *dudit
art.*

(*a*) Il juge en premiere inftance &
même privativement à la chambre Impé-

d'appel : 1.° toutes les caufes civiles tant des Etats de l'Empire que
de leurs fujets, à moins que l'appel
ne foit point recevable pour les
raifons alléguées ci-devant (*b*) ;
2.° les caufes féodales concernant
les fiefs médiats, tant au pétitoire
qu'au poffeffoire. Dans ces deux efpeces de caufes, il a une Jurifdiction concurrente avec celle de
la Chambre Impériale (*c*) ; mais

---

riale : 1°. toutes les caufes tant civiles
que criminelles de tous ceux qui, lui
étant attachés, y ont leurs caufes commifes ; 2°. par droit de prévention, les
les caufes des Etats qui, fans fe fervir
du droit d'Auftregues, fe font immédiatement adreffés à lui ; 3°. par le même
droit de prévention, les caufes des fujets
des Etats, au cas que le Juge inférieur
ait été légitimement récufé, ou qu'il ait
refufé ou trop différé de rendre juftice.

(*b*) V. ce que j'ai dit là-deffus au
chapitre précédent.

(*c*) De forte qu'en ces caufes la prévention a lieu entre ces deux Tribunaux,
& une caufe de pareille efpece étant une
fois pendante dans l'un, ne peut pas être

dans d'autres plus relevées, fa Jurifdiction eft plus étendue. Ainfi
il juge privativement à ladite Chambre, 1.° toutes les caufes d'Italie
(d); 2.° le pétitoire des fiefs ma-

évoquée à l'autre; V. l'*Ordonnance du
Confeil Aulique*, *tit*. 11, §. 8, & la
Capitulation de Jofeph II, *art* *XVI*,
§. 17, pas même dans le cas que, par
exemple, la Chambre Impériale cefferoit
pendant quelque temps pour raifons légitimes de rendre juftice, vu qu'un pareil
cas ne peut point être regardé comme un
déni de Juftice, qui feul pourroit donner
droit au Confeil Aulique d'en évoquer
les caufes. V. Fabers Staats-Canzley,
tit. 12.

N B La prévention n'a pas lieu contre la maifon de *Brunfwic-Lunebourg*,
qui, en vertu d'un privilége de *Ferdinand*
III, enrégiftré à la Chambre Impériale,
a le droit de choifir dans l'efpace de deux
mois depuis la fommation, à laquelle de
ces deux Cours Souveraines elle veut être
affignée.

(d) V. *Gunther. de caufis judicium*
Aulicum fundantibus, *fine concurrentia*
cum judicio Cameral. Imper. Altorfii 1711.
Il faut pourtant excepter celles qui concernent le Duc de *Savoie* en qualité

jeurs & immédiats de l'Empire (e);
3.° tous les différens concernant
les réfervats de l'Empereur (f),
ainſi que l'interprétation des anciens priviléges ou autres actes
émanés des Empereurs; de même
les cauſes criminelles des Etats (g),

---

d'Etat d'Empire. Tels font les Principautés & Comtés d'Empire , appellés d'ordinaire Fiefs majeurs.

(e) V. l'Ordonnance de la Chambre
Impériale, p. 2 , tit. 7. Moſer , au ſup-
plément à ſon Commentaire ſur la Capitulation de Charles VII, & le Droit
public du St. Empire l. IV. chap. III

N. B. Cependant l'Empereur , conformément à ſa Capitulation art. XI, §. 21 ,
paroît être obligé de demander d'abord ,
dans un pareil cas , l'avis des Electeurs,
& même de fe fervir (felon la ſituation
de l'affaire) du Conſeil des Princes &
Etats de l'Empire.

(f) Nous appellons Réſervats , les
droits particuliers de l'Empereur, dont il
a un exercice libre & indépendant, &
auxquels les Etats n'ont aucune part
Nous en donnerons un détail dans la
ſuite.

(g) Dans cette matiere il y a un con-

mais non pas celles de leurs sujets.

flit de fentences & d'opinions contra-
dictoires parmi les Publiciftes. Or, fans
vouloir m'arroger aucune licence à leur
égard, je dis, 1º. que les Etats peuvent
être traduits par-devant le Confeil Aulique
pour crimes commis contre l'Empereur,
contre l'Empire ou contre les Etats. En
voici mes raifons :

La premiere. Parce que ce Confeil repréfente & juge au nom de l'Empereur qui
lui a communiqué toute fa Jurifdiction.

La feconde. Parce que l'Empereur a
toujours jugé de pareilles caufes criminelles des Etats, tantôt feul conjointement avec les Princes d'Empire ; *les XI,
XII & XIII fiecles* nous en fourniffent
un grand nombre d'exemples que l'on
trouve dans *Wittikind & fon Continua-
teur Reginon*, ainfi que dans *Wippo*,
tous deux *Annaliftes de Saxe.* Dans
Lunig, corp. jur. feud., dans *Otton de
Freifingue*, & dans *Struv, Corp. jur. publ.
cap.* 25, §. *IX, X & XI.* D'ailleurs,
l'Empereur *Fréderic II* déclara expreffément à la Diete de *Mayence* tenue en
1236, que lorfqu'il s'agira *des biens, de
l'honneur ou de la vie des Princes*, il en
fera lui-même le juge. V. *Goldaft p.* 11,
der Reichsfaßungen *n.* 24, *p.* 213.

La troifieme. Parce que les loix d'Allemagne accordent le droit de juger les

caufes criminelles des Etats à l'Empereur
ou au Roi d'Allemagne, exclufivement à
tout autre. Voici les paroles de ces loix:
über der Fürften Leib und über ihre Ge=
fandte, foll niemand richten, dann der
König. V. Sächfifch Land=Recht. *lib.*
III, art. LV, & Schwaben Spiegel.
cap. XXIV.

La quatrieme. Parce que la Jurifdiction
criminelle eft due à l'Empereur comme
chef du Corps des Etats.

La cinquieme. Parce que les Etats eux-
mêmes ont reconnus cette Jurifdiction; mais
de peur que l'Empereur n'en abufe, ils
lui prefcrivirent une certaine maniere de
l'exercer dans les cas, où il s'agit de priver ou de fufpendre un Etat de l'exercice de la voix & féance à la Diete, ou
de lui ôter fon gouvernement ou de le
mettre au ban, laiffant dans les autres
cas moins graves fa Jurifdiction libre &
intacte. V. *la Cupitulation de Charles*
VII, art. I, §. 3 & 4, & art. XX
& les fuiv., & celle de Jofeph II,
aux mêmes articles, où l'on trouve la
maniere de procéder pour mettre un Etat
au ban de l'Empire. La même maniere
s'obferve dans les autres cas fus-mentionnés.

Certes, toutes ces raifons & loix alléguées paroiffent prouver, que l'Empereur,
ou le Confeil Aulique en fon nom, peu-

(h). Les causes purement Ecclé-

---

vent juger toutes les causes criminelles
des Etats ; d'autant plus qu'ils doivent
être regardés comme sujets de l'Empereur
& de l'Empire. D'ailleurs, il n'y a pas
une seule loi qui en défende la connoiss-
sance à ce Conseil, quoiqu'il y ait plusieurs exemples qui démontrent clairement qu'il s'est arrogé cette Jurisdiction.
V. *Joann. A. Schultz Szulecki in Disserta-
tione, de Camera Imperiali cum judicio
Aulico non concurrente. Francofurti ad
Viadrum* 1706 *in-4°.* Et ce qui confirme
mon sentiment, est que les Etats ont
expressément défendu à la Chambre Impériale de prendre connoissance des causes
criminelles des Etats, sans s'être jamais
avisés de faire la même inhibition au Conseil Aulique. Par-là ils l'ont eux-mêmes
au moins tacitement réservé à l'Empereur
& à son Conseil.

(*h*) Les Etats jugent les causes criminelles de leurs sujets en dernier ressort;
ensorte que le Conseil Aulique, non plus
que la Chambre Impériale, n'en peut aucunement connoître pas même par voie
d'appel. V. *l'Ordonnance pour la Chambre Impér.* de 1555, *p. II, tit. XXVIII,
§. 5.* Cependant, s'il s'agissoit de faire
casser la Sentence d'un Tribunal des Etats
pour raison de nullité, il pourroit en

fiaftiques ne font point de fa compétence (*i*).

IX.

Le Confeil Aulique étant l'inftrument dont l'Empereur veut bien fe fervir pour faire rendre la Juftice en fon nom, il eft obligé de fuivre fon intention, qui ne peut être que celle de rendre à un chacun ce qui lui eft dû, en vertu & conformément aux loix adoptées

---

connoître ; fans cela la Juftice n'obtiendroit point fes fins.

(*i*) J'appelle caufes purement Eccléfiaftiques, celles qui ne font accompagnées d'aucun acceffoire temporel ; par exemple, celles où il s'agiſoit feulement du droit de percevoir les dîmes, ou de la validité ou non - validité d'un facrement, de la difpenfe aux degrés prohibés. Le jugement de ces caufes ne peut dépendre que de l'Eglife ; cela a été reconnu de tout temps. Les autres caufes qui, dans le fond & en elles-mêmes font féculieres, quoiqu'elles aient une fource & une bafe fpirituelle ou eccléfiaftique, font de la compétence des Juges féculiers. Telles font les caufes où il ne s'agit que

& fuivies par tout l'Empire. Or ces loix font, 1.° les anciens ufages & coutumes des lieux & Provinces où naquirent les procès pendans audit Confeil (*a*); 2.° les loix Provinciales

---

d'un fimple fait; par exemple, fi un mariage a été contracté ou non , ou de la fimple poffeffion des biens Eccléfiaftiques. **V.** *le Traité d'Ofnabruck* , art. *V* , §. 53. Il y a même des cas où le Confeil Aulique eft autorifé de juger en caufes purement fpirituelles, par exemple, en caufes d'appel où il s'agit de connoître & de prononcer fur l'omiffion des formalités ou fur les nullités du jugement rendu par le Juge Eccléfiaftique. **V.** *Ludolph fyft. jur. Cam.* f. *j.* §. 14, *n.* 2, *p.* 231. Tout ce que cet Auteur y dit à l'égard de la Chambre Impériale, eft applicable au Confeil Aulique ayant concurrence de Jurifdiction.

(*a*). Ces us & coutumes font de certaines obfervances fondées fur les mœurs du peuple, & l'approbation tacite du légiflateur. Elles ont tout ce qui eft effentiel à une loi, & lient auffi bien que les loix pofitives. Celui qui les allégue, eft obligé de les prouver par l'hiftoire, ou par des actes publics & le témoignage des anciens Praticiens, à moins qu'elles ne foient notoires.

Provinciales de l'Allemagne (b);
3.° les loix privées & particulieres
des Etats (c); 4.° les Ordonnances
du Conseil Aulique & de la Chambre
Impériale; 5.° les Récès & Capi-

(b) Telles sont celles qui se trouvent
dans le Code Saxon & le Code de Suabe,
ainsi que celles que l'on voit dans le
Code des anciennes loix d'Allemagne, par
Lindenbroch. Mais il faut faire attention, 1°. que ces Codes de loix sont fa-
buleux en plusieurs endroits; 2°. que de
certaines loix y contenues sont tombées en
désuétude; & 3°. qu'on a dérogé à plusieurs par des loix subséquentes. Un
Conseiller Aulique, doit avoir connoissance de tout cela.

N B. S'il y a un différend entre deux
Etats, dont l'un soit d'un pays de droit
Saxon, & l'autre d'un pays de droit Fran-
conien, l'on ne pourra point se servir de
ces droits contr'eux, puisqu'ils ne les re-
connoissent point mutuellement.

(c) Ces loix ne lient que les sujets
de l'Etat duquel elles sont émanées, &
conséquemment elles n'ont aucune force
contre des sujets d'un autre Etat. Ainsi
on allégueroit inutilement, par exemple,
le Droit provincial du Duché de Würtemberg, contre les sujets de l'Electeur de
Baviere.

Tome III.   H

tulations ; 6.° le Droit commun ;
7.° le Droit canon (*d*) ; 8.° le Droit

(*d*) Par le *Droit Commun* , nous entendons le *Droit Romain* obfervé en Allemagne , en tant qu'il eft applicable à
l'Etat préfent de l'Empire , & autant que
l'Empire ou les Etats en particulier n'y
ont point dérogé par des loix propres &
expreffes , ou que les us & coutumes ne
lui font pas contraires. V. l'*Ordonnance*
faite à la Diete de *Conftance en* 1507,
qui porte que la moitié des Affeffeurs de
la Chambre Impériale doit être de Docteurs ou Licenciés en Droit (c'eft-à-dire,
en Droit Canonique ou en Droit Romain);
on n'en a jamais créé d'autres. V. auffi
l'*Ordonnance de la Chambre Impériale*
de 1555, *p. I, tit.* 57, *p. II, tit.* 31,
& *p. III, tit.* 54. *L'Ordonnance pour*
les Notaires & le *Récès d'Empire de* 1512.
Dans ce dernier fe trouve un Réglement
de la *Novelle* 47 , fous le nom de Difpofition du Droit Commun. Vid. *Datt.*
de pace publ. L. IV, chap. 1, *n.* 145.
    Obfervat. I. L'examen que les Réci-
piendaires font obligés de fubir fur le
Droit Romain , de même que fur le Droit
Canonique , prouve évidemment que le
Droit Romain eft au moins fubfidiairement reçu en Allemagne , & que les Tribunaux fuprêmes font tenus de le fuivre
comme tel. L'ufage de mettre un Corps

féodal (*e*). Au défaut de toutes ces

---

de Droit dans la falle d'affemblée du Confeil pour y avoir recours en cas de befoin , en eft également une preuve.

II. Le Droit Canonique ne peut être
allégué contre les Proteftans ou Réformés ,
que dans les matieres où ils l'ont adopté ;
par exemple , en matieres bénéficiales ou
autres matieres civiles qui s'y trouvent.
Voyez *Titius* , *fpecul. jur. publ. lib. II* ,
cap. 9.

III. Quoique les Etats puiffent abroger
le Droit Romain à l'égard de leurs fujets ,
ils ne peuvent point le faire entr'eux , à
moins qu'ils ne conviennent avec l'Empereur de caffer , d'un confentement réciproque , les Conftitutions Impériales faites pour donner force de loi au Droit
Romain à leur égard. On fe fert du Droit
Romain particuliérement dans les matieres de contrats , de fucceffions , de fidéi-
commis , de tutele & curatele , de jurifdiction , de troubles , de gages , de dettes
& autres matieres civiles qui entrent dans
le Droit privé. V. *Helferich* , *de jurifpru-
dentia Principum Ordinumque S. R. I.
Germ. privata* , *Tubingæ* 1730.

(*e*) Le Droit Féodal Saxon , le Droit
Féodal Allemannique , & fubfidiairement le
Droit Féodal des Lombards , font fuivis

loix on a recours au Droit naturel
& au Droit des gens (*f*).

___

en Allemagne, fur-tout quand il s'agit
de décider une cáufe concernant un fief
ancien & immédiat de l'Empire, à moins
qu'une coûtume poftérieure, ou une
claufe inférée dans les lettres d'inveftiture
n'y déroge. Voyez *Struv. hift. Jur. cap.*
VIII, §. 29, & *Lichtenhan, epiftola ad*
L. Baron. de Zech, de ufu jurifprudentiæ
feudal. in caufis publicis & illuftribus
hodierni imprimis belli, Lipfiæ 1735 4°.

(*f*) Le Droit Naturel n'étant autre
chofe que l'équité reconnue par la faine
raifon, telle que Dieu l'a imprimé dans le
cœur d'un chacun, & le Droit des gens
étant un tiffu d'ufages obfervés par toutes les nations policées, & tirés des premiers principes du Droit naturel, appli-
qués aux différentes circonftances où elles
fe trouvent néceffairement les unes avec
les autres : tout le monde voit qu'elles
font nos meilleurs guides pour décider
nos différens.

Obferv. S'il naît un différent entre
l'Empire ou un Etat d'icelui avec une puiffance étrangere, il faut le décider par
leurs traités réciproques, & à leur défaut,
par le droit de nature & des gens ; par
exemple, un différent entre la France &
l'Empire fe décideroit par les Traités de

X.

La forme de la procédure du Conseil Aulique est prescrite en partie par les ·Ordonnances faites à ce sujet. Savoir, par celle de *Ferdinand I*, publiée en 1559, & celle de *Ferdinand III* publiée en 1654 (*a*). Elle se trouve aussi dans les ouvrages de plusieurs savans publicistes (*b*); mais il faut avouer

Forme de la procédure.

Münster, de Nimegue, de Ryswick, de Rastadt, de Bade & le dernier Traité de Vienne conclu en 1763 ; & à leur défaut, conformément à l'équité naturelle, ou au droit des gens.

(*a*) *Charles VI* y suppléa par une nouvelle *Ordonn. de* 1714. V. Faber Staats-Canzley, *tit.* 24. Conformément au *Traité d'Osnabrück., art.* 5, §. 53, l'Ordonnance pour la Chambre Impériale doit être observée au Conseil Aulique en tout & par-tout, quant à la procédure judiciaire ; cependant le Conseil Aulique s'en écarte fort souvent pour abréger la lenteur de la procédure & en épargner les frais aux parties.

(*b*) Voici l'élite de ces ouvrages : *Breviculum Praxis Imperial s* ; *Principia*

que la pratique & les inftructions que l'on puife des anciens practiciens vivans & confommér dans cette profeffion , font les vrais moyens de parvenir à fa connoiffance.

XI.

Maniere de juger. Il ne peut y avoir moins de huit Confeillers lorfqu'il s'agit de rendre

---

proceffus judicii Imperialis aulici cum differentiis proceffus cameralis , nouvelle édition à Franckfort ou Leipzig 1755 4°; Tractatio fyftematica juris cameralis par Ludolph; Proceffus cameralis par Blum. Cet Auteur étant quelquefois fujet à caution , il faut lui joindre un traité écrit fur fon ouvrage fous le titre : Deckeri vindiciæ pro veritate & juftitia juris cameralis ; Einleitung zum Reichs-Hofraths Proceß ; Reichs-Hofraths-Conclufa ; Grundſätze der Reichs-Hofraths Proceß-Ordnung ; tous des ouvrages de J. J. Mofer , Confeiller d'Etat du Roi de Dannemarc ; Pragmatifche Gefchichte und Erleuterung der kayferlichen Reichs-Hof-Raths Ordnung ; & le traité de Confilio Cæfareo aulico ejufque prerogativis , Ordinationibus & praxi in foro , par le fieur d'Uffenbach.

un jugement définitif. Toutes les affaires y font décidées fur le rapport des pieces (a) ; la pluralité des voix l'emporte. Mais fi l'affaire eft importante & que fa décifion puiffe avoir des fuites , le Confeil differe de publier fon jugement &

(a) Dans les affaires d'Italie , le rapport ainfi que toute la procédure fe fait en latin ; dans les autres en allemand.

Obf. 1°. Un Confeiller n'ayant pas bien compris le rapport, eft en droit de demander les pieces & de les prendre chez lui pour les examiner, avant de donner fon avis. V. *la Capitulation de Jofeph II*, *art. XVI*, §. 15.

2°. Dans les cas où les Confeillers ont jugé néceffaire de faire paffer leurs avis à l'Empereur pour en être examinés , ces avis ne peuvent point être regardés comme un Arrêt formel & définitif du Confeil, mais feulement comme de fimples avis, que l'Empereur pourra approuver, confirmer ou infirmer. Cela fuit de la nature de l'Arrêt, en vertu duquel la décifion de l'affaire eft remife à l'Empereur comme chef de leur Corps. Ainfi le raifonnement de ceux qui prétendent que l'Empereur n'eft point en

H 4

ordonne par un (*fiat votum ad Im-*
peratorem) Reichs ₌ Hofraths₌
Gutachten, que la chofe fera préalablement communiquée à l'Empereur, qui fe fait remettre les
pieces du procès avec le rapport
& les fuffrages ; après quoi il rap-
pelle le Préfident & le Vice-Chancelier, le Rapporteur & le Co-rapporteur & quelques Confeillers des
deux Religions, écoute leurs fentimens & prononce enfuite ainfi
que la juftice l'exige.

XII.

Dans les cas où un examen fur
les lieux paroît être requis, l'Empereur conftitue des Commiffaires
(*a*), fur le rapport defquels les

---

droit d'infirmer leurs avis, par la raifon
qu'il ne peut point caffer les Arrêts du
Confeil, porte à faux & refte fujet à
caution.

(*a*) Si le différent fe trouve entre des
parties Catholiques, l'Empereur nomme
des Commiffaires de leur Religion, obfer-
vant le même à l'égard des Proteftans ;

procès fe vuident au Confeil. Ces Commiffaires peuvent fubdéléguer; & lorfque les uns ou les autres font récufés par les parties, c'eft à l'Empereur de juger de la validité ou de la non-validité des moyens de récufation.

XIII.

Les Arrêts rendus au Confeil Aulique, ne font fujets à aucun appel (*a*) ; cependant étant rendus par des hommes fujets à être furpris ou féduits, il peut arriver que la partie condamnée ait été injuf-tement léfée. Cela fuppofé, elle deviendroit fans reffource la victime

Supplication.

& ainfi proportion gardée, fi les parties font de différente Religion.

(*a*) Autrefois il étoit permis d'interjetter appel de ce Confeil en provoquant de l'*Empereur mal-informé*, à l'*Empereur afin de le mieux informer*. Mais on trouva cet appel indécent & préjudiciable à l'autorité Impériale ; raifon pour laquelle on lui fubftitua la *fupplication*. V. *Struv. corp. jur. publ. cap. XXVI*, §. X, *& feq.*

H 5

de l'injuſtice, ſi dans le ſein de l'Empire & de l'Empereur elle ne trouvoit un moyen de ſe pourvoir contre un pareil jugement. Ce moyen lui a été accordé par le traité de Weſtphalie (b), par les Ordonnances pour les Cours Souveraines (c), & par les Capitulations (d). Il s'appelle *ſupplication* (e), & n'eſt autre choſe qu'une humble & reſpectueuſe ſupplique

---

(b) V. *le Traité d'Oſnabrück, art. V, §. 53 & 54.*

(c) Voy. *l'Ordonnance pour la Chambre Impériale, p. III, tit. 53, §. 6 & 10.*

(d) V. *celles de François I & de Joſeph II, art. XXVII, §. 2.*

(e) Pour que la ſupplication puiſſe être formée, il faut que l'objet du procès excede en principal la ſomme de *deux mille florins d'Empire.* V. *le dernier Récés d'Empire, §. 125 & 127.*

Obſerv. Dans le jugement de la ſupplication l'on n'admet point de nouvelles productions ni de nouvelles preuves,

ou Requête adreſſée à S. M. I., par laquelle en expoſant ſuccinctement ſes griefs (f), & en ſe ſoumettant en une amende pécuniaire (g) en

---

mais l'Arrêt ſe rend ſur les mêmes actes, que le premier, dont eſt plainte. C'eſt en quoi le jugement de ſupplication dif-fere de celui de l'appel. V. Moſer, *Miſ-cellanea Juridico-hiſtorica*, tom. 2, n. 22, pag. 320, où il y a un traité ſpécial von der am Kaŋſerlichen Reichs-Hofrath üblichen *reviſion* oder *ſupplication.*

(f) Si l'Empereur trouve les griefs fondés & admiſſibles, il décrete favora-blement la requête en réviſion, & nomme des Juges du même Conſeil; mais autres que ceux qui ont porté le jugement, dont eſt plainte, du moins un autre Rap-porteur & Co-rapporteur, pour ce juge-ment être par eux confirmé ou infirmé.

Obſ. Il n'y a point de temps fixé par les loix pour former la ſupplication en réviſion. Cependant la commune opi-nion & la plus ſuivie par la pratique, donne un délai péremptoire de quatre mois depuis la connoiſſance du jugement rendu.

(g) Cette amende pécuniaire conſiſte en une ſomme d'argent déterminée par

cas de perte de fon procès, elle demande que les actes & pieces foient revus & examinés, & l'affaire derechef décidée.

XIV.

La fupplication n'empêche point réguliérement que l'Arrêt, dont on a obtenu la révifion, ne puiffe être provifoirement exécuté (a); l'Empereur promet même par fa Capitulation, de ne pas accorder un effet fufpenfif aux révifions

---

les Juges, & dépofée auprès de çelui qui eft conftitué à cet effet. V. *Gottlieb Heineccii differt. de pecunia in cafum, fi caufa ceciderint, ab adpellantibus, alioque remedio utentibus, deponenda.*

(a) Pourvu que la partie, en faveur de laquelle l'Arrêt a été rendu, donne bonne & fuffifante caution de reftitution en cas qu'elle fuccombe par le jugement en révifion, & que la caution foit approuvée par les Juges, & en conféquence acceptée par la partie adverfe; ce qui fouffre fort fouvent de très-grandes difficultés.

(*b*), dont la fupplication eft une efpece.

XV.

Il y a encore d'autres moyens de revenir contre les Arrêts rendus par le Confeil Aulique, favoir : *la reftitution en entier* (*a*), *le recours*

(*b*) V. la Capitulation de *Jofeph II*, art. *XXVII*, §. 2 , où il paroît lui-même confondre la fupplication & la révifion, & comprendre l'une & l'autre dans la fuite du même §, fous le nom général de révifions ; & certes elles ne different point quant au fond & aux fins de la demande, mais feulement dans la maniere de la propofer ; celle de la fupplication étant plus foumife & plus refpectueufe que l'autre.

Obf. La promeffe de l'Empereur, de ne point accorder aucun effet fufpenfif aux révifions, fouffre une exception en matiere de Religion. V. *Uffenbach de judicio aul. cap.* 23.

(*a*) Pour y parvenir, il faut que la partie condamnée obtienne, par fupplication adreffée à l'Empereur, d'être reçue de nouveau au procès, à caufe des nouvelles productions qu'elle n'avoit pas été en état de fournir auparavant. Si le

à *la Diete* (*b*), & à ce que pré-

fuppliant en reftitution paroît avoir de
juftes caufes, & produit de nouvelles
preuves fondées en titres non allégués, la
partie adverfe eft affignée aux fins de
voir reftituer, avec défenfe de faire exécuter le jugement. V. *le Récès de* 1570,
§. 69, & *l'Ordonnance de la Chambre
Impériale*, p. III, tit. 52. Si, au contraire, la fupplique en reftitution n'eft
fondée que fur des raifons douteufes, on
permet à l'impétrant, ayant préalablement
fourni bonne & fuffifante caution de faire
exécuter le premier jugement par provi-
fion; où bien on ordonne le féqueftre de la
chofe ligitieufe. V. *Principia proceffus
aulici judicii imperialis &c. cap.* 7.

Obf 1°. En ce cas le requérant doit
s'offrir à prêter ferment avec fon Avocat de
n'avoir pas retenu à deffein les nouvelles
productions. Ce ferment s'appelle, *juramentum reftitutorium.*

2°. Par le même Arrêt que la Cour
ordonne ce ferment, elle adjuge la reftitution. Cet Arrêt eft conditionnel, &
ne fortit fon effet qu'après la condition
accomplie, c'eft-à-dire, après le ferment
prêté. V. *Syftema jur. cam. fect. II,* §.
6. *n.* 52.

(*b*) Le recours à la Diete a lieu, par
exemple, lorfqu'il s'agit de favoir la vé-

tendent la plupart des Publiciftes,
le Syndicat (*c*).

---

ritable interprétation d'une Conftitution
Impériale, ou pour avoir jugé fur des
principes contraires aux loix de l'Empire,
par exemple, en matieres de pactes de
famille, ou pour avoir refufé de renvoyer
aux Auftregues une caufe qualifiée pour
y être jugée en premiere inftance, ou
pour des caufes eccléfiaftiques & politiques agitées entre perfonnes de différentes Religions. V. *le Traité d'Ofnabrück*, *art. V*, §. 54, 55 & 56.

Obferv. Ce moyen ne bleffe point l'autorité de l'Empereur, puifqu'en s'adreffant
à tout l'Empire, on s'adreffe en premier
lieu à l'Empereur en qualité de Chef de
ce Corps augufte, auquel conjointement
avec S. M. I. la Jurifdiction fuprême
réfide.

(c) Le *Syndicat* eft une accufation
des Juges ou des Procureurs, dont on
fe plaint de s'être laiffé corrompre par la
partie adverfe, & d'avoir en cette confidération mal jugé. L'on fent combien
cette accufation eft délicate & dangereufe; auffi en voit-on très-peu d'exemples, & il eft prefque moralement impoffible que tout un Corps, auffi intégre que
celui-ci, foit fufceptible d'une auffi noire
accufation.

XVI.

De l'exé-
cution des
Arrêts.

Les Arrêts rendus au Conseil Aulique ayant passé en forme de chose jugée (a), de même que ceux dont l'exécution ne peut être empêchée par les susdits moyens de se pourvoir contre, doivent être exécutés à la poursuite de la partie qui obtint gain de cause. Cette exécution devient difficile & scabreuse à proportion de la grandeur, de la puissance & de la mauvaise volonté de celui, contre qui elle

---

Obs. La voie de parvenir au Syndicat, est une Requête supplicatoire adressée à Sa Majesté, avec une exposition des griefs contre les Juges & Procureurs.

(a) Les moyens de revenir contre les Arrêts rendus audit Conseil, ayant été négligés pendant quatre mois après qu'ils ont été notifiés à la partie condamnée, les Arrêts sont censés avoir passé en force de chose jugée ; de façon que l'on n'est plus reçu à se pourvoir contre, à moins que pour des raisons extraordinaires il ne plaise à l'Empereur ; de préférer l'équité naturelle à la rigueur de la regle.

elle doit fe faire. L'Empereur promet par fa Capitulation (*b*), de
contribuer à ce que felon l'Ordonnance pour le Confeil Aulique,
ils foient exécutés fans délai, fans
acception de perfonne , & fans
avoir égard à des exceptions non-
admiffibles. Or, l'Ordonnance pour
la Chambre Impériale dit (*c*) : que
l'exécution des Arrêts rendus con-

Il y a des Auteurs qui prétendent,
que l'on eft recevable en demande de
révifion d'un Arrêt du Confeil Aulique
pendant an & jour, mais la pratique ne
les écoute pas.

(*b*) Voy. celle de *Jofeph II*, *art*
XVII, §. 1.

(*c*) V. l'*Ordonnance de la Chambre*
Impériale, *p*. 111 , *tit*. 58. Les troupes
d'un Cercle nommé pour l'exécution n'é-
tant point fuffifantes, leur Directeur eft
en droit de demander des troupes auxiliaires du Cercle voifin.

Obf. 1º. De pareilles exécutions font
fort coûteufes , & fort fouvent les frais
en abforberoient le gain de caufe. D'ailleurs le réfultat en eft incertain , outre
qu'il en naît une inimitié perpétuelle entre l'exécuteur & l'exécuté. Tout cela

tre des Etats & membres immédiats
de l'Empire, doit être commiſe
par préférence au Directeur du

---

nous fait entendre que le bonheur du
victorieux conſiſte très - ſouvent dans la
ſatisfaction de n'avoir point perdu la cauſe.
Cependant il faut avouer que les Arrêts
du Conſeil Aulique ſont d'ordinaire mieux
exécutés que ceux de la Chambre Impériale, vu que l'Empereur s'intéreſſe toujours pour l'exécution des premiers.

2°. Les uns des Publiciſtes attribuent
le droit de faire exécuter les Arrêts du
Conſeil Aulique à l'Empereur; les autres
aux Cercles. Voy. les différens écrits à
ce ſujet dans Moſer, Reichs = Hofraths-
Proceß, p. II, p. 320. Les argumens
allégués de part & d'autre ſont raſſemblés
dans Pfeffinger, Vitriar. illuſtr. lib. 2,
tit. 6; & moi je l'attribue au Conſeil
même, vu que ce droit fait partie de ſa
Juriſdiction, & que l'Empereur lui-même
laiſſe ce droit à ſon Conſeil, promettant
expreſſément par ſa Capitulation, article
XVII, §. 1, de ne pas l'en empêcher.
D'ailleurs mon ſentiment eſt conforme au
droit commun; V. L. I, §. ult. & L.
ult. §. 1, ff. de officio ejus, cui mandata
eſt juriſdictio, & L. 1, & 2, ff. de
juriſdictione. Il faut cependant que l'ordre de l'exécution donné de la part du

Cercle, où celui des Etats, contre lequel il la faut entreprendre, eft fitué (*d*). Mais quand ceux - ci font intéreffés dans la caufe, ou qu'ils refufent de s'en charger avec de bonnes raifons, il eft loifible à l'Empereur de la commettre à d'autres Etats du même Cercle ; ou en cas qu'ils ne foient point affez puiffans, aux Directeurs du Cercle voifin (*e*). Si l'Arrêt a été rendu contre un membre médiat, on en commet l'exécution à fon Seigneur ou au Magiftrat de fon domicile ou de la chofe fituée ;

Confeil Aulique, foit conforme au *titre* 58 *de l'Ordonnance de la Chambre Impériale fus mentionnée*, vu qu'en vertu du Traité d'Ofnabrück, *art. V*, §. 53, & *art. XVII*, §. 7; ainfi que de la Capitulation *art. XVII*, §. 16. cette Ordonnance doit être obfervée quand il s'agit de l'exécution d'un Etat immédiat de l'Empire.

(*d*) V. la *Capitulation de Jofeph II*, *art. XX*, §. 5.

(*e*) V. l'*art. XVI*, §. 2, *du Traité d'Ofnabrück*.

ce qui s'obſerve également quand
l'exécution doit ſe faire contre un
ſujet de l'Empereur domicilié hors
du lieu de la Cour. Enfin un Arrêt
rendu contre les membres ou perſonnes attachées au Conſeil, eſt
exécutoire par les Huiſſiers d'icelui.

XVII.

Des Griefs contre le Conſeil Aulique.

On s'eſt ſouvent plaint du Conſeil Aulique, cela ne m'étonne
point ; ſi l'on ſavoit mieux ſe rendre juſtice, on s'en plaindroit
moins ; tout le monde croit avoir
raiſon ; ce Conſeil eſt fort ſouvent
obligé de faire ſentir à quelques-
uns qu'ils ont tort. A peine ſe
voient-ils condamnés, qu'ils crient
à l'injuſtice ; il y en a même qui,
avant de l'être, perſuadés d'avance
du foible de leur cauſe, dénigrent
ce Conſeil pour couvrir leur ma-
lice, & s'efforcent de faire remarquer au Public une ombre dans
la réputation des Juges, afin de
le détourner d'une juſte critique
de leur eſprit proceſſif. Quoi qu'il
en ſoit, ce que je viens de dire
n'eſt aucunement applicable au

College Electoral, ni au Corps des Etats Evangéliques, qui ont demandé aux Empereurs le redreffement des griefs formés contre le Confeil Aulique. J'en apporterai les plus intéreffans.

Griefs des Etats en général, préfentés à l'Empereur Charles VI en 1711, à Charles VII en 1742, & à François I en 1745.

1°. Que le Confeil Aulique n'avoit fouvent nul égard au droit de premiere Inftance & des Auftregues.

2°. Que moyennant des refcrits & des informations, il s'attiroit les affaires concernant les arriere-fiefs au préjudice des Cours féodales des Etats.

3°. Qu'il écoutoit trop facilement les plaintes des fujets contre leurs Seigneurs ou Souverains, & qu'il ne faifoit point affez d'attention aux exceptions de *fub* & *obreption* alléguées par les Etats contre les décrets & mandemens *fine claufula.*

I 3

4°. Qu'il refufoit ordinairement de renvoyer à la Diete les matieres qui devroient y être traitées felon le *Traité d'Ofnabrück*, art. V, §. 54.

5°. Que les rapports des procès ne fe faifoient point avec ordre, & que contre *ledit Traité*, art. 5, §. 53, celui qui avoit été rapporteur lors de la reddition du premier Arrêt, fe retrouvoit préfent lors de la révifion de la même affaire, fous prétexte d'informer la Cour des motifs de la premiere décifion.

6°. Que les Arrêts y étoient fouvent rendus felon le fentiment des Juges les plus puiffans & les plus impérieux, fans avoir égard à la pluralité des voix.

Griefs des Etats Proteflans.

1°. Que les matieres & caufes féculieres, même matrimoniales, & celles pour dîmes ou autres revenus bénéficiaires, mues entre deux Etats de différente Religion, n'étoient pas toujours décidées (ainfi que l'exige le *Traité d'Of-*

nabrück, *art. V*, §. 52.) par des Juges des deux Religions en nombre égal.

2°. Que les Commissaires nommés pour des faits concernant les Protestans, étoient souvent pris en tout ou en partie parmi les Catholiques, & que quand on nommoit des Commissaires des deux Religions, l'on prenoit un Etat Catholique puissant, & un Etat Protestant des plus foibles, afin que l'autorité du premier l'emportât toujours sur le second.

3°. Qu'on appelloit rarement un Co-référendaire Protestant, lorsqu'il s'agissoit de prononcer définitivement sur une affaire pendante entre un Catholique & un Protestant.

4°. Qu'il n'y avoit en ce Conseil que des personnes trop attachées aux intérêts de l'Empereur; & que si l'on y remarque quelque bonne tête capable de soutenir les droits des Protestans, on avoit coutume de l'éloigner en lui donnant des commissions dans l'Empire.

I 4

Obſ. 1°. *Charles VII*, apporta des remedes contre la majeure partie de ces griefs, par une conſtitution expreſſe faite en 1714; mais ſans effet, à ce que prétendoient les Etats lors de l'Election des Empereurs ſubſéquens. Voyez *Electa Jur. publ. tom. VII*, *pag.* 161, *& Faber*, *tom. XXIV*, *cap.* *XIII.*

2°. L'Empereur *Joſeph II*, prenant les rênes du Gouvernement, n'avoit rien de plus à cœur que de faire rendre par ſon Conſeil la juſtice la plus impartiale, & lui adreſſa à cet effet le 1er. avril 1766, un décret digne de Sa Majeſté. V. *J. Jacques Moſer*, Neue Staats-Canzley 17ten Theil S. 420. 18ten Theil S. 365. & il eſt à croire que ſous le regne d'un auſſi vertueux Prince le droit ſuivra les mérites.

XVIII.

A la mort de l'Empereur, ce Conſeil avec ſa Chancellerie ſe

ferme, & on y appofe le fcellé,
à moins qu'il n'y ait un Roi des
Romains, qui entre auffi-tôt dans
la place du défunt.

CHAPITRE X.

De la Chambre Impériale.

I.

Depuis le grand interregne juſqu'au tems de l'Empereur *Maximilien*, l'ordre de la Juſtice fut dans un état pitoyable. La Cour de Juſtice annexée à celle de l'Empereur étoit ambulante & toujours incommode aux parties éloignées; cela fit naître & fomenta les troubles & les déſordres dans l'Empire. Delà les moyens violens & les défis, qui étoient une eſpece de guerre particuliere, & une maniere tout à fait barbare de ſe rendre juſtice d'autorité privée. L'Allemagne en fut cruellement agitée & réduite aux abois avant que de penſer ſérieuſement aux remedes. L'Empereur *Fréderic III* ſollicité de toutes parts, employa tous ſes ſoins pour rétablir la ſécurité & la paix dans l'Empire. Il s'abouche avec les Etats à la Diete de Nuremberg en 1467, & conclut avec eux un Traité de paix publique pour cinq ans; on y établit un Tribunal, dont les fonctions fe bornerent, pour ainfi dire, au feul maintien de cette paix (*a*). Mais l'on vit d'abord que fa Jurifdiction n'avoit ni affez d'étendue, ni affez d'autorité, & qu'il ne fervoit qu'à faire mieux fentir la néceffité préffante d'ériger une Cour de Juftice, qui, étant autorifée & confirmée par l'Empereur & tout l'Empire, auroit une Jurifdiction

---

(*a*) V. *Datt. de pace publ. L. I, cap.* 28, *pag.* 200, & *L.* 4, *cap.* 1, §. 27, & *feq.* & *Schilter, inft. jur. publ. tom.* 2, *pag.* 179, *L.* 4, *tom.* 5, §. 1.

Obf. Il y a des Publiciftes qui prétendent, que l'on peut regarder ce Tribunal comme la bafe & les premiers fondemens de la Chambre Impériale établie poftérieurement. Je leur donne volontiers la main, pourvu qu'ils en reconnoiffent avec moi les différences. Voyez *Goldaft*, Reichsfaßungen, *pag.* 184, & *feq.* où l'on trouve le Récès de la conftitution de ce Tribunal.

pléniere fur tous les membres de
l'Empire. Enfin, *Maximilien I*,
fuccefleur de *Fréderic III*, pour
couper court à tous les maux de
l'Empire, tint une Diete à *Worms*,
où, après avoir dreffé conjointement avec les Etats un Réglement
folemnel de la *Paix publique perpétuelle*, il forma en 1495 avec le
confentement de tous les Etats,
ce fameux Tribunal (*b*) fous le
nom de *Chambre Impériale* (*c*).

(*b*) Ce Tribunal établi par une loi
générale de l'Empire, étant fous la dépendance de l'Empereur & de l'Empire,
ne peut être ni transféré, ni changé, ni
aboli, non plus que fes Ordonnances &
formalités à fuivre dans les procédures,
qu'avec l'agrément de l'un & de l'autre. Voyez l'*article XVI*, §. 3, 4, 6,
7 & 8 *des Capitulations de François I
& de Jofeph II.* Pour cette raifon les
Etats affemblés à *Ofnabrcük* renvoyerent
toutes les affaires concernant cette Chambre, qu'ils n'ont pu régler à la Diete
générale. V. l'*art. V*, §. 52, *du Traité
d'Ofnabrück.*

(*c*) On appelle cette Cour *Chambre*,
parce qu'elle fe tient dans un appartement,

II.

Le premier fiege de cette Cham- Lieu de fa
bre, fut à *Franckfort* fur le Mein naiffance.
(*a*). Elle n'y refta que deux ans,
& fut tranfportée à *Worms* en
1497. Trois ans après elle fut
tranfplantée à *Augsbourg* en 1500.
Depuis ce temps elle ne fit que fe
promener, changeant fept fois de
places dans l'efpace de vingt-fept
ans, allant deux fois à *Worms*,
deux fois à *Nuremberg*, une fois
à *Spire*, une autre à *Ratisbonne*,
une troifieme à *Eslingue*, revenant
enfin en 1527 une feconde fois à
Spire; elle eut l'agrément d'y trou-

---

tandis qu'auparavant les Cours fe tenoient
d'ordinaire (*fub dio*) en pleine campagne. V. *Datt. de pace*, *publ. L. 4*, *cap.*
1, §. 15, & *Lehmann, Cron. Spirenfe*,
L. 7, *cap.* 118.

(*a*) Elle tint fa premiere feffion le
dernier Octobre 1495, dans l'hôtel de
Grosbraunfels. Le cérémonial de cette
premiere feffion fe trouve dans *Struv.*
Corp., *hift. German.*, *per. X*, *f. III*,
§. 5.

ver du repos (*b*). Elle y réfida effectivement prefque toujours, jufqu'à ce qu'en 1689, cette Ville ayant été dévaftée & en partie réduite en cendres, elle eut le bonheur de fe fauver au-delà du Rhin, où elle erra de rechef pendant trois ans de villes en villes (*c*). Enfin l'Empereur & les Etats convinrent à la Diete en 1692, de la fixer à *Wetzlar*, petite Ville Impériale dans le Cercle du haut Rhin, où ce Tribunal fuprême

---

(*b*) En vertu du *Récés d'Augsbourg*, §. 83, fait *en* 1530, ainfi que conformément à l'*Ordonnance de la Chambre Impériale*, p. 2, tit. *XXXI*, le fiege de cette Chambre devoit être à jamais fixé dans la ville de *Spire*. La Providence en difpofa autrement.

(*c*) Dans cette intervalle, l'on propofa plufieurs Villes à la Diete, par exemple, *Franckfort, Schweinfort, Hanau, furt*, mais elles s'excuferent. Enfin la Diete fe déclara pour *Wetzlar*, où la Chambre tint fa premiere feffion le 25 mai 1692. V. *Caffander Thucelius, Electa jur. publ.* 9, *Londorp*, tom. 14, c. 15, & tem. 17, cap. 10.

subsiste encore aujourd'hui (d).

III.

La Chambre Impériale est com-posée d'un grand Juge (a), de Juges & Assesseurs dont elle est composée.

(d) Le local & la position de cette Chambre n'est point tout-à-fait du goût des Etats, & l'on délibéra plusieurs fois depuis sur sa transposition. *Wetzlar* en seroit fâchée, cela la réduiroit à peu de chose; aussi fait-elle tous ses efforts pour éloigner les Etats de l'exécution de ce projet. Vous pouvez voir des réflexions à ce sujet, *in Electis, jur. publ. tom.* 6, *p.* 904.

(a) Le grand Juge peut être nommé le premier Président, ou le Président en chef.

Observ. La Chambre Impériale n'avoit au commencement, conformément à son *Ordonnance primitive de* 1495, qu'un Juge & seize Assesseurs, c'est-à-dire, un Président & seize Conseillers; mais le nombre en augmenta dans la suite à proportion que les affaires se multiplioient. Il fut poussé à son pole par le *Traité d'Osnabrück*, dont *l'art.* 5, §. 52, le fixa à un Juge, quatre Présidens, & cinquante Assesseurs. Mais les Etats étant toujours fort réservés, en payant leur

deux Préſidens (*b*), & de dix-ſept
Aſſeſſeurs (*c*). Le grand Juge ainſi
que

---

contingent des gages & de l'entretien de
cette Chambre, ce nombre ne pouvoit
jamais être rempli à la moitié. Ainſi la
Diete ſe vit obligée de le réduire à un
grand Juge, à deux Préſidens, & à vingt-
cinq Aſſeſſeurs.

(*b*) Il y a deux Préſidens, un Catholique & un Proteſtant, conformément au
Réſultat de l'Empire de 1719.

Il falloit créer pluſieurs Préſidens, pour
pouvoir diviſer ce Conſeil en pluſieurs
Chambres ou Sénats, afin de pouvoir
expédier plus d'affaires. Il arrive même
ſouvent, que pour raiſon de la multipli-
cité des cauſes, on le diviſe en trois Chambres. Dans ce cas, le plus ancien des
Aſſeſſeurs préſide à la troiſieme Chambre.

Obſ. Les Etats ſoutiennent, que puiſque
cette Cour de Juſtice dépend de l'Empereur & d'eux conjointement, l'Empereur
n'eſt pas en droit d'en dépoſer le Préſident. V. Faber, Staats=Canzler, tom.
9, *pag.* 209, & 217, & *Hacke, de Viſit.*
Camerali, §. 18 & *ſeq.*

(*c*) Il eſt vrai que conformément à
un arrêté de la Diete du 3 Novembre

que les Préfidens font nommés par l'Empereur. Ce juge ne fauroit être moins que *Baron d'Empire* (*d*). Mais il eft loifible à l'Empereur de choifir pour Préfidens des perfonnes d'un moindre rang, pourvu que d'ailleurs ils aient toutes les qualités requifes (*e*). Les

---

1718, le nombre en fut porté à vingt-einq. V. *Ludolf* , *hift. Suftentationis Cameralis* , *p.* 142 ; mais de ce nombre il n'y en a jamais eu au-delà de dix-fept en fonctions & percevans des émolumens. V. *Faber* , *tom.* 42, *cap.* 12. Les huit autres font honoraires, & n'ont qu'une expectative pour les places vacantes , qu'ils occupent fuivant l'ordre de leur réception, ou fuivant qu'il plait à la Chambre de les appeller en fonctions.

(*d*) V. l'*Ordonnance de la Chambre Impériale de* 1555, *p.* 1 , *tit.* 1 , §. 1 , où il eft dit.... pourvoira la Chambre Impériale d'un Juge (Kammer-Richter) qui foit Prince eccléfiaftique ou féculier, Comte ou Baron.

(*e*) Lorfqu'il s'agiffoit de redreffer la Capitulation de *Charles VII* , les Comtes adrefferent une Requête aux Electeurs , & demanderent à ce qu'ils fiffent promettre à l'Empereur, par fa Capitulation,

Tome III. K

Affeffeurs font nommés alternativement par les Electeurs ou par
les Cercles (*f*). Ils doivent être
de naiffance légitime , allemánds
de nation , d'une famille diftinguée
ou gradués , profeffant une des
trois Religions reçues en Allemagne , & ne font reçus qu'après
avoir fubi un examen & fait le

---

de ne plus conférer ces charges à des
perfonnes de qualité inférieure à celle de
Comte ou de Baron d'Empire. Mais les
Electeurs n'ont point jugé à propos d'y
obliger cet Empereur, ni fes fucceffeurs.

Obf. Un Affeffeur ne fauroit être en mé-
me temps au fervice d'autrui ; & s'il eft
trouvé incapable, il dépend de la Chambre de le fufpendre ou de le renvoyer.

(*f*) Il y a entre le Cercle de Weftphalie & celui du Bas - Rhin , une conteftation au fujet du droit de préfentation.
V. *Struv. Corp. jur. publ. cap. XXVI,*
§. 20 , & *feq.*

Obf. 1º. A la mort ou à la démiffion
d'un Titulaire, l'Etat ou le Cercle duquel
il dépend d'y nommer, préfente deux ou
trois fujets , dont chacun eft obligé de
faire féparément un rapport, après quoi
la Chambre choifit celui qui lui paroît le
plus capable.

rapport d'une caufe, & en outre prêté ferment à l'Empereur & à l'Empire (*g*).

IV.

Le grand Juge eft à la tête de la Chambre Impériale ; il la dirige en tout ce qui concerne l'ordre & Leur rang, fonctions & privilé-ges.

2°. Si, lorfqu'une charge d'Affeffeur vient à vaquer, il n'y eft pourvu dans l'efpace de fix mois, à compter du jour de la notification par celui qui doit y préfenter, le grand Juge & la Chambre font en droit d'y pourvoir. V. l'*Ordonn.* *de la Chambre Impériale*, *p. 1, tit. IV.* Le dernier *Récès §. XXII*, y ajouta le feptieme mois.

(*g*) Il eft dit dans le *Récès de Spire* *de 1544*, qu'il leur eft loifible de jurer *par Dieu & par les Saints* (nach dem alten Gebrauch, zu Gott und den Heiligen), ou *par Dieu & par fon Evangile* (zu Gott und auf das Evangelium). V. *Ord.* *Cameral. de A. 1555, p. 1, tit. 47.* Les Catholiques jurent de la premiere forte, & les Proteftans de la feconde.

Obf. Toutes les qualités requifes dans ceux qui demandent d'être reçus à la Chambre Impériale, fe trouvent dans un petit

la police, & y préfide par lui-même
ou par fon Vicaire (*a*), Kammer-
Richter, Amts-Verwalter) autant
de fois qu'une caufe eft plaidée
devant toute la Chambre affemblée
(*b*). Il fait procéder aux opinions,

---

ouvrage qui a pour titre : . . . . . *Norma
examinis Candidatorum, ad Afefforatum
S. R. I. judicii Cameralis præfentatorum.*

(*a*) Comme le grand Juge eft d'ordinaire un Prince ou un Comte d'Empire,
ayant un territoire propre à gouverner,
il eft affez rare de le voir à la tête de
cette Cour. Il falloit conféquemment créer
un Vicaire qui le fuppléât en fon abfence.
Les Comtes d'Empire ont prétendu l'année 1711, que ce Vicaire devoit être de
leur qualité ; cela n'empêcha cependant
point que le Baron d'Ingelheim ne le devint. Il eft vrai que Guillaume, Electeur
Palatin, pour lors grand Juge, leur fit
donner des réverfales que cette nomination ne porteroit aucun préjudice au droit
de leurs prétentions. Je penfe que cette
affaire ne fe décidera point fi-tôt, & qu'en
attendant les Barons auront le pas libre.
V. *Lunig*, *p. Gen. II*, Fortfetz., *Cont.
p.* 388.

(*b*) Il n'y a proprement que les chefs
de récufation de quelques Affeffeurs & les

prononce l'Arrêt. Son autorité est
telle, que chaque membre de cette
Chambre lui est comptable de sa
conduite ; il peut même, en certains cas, interdire ou déposer
ceux qui contreviennent à leur
devoir. Les deux Présidens suivent
immédiatement le grand Juge ; ils
siegent à la Chambre assemblée
selon l'ordre de leur réception.
Mais la Chambre étant partagée
en deux Sénats, chacun d'eux pré-
side à celui qui lui a été assigné
par le grand Juge, le dirige, en
recueille les voix, lorsqu'on va aux
opinions, & en forme l'Arrêt à
la pluralité (c), sans y ajouter lui-

---

affaires qui regardent tout l'Empire, ou
cette Cour en Corps, que le grand Juge
doit porter à l'assemblée générale.

(c) Cependant l'*Ordonnance pour la
Chambre Impériale* de 1555, p. 1, tit.
13, §. 10, dit qu'au cas d'une grande importance, si, dans un Sénat de huit Assesseurs, il y en a cinq d'un sentiment &
trois d'un autre, les pieces du procès
doivent être rapportées de nouveau devant des Assesseurs qui y sont joints, ou

même fon fuffrage. Les Affeffeurs fiegent felon l'ordre de leur réception, foit à l'affemblée générale, foit dans le Sénat à eux affigné par le grand Juge. Leurs fonctions ou leurs devoirs confiftent à s'inftruire à fond des caufes que l'on doit plaider devant eux, à porter leurs voix felon les droits reçus fans acception de perfonne; à faire fidélement & avec toute la probité poffible, les rapports & commiffions dont ils font chargés de la part du grand Juge ou des Préfidens. Toutes ces perfonnes jouiffent des mêmes priviléges que celles qui compofent le Confeil Aulique (d).

V.

D'autres perfonnes attachées à cette Cour.

Outre les fufdites perfonnes qui occupent la place de Juges en cette Chambre, il y en a d'autres qui

---

même devant les Chambres affemblées. V. l'*Auteur du Droit public du Saint-Empire*, L. XIII, chap. 2, p. 309.

(d) V. le chap. précédent, §. VII.

en font partie. Telles font le Procureur Fifcal (*a*), l'Avocat Fifcal ; le Tréforier (*b*), les Procureurs & Avocats (*c*), les Protonotaires &

(*a*) Ses fonctions font à-peu-près les mêmes que celle d'un Procureur général d'une Cour Souveraine en France. Entr'autres il fait affigner & condamner ceux des Etats de l'Empire qui demeurent en retard à payer leur contingent pour l'entretient de cette Cour ; l'Avocat fifcal eft proprement fon fubftitut.

Obf. Ces trois Officiers de la Chambre, favoir le Procureur & l'Avocat du fifc & le Tréforier, font en même temps Officiers de la Chancellerie, & font à la nomination de l'Electeur de Mayence comme Archi-Chancelier de l'Empire.

(*b*) Ou *payeur des gages* nommé & commis par les Etats. ($\mathfrak{Pfenning\ Meifter}$), eft le Receveur général des deniers payés par les Etats pour l'entretien de ce Tribunal ; il en fait les frais, & paie les gages des officiers y attachés. V. *l'Ordonn. de la Chambre Impériale*, p. 1. tit. 40.

(*c*) Quant aux Procureurs & Avocats, V. *le chap. précédent*, §. 6, ils font nommés par les Préfidens & Affeffeurs conjointement.

K 4

Notaires (*d*), les Huiſſiers Audienciers (*e*).

VI.

Cette Chambre a ſa Chancellerie, dont toutes les charges dépendent de l'Electeur de Mayence
en qualité d'Archi - Chancelier
d'Empire. Cependant le Directeur
(Canzley = Verwalter) nomme aux
emplois intérieurs. Or, toutes les
perſonnes en charge à la Chancellerie, ainſi que celles attachées par
leurs charges à la Chambre Impériale, y ont leurs cauſes commiſes,
jouiſſent de différens priviléges (*a*),
& ſont exempts de toutes ſortes
de charges perſonnelles, d'impôts,
de péages.

(*d*) Qui font les fonctions de Greffiers
& de Protocoliſtes.

(*e*) On appelle Huiſſiers audienciers,
ceux qui ont obligés de faire les exploits
qui touchent immédiatement cette Cour,
& ceux où les parties ne ſe ſervent point
d'un Notaire immatriculé.

(*a*) V. l'*Ordonnance de la Chambre
Impériale de* 1555, *p.* 1, *tit.* 49, & *le
dernier Récés de l'Empire* §. 141.

VII.

La Jurifdiction (*a*) de la Chambre Impériale s'étend par tout l'Empire (*b*) ; elle concourt avec celle

---

(*a*) Cette Jurifdiction ne dépend point de l'Empereur feul (comme le prétendent de certains Publiciftes), mais auffi de l'Empire ; vu que les Etats d'Empire ont concouru avec l'Empereur pour former ce Tribunal, & pour régler la manière de la Jurifdiction. D'ailleurs le dernier Récès la nomme *Jurifdiction de l'Empire*. En outre les Affeffeurs de cette Chambre font nommés par les Electeurs, Princes ou Etats d'Empire, auffi-bien que par Sa Majefté Impériale, comme le porte expreffément l'*Ordonnance de cette Chambre de 1555, p. 1, tit.* 8. La derniere raifon eft que, la Jurifdiction de cette Chambre n'eft point fufpendue par la mort de l'Empereur, comme celle du Confeil Aulique ; ce qui prouve qu'elle repréfente plutôt l'Empire que l'Empereur, & que même après la mort de l'Empereur, fa caufe créatrice & confervatrice ne laiffe point de fubfifter au moins en partie. V. *Ludolf de jure Camerali, fect.* 1. §. 1.

(*b*) A l'exception des Etats qui en font exempts : tels font les Archi-Ducs d'Autriche, en vertu des priviléges à eux

K 5

du Conseil Aulique dans toutes les causes où ce dernier ne juge point privativement (*c*) ; ensorte qu'entre ces deux Tribunaux la prévention a lieu, & fait que les causes une fois pendantes à l'un, ne peuvent plus être évoquées à l'autre (*d*); & quoiqu'en général sa compétence ne s'étende point sur les

---

spécialement accordés , que l'on trouve avec tous les autres de cette illustre Maison , dans le *Diplôme de Charles-Quint*, rapporté par *Cuspinianus*, *Austria*, p. 36. V. aussi *Pontus Heuterus de origine & privilegiis Austriacis*. Cependant en cas de déni de justice, les sujets d'Autriche peuvent s'adresser à la Chambre Impériale.

(*c*) V. le §. 8 du chapitre précédent.

(*d*) V. *l'Ordonnance de la Chambre Impériale* , p. 2 , tit. 37 , & celle du *Conseil Aulique*, tit. 2 , §. 8 , & le dernier *Récès de l'Empire*, §. 165 , 166.

Observ. 1°. L'Empereur promet même dans sa Capitulation ... que dans le cas qu'une cause pendante à la Chambre Impériale donnât lieu à des incidens , qui , par leur liaison avec la cause principale ne pourroient être décidés sans elle, le Conseil Aulique ne les recevra pas . . . .

caufes criminelles (comme nous l'avons remarqué au chapitre précédent), cependant elle eft en droit de juger le crime d'*infraction*

& la Chambre Impériale tiendra pour nul & fans vigueur tout ce qui aura été fait au contraire. V. *la Capit. de Jofeph II*, *art.* 16 , §. 17.

2°. Les Publiciftes font en difpute pour favoir fi l'évocation ne pourroit avoir lieu, lorfque la Chambre Impériale feroit fermée. Sans vouloir m'ingérer dans leurs favantes difcuffions, je dis, 1°. qu'il eft de fait que le Confeil Aulique a déjà fouvent évoqué des caufes dans ces cas. Le procès entre le *Marggrave d'Anfpach* & la ville *de Nuremberg*, évoqué fous ce prétexte, peut me fervir d'exemple. Je dis, en fecond lieu, que la Jurifdiction de ces deux Cours n'a été rendu égale, que pour rendre l'expédition des affaires judiciaires plus facile, & pour empêcher la trop grande accumulation de caufes auprès de l'un ou de l'autre : de-là il me paroît raifonnable & conforme à l'intention de ceux qui ont établi ces Tribunaux, ainfi qu'à celle des parties litigantes, qu'en cas de vacance fubite & extraordinaire, qui, felon toute apparence puiffe être de longue durée, le Confeil Aulique puiffe & doive même évoquer à lui les caufes qui ne fouffrent aucun délai,

de la paix publique (e), ainſi que

ou dont un certain délai pourroit cauſer aux parties un trop grand ou irréparable préjudice. Il me paroît même que la Chambre Impériale devroit faire la même choſe en pareils cas, à l'égard du Conſeil Aul. avec l'agrément de l'Empereur, vû que tous les deux doivent être conſidérés comme Tribunaux d'Empire; & dans cette qualité ſe prêter mutuellement la main, afin d'avancer le bien public & celui des particuliers autant qu'il eſt en eux. V. Faber, Staats-Canzley, *tom.* 12.

(e) Vû que la Chambre Impériale à été ſpécialement introduite pour tenir la main à l'exécution de cette paix. Cependant s'il s'agiſſoit de mettre un Etat au ban, elle pourroit ſeulement inſtruire le procès, pour être enſuite jugé à la Diete de l'Empire; puiſque ſelon l'art. 15 de la *Capitul. de Charles VI*, réitéré dans les ſuivantes, pour mettre un Etat au ban, il faut l'agrément de l'Empereur & de l'Empire. Voici la maniere de s'y prendre : 1°. A la Requête du Procureur du Fiſc, ou de la partie léſée adreſſée à la Chambre Impériale ou au Conſeil Auli-que (tous deux compétens dans cette af-faire), l'on procéde aux informations, interrogatoires, confrontations & récolle-mens. 2°. Le Tribunal qui a fait cette inſtruction préparatoire, en envoie les états

tous les crimes commis par les personnes à elles attachées (*f*), dont elle juge toutes les caufes, même en premiere inftance, & privativement au Confeil Aulique. Elle pourroit même connoître en

---

à la Diete, qui les fait examiner par des députés des Etats de tous les Ordres des trois Colléges, en nombre égal, eu égard à leur religion & affermentés à ce fujet. 3°. Ces députés ayant difcuté toutes les pieces, & délibéré enfemble fur le parti à prendre, difent leurs avis (Gutachten) là-deffus, & en font leur rapport à la Diete. 4°. Laquelle fe croyant pleinement inftruite & avifée, rend fon jugement définitif. 5°. Lequel après avoir été approuvé par l'Empereur ou fon Commiffaire principal, & prononcé & publié en fon nom, eft enfuite envoyé au Directeur du Cercle dont le condamné fait membre, pour en faire l'exécution conformément à l'*Ordonnance d'exécution contenue dans le Récés de* 1555, §. 71 ; V. l'*Ordonn. de la Chambre Impériale*, p. 3., tit. 48, pourvu que d'ailleurs l'exécution foit bien faifable, & que l'Empereur & les Etats foient efficacement de concert pour la faire effectuer.

(*f*) V. l'*Ordonn. de la Chambre Imp.* p. 1, tit. 1, §. *dernier.*

général, par voie d'appel, toutes les caufes criminelle, où il ne s'a-giroit que d'une peine pécuniaire (*g*).

VIII.

La forme de procéder.

La maniere & la forme de pro-céder à la Chambre Impériale, fe trouve dans l'*Ordonnance faite* à fon égard *en* 1555, & en partie dans le *dernier Récès de* 1654, qui a introduit quelques changemens dans l'ancienne procédure, lefquels on fuit aujourd'hui (*a*). L'obfervan-

---

(*g*) Vu que l'*Ordonnance pour cette Chambre* , p. 2, *tit.* 28, §. 5, ne lui défend que la connoiffance des caufes qui vont à une peine corporelle (die Leibs-Straf auf ihnen tragen). V. *Ludolf*, obferv. Forenf. Cont. obferv. 128.

Obf. Elle peut connoître par voie de nullité de la procédure, ou pour raifon d'une injuftice fi criante, que les Juges pourroient être pris à partie, de toutes les caufes criminelles de même que le Confeil Aulique.

(*a*) V. *Lunig*, Reichs-Archiv, *p. Gen.* p. 163 & *fuiv.*, & la compilation des loix ajoutée à cet ouvrage.

ce & l'ufage du barreau, ainfi que les Décrets & Arrêts de cette Chambre, nous donnent de grands éclairciffements dans cette partie (*b*).

IX.

La Chambre Impériale eft obli-gée de fuivre, en jugeant, les mê-mes regles & les mêmes loix que le Confeil Aulique, c'eft-à-dire, les Traités de paix, les Récès de l'Empire, la Capitulation de l'Em-pereur, les us & obfervances de l'Empire, les Réglemens, Statuts & Coutumes des Principautés &

(*b*) Ces décrets (Gemeine Kammer-Befcheide) fe trouvent dans trois *ouvrages de Ludolf*, célebre Affeffeur de la Cham-bre, dont le *premier* eft intitulé : . . . *Rerum in Augufto judicio Camerali de-cifarum collectio nova. Francofurti,* ad Mænum 1715 4°. Le *fecond* porte le titre : . . . . *Symphorema Confultationum & decifionum Forenfium. Francof.* 1731, *f.* & le *troifieme* : . . . *Obfervationes Fo-renfes, Wetzlariæ* 1730, 4°. & *Illarum continuatio en* 1732, 4°.

Seigneuries, & des Tribunaux inférieurs d'où viennent les causes par voie d'appel, & à leur défaut selon l'Ordonnance de la Chambre & celle pour le Conseil Aulique, & enfin selon le Droit commun (a) & le Droit canonique.

X.

Moyens de revenir contre ses Arrêts.

La Chambre Impériale juge en dernier ressort, ainsi l'on n'appelle point de ses Arrêts; cependant de peur qu'ils ne fassent un tort irréparable, on peut se pourvoir contre, par les mêmes moyens, que nous

---

(a) Il faut bien distinguer *le Droit commun* (Gemeine Rechten) *du Droit de l'Empire* (Reichs = Rechten) & de *l'Observance de l'Empire* (des Reichs = Herkommen Le premier dénote le Droit Justinien; le second désigne les loix positives de l'Empire faites par les Etats; & le troisieme signifie les coutumes de l'Empire V. *Struv. historia Juris, cap.* 6, §. 40; & *Datt, de Pace publica, lib.* 4, *cap.* 1. §. 233.

nous avons allégué au chapitre précédent, c'eſt-à-dire, la réviſion (*a*), la reſtitution en entier, & le ſyndicat (*b*).

XI.

L'on a quatre mois à compter du jour de l'inſinuation de l'Arrêt, pour ſe pourvoir en réviſion. Pour y parvenir, il faut adreſſer ſa re-quéte à l'Electeur de Mayence, & au cas qu'il ſoit intéreſſé dans la cauſe à l'Electeur de Treves. Après l'expédition obtenue en la Chan-cellerie de Mayence, le demandeur en réviſion la fait remettre à la Chambre Impériale, avec les griefs qu'il a à propoſer. Trois mois avant le premier Mai, l'Electeur de Mayence notifie aux Etats, que l'Empire députe à la viſite annuelle, même auſſi à l'Empereur, la réviſion

_____

(*a*) La réviſion ne peut avoir lieu, que lorſque la cauſe excede 2000 écus de principal.

(*b*) Touchant la reſtitution en entier & le Syndicat, voyez ce que j'en ai dit au chapitre précédent, §. 15.

demandée, en les requérant d'envoyer leurs Commiſſaires & Conſeillers pour y procéder.

Avant que l'on entame le procès en réviſion, le demandeur eſt obligé, 1°. de prêter ſerment, que ſon intention n'eſt pas de chicaner ou calomnier le défendeur ; c'eſt ce qu'on appelle *præſtare juramentum calumniæ* ; 2°. de conſigner une ſomme déterminée par les viſitateurs, proportionnément à l'importance de la cauſe & aux facultés des parties, laquelle (en cas que le demandeur ſuccombe) ſert d'amendes & à payer les dépens.

Obſ. 1°. Les réviſions des procès de la Chambre, doivent ſe faire par les députations ordinaires. Or, ces députations ceſſent depuis plus d'un ſiecle ; vous conclurez delà, que les réviſions ont le même ſort. Cependant l'Empereur promet dans ſa Capitulation, de faire enſorte que l'on procede inceſſamment aux unes & aux autres. V. celle de *Joſeph II*, article 17, §. 2, *juſqu'au* 12 *incluſivement*, &

J. J. Mofer, obfervations au §. 2 dudit art.

2°. Enfuite on remet les actes du procès aux vifitateurs ; ils en font d'abord l'examen entr'eux ; puis lorfqu'il s'agit de juger, ils s'affem- blent avec les mêmes Préfidens & Affeffeurs, qui ont rendu le juge- ment, dont eft révifion ; & après que ces derniers ont déduit les motifs, qui les ont déterminé à juger ainfi, les révifeurs vont en- tr'eux feuls aux opinions, & con- firment ou réforment l'Arrêt rendu fuivant que la Juftice l'exige.

3°. Après l'Arrêt prononcé & pu- blié, c'eft-à-dire, lecture faite d'i- celui, la partie victorieufe ou fon Procureur s'en fait remettre une expédition authentique, & en en- voie une autre à la partie condam- née par un des meffagers ou fer- gens, qui font à la fuite de la Cham- bre ; ou on la lui fait fignifier par un Notaire public avec ordre d'y fa- tisfaire.

4°. Lorfque c'eft par les ordres de la Chambre, que le jugement eft intimé, le condamné doit non-seulement l'exécuter, mais auffi faire conster de fon obéiffance, à peine d'une amende de dix marcs d'or pur. S'il eft fujet médiat & qu'il refufe de fatisfaire, la Chambre commet l'exécution aux Juges ordinaires des lieux; & s'il eft immédiat, au Directeur du Cercle dans lequel il a fon domicile ou fes biens. S'il perfifte dans fes refus, la Chambre non-feulement prononce contre lui une peine pécuniaire, qu'elle double & triple en rendant décrets fur décrets, felon qué la défobéiffance continue; mais elle refcrit encore aux Cercles voifins à ce qu'ils emploient toutes leurs forces militaires pour ranger ce rebelle à fon devoir.

CHAPITRE XI.

De la Cour de Justice de Rothweil, & des autres Tribunaux particuliers de l'Empire.

I.

Outre les deux Tribunaux dont nous venons de faire le récit, nous en trouvons d'autres en Allemagne fort remarquables, tant pour raison de leur vétusté, qu'à cause des droits & priviléges à eux spécialement accordés par les Empereurs; quoique d'ailleurs ils ne jugent point en dernier ressort, & que leur Jurisdiction ne s'étende point sur tout l'Empire. Nous en allons faire une succincte ébauche, en parlant d'abord de celui de Rothweil qui émine entr'eux.

Origine du Conseil de Rothweil.

II.

L'origine du *Conseil Aulique de Rothweil* (das Hof=gericht zu

L 3

Rothweil) quant à la fixation perpétuelle dans cet endroit (a), est
communément attribuée à *Conrad
III*, qui poursuivi & assiégé dans
cette ville par *Lothaire* de Saxe,
son compétiteur pour la Couronne

(a) En suivant l'*Ordonnance faite en
1147*, au sujet de la fixation de ce Conseil
à *Rothweil*, & que l'on attribue communément à *Conrad III*, il faut convenir
que ce Conseil existoit long-temps auparavant ; mais qu'il étoit ambulatoire, &
suivoit toujours le camp ou le séjour de
l'Empereur, vu que cette Ordonnance
l'appelle l'ancien Conseil (von Alters her).
Ainsi cette Ordonnance n'a fait que fixer
ce Tribunal Aulique à *Rothweil*, petite
ville impériale, située en Suabe, où *Conrad III* prit lui-même plaisir de faire sa
résidence.

Cette Ordonn. se trouve dans *Goldast*,
Reichs-Satzungen, p. I, p. 6. V. *Maur. de
judicio Rothweilensi*, cap. 2, §. 4. *Lehmann
Chronon. Spirense*, lib. 5, cap. 50, &
Wehner, dans ses notes sur ladite Ordon-
nance.

Obs. 1°. Il y a des Auteurs qui paroissent lui disputer son ancienneté, &
prétendre qu'elle doit être d'un Empereur
postérieur à *Conrad III*, alléguant pour
raisons, 1°. qu'elle est conçue en langue

Impériale, fut vigoureusement défendu par ses habitans; ensorte que
Lothaire fut obligé de lever le siege,
comme le dit Wehner dans la note
f, ad reform. Rothw. dans la préface.
Pour récompense de leurs services,

---

allemande, idiôme, qui pour lors n'étoit
point en usage dans les actes publics;
2°. que son style n'est point celui du
temps de *Conrad III*; & 3°. qu'elle fait
mention du Collége Electoral, pour lors
tout-à-fait inconnu. Je laisse aux plus
savans que moi, l'appréciation de ces argumens, qui ne me touchent point de
près, vu que je n'adopte aucun systême
au sujet de l'établissement dudit Conseil;
cependant je ne les trouve point con-
vaincans. Ce qu'il y a de sûr, est que la
même Ordonnance (de quelle date &
de quel Empereur qu'elle soit) a été confirmée dans la suite en 1496 par *Maxi-
lien I.* On en trouve le diplôme de confirmation dans *Lunig*, Reichs-Archiv,
cont. part. Gen., p. 168, & dans *Müller
Maximiliani* 4. Vorstell, *cap. XXIX*,
§. 11, & cette confirmation n'a jamais été
rendue douteuse.

2°. Ceux qui envisagent ladite Ordonnance de *Conrad III* comme supposée,
prétendent que le Conseil de *Rothweil*
avoit été originairement établi par les

il transféra en 1147 en leur ville
son Tribunal Aulique, & en donna
à perpétuité l'exercice & l'administration au Sénat, en le déclarant
le premier après le Conseil Souverain de la Cour de l'Empereur (b).

III.

Ce Conseil étoit toujours sous
la seule dépendance de l'Empereur, quoique *Robert* l'appelle *notre Conseil Provincial de l'Empire*
(unfer und des Reichs Land = Ge-

---

anciens Ducs de Suabe (sous le nom de
Conseil Provincial, & qu'à la mort de
Conradin, dernier Duc de Suabe, il étoit
tombé sous la puissance & la protection
des Empereurs, qui l'érigerent en *Conseil
Imp. Aul.* V. *la Dissert. de Kreuter, faite
à Strasbourg*, & soutenue le 13 septembre
1780. Mais leurs sentimens étant desti-
tués de preuves authentiques, je les abandonne à leurs conjectures.

(b) Cette prérogative a été reconnue
par le diplôme de *Maximilien I*, où nous
lisons .... unserm Hofgericht zu Rothweil
als dem obersten Gericht in Deutschland.
Mais il y dérogea, en le postposant aux
deux Tribunaux suprêmes de l'Empire.

richt) (a . Il est d'ordinaire composé d'un Président & de treize
Affesseurs. La charge de Président
étoit dans les commencemens ar-
bitraire & amovible au gré de
l'Empereur ; les fameux Comtes &
Landgraves de Sultz l'ont possédé
avant qu'elle devint héréditaire
dans leur famille. *Charles IV* ayant
égard aux services rendus par
Rodolph Comte de Sultz, lui accorda en 1360 cette dignité à vie
(b). Elle devint héréditaire dans
ses successeurs, & resta constam-

(a) V. *Schilterus*, *Inst. jur. publ.*, *l.*
IV, *tit.* 9, §. 2.

C'est aussi l'Empereur seul qui en fait
faire la visite, comme le *Récés de* 1570,
§. 72, le fait entendre ; & si la réforme de
ce Conseil a été commise par le Récés
de 1532 aux députés pour la visite de la
Chambre Impériale, cela ne se fit que par
la volonté expresse & concession spéciale
de l'Empereur, comme les termes de la
commission le portent, & comme le prouve
Mauritius, *de Jud. Rothweilensi*.

(b) Le diplôme de cette concession
se trouve dans les *anecdotes de Glafey*,
nombre 302.

ment dans cette famille jufqu'à fon extinction arrivée en 1687, par la mort de *Jean Louis* dernier mâle, dont la fille aînée, *Marie Anne*, héritiere du Comté de Sultz, époufa *Ferdinand Prince de Schwartzenberg*, & tranfmit cette charge avec l'agrément de l'Empereur Léopold à fes defcendans mâles (*c*). Le Prince régnant de Schwartzenberg en eft invefti, & la poffede toujours depuis ; il nomme en vertu d'un privilége, un Vicaire ou Sous - Préfident (𝕰𝖗𝖇-𝕳𝖔𝖋𝖗𝖎𝖈𝖍𝖙𝖊𝖗, 𝕬𝖒𝖙𝖘𝖙𝖆𝖙𝖙𝖍𝖆𝖑𝖙𝖊𝖗) en fa place (*d*). Les Affeffeurs font en partie nobles & en partie roturiers. Ces derniers font choifis des Septem-

***

(*c*) V. *Imhoff, not. procer. L. VII, cap.* 14, §. 5, & *Europ. Herold. p.* 1, *pag.* 590.

(*d*) Ce privilége fut déjà accordé au Comte de Sultz par *Robert I*, comme l'on peut voir dans *Schilter, l. c.*, & enfuite confirmé par l'Empereur *Léopold* au Prince de Schwartzenberg, ainfi que le prouve *Imhoff* au lieu marqué. Ce Vicaire eft d'ordinaire un Baron.

virs du Sénat de *Rothweil*, deſtinés & aſſermentés tous les ans pour ces charges. Perſonne n'y eſt admis qu'après avoir été examiné par le Juge & les Aſſeſſeurs, & en conſéquence trouvé digne & capable (*e*). Sa Chancellerie eſt dirigée par un Adminiſtrateur. Ce Conſeil a en outre un Procureur Fiſcal & un Commiſſaire, quelques Avocats & quelques Procureurs, deux Secrétaires, & un Copiſte des pieces authentiques (𝕮𝔬𝔭𝔢𝔶-𝕾𝔠𝔥𝔯𝔢𝔦𝔟𝔢𝔯).

IV.

La Juriſdiction de ce Conſeil ſe trouve bornée par l'Ordonnance de ſon établiſſement (*a*) à quatre Cercles, ſavoir celui d'Autriche en partie, & ceux de Franconie, de Suabe & du haut-Rhin (*b*). Elle

---

(*e*) V. *Schweder*, p. *ſpec.*, *ſect.* 1, *cap.* 14, §. 59.

(*a*) *Partie I, tit.* 6.

(*b*) Il faut cependant faire attention que ces Cercles ne ſont point compris

s'exerce sur tous les Etats médiats & immédiats non exempts

---

dans leur entier sous la Jurisdiction de
cette Cour, mais seulement en partie, &
suivant que les quartiers en sont marqués
dans son Ordonnance primitive, ainsi que
dans la confirmation du privilége de
Rothweil par l'Empereur *Maximilien I*,
& dans la réforme de *Maximilien II.*
V. *Mauritius de judicio Rothweilensi*,
ap. 2, §. 5.

Obs. Dans les priviléges accordés au
Conseil de *Rothweil* par *Maximilien I* en
1496, l'on trouve le détail & l'étendue
de sa Jurisdiction par ces paroles . . .
„ Nämlich von Rothweil biß an die Vörst
„ und an das Gebürg innerhalb Ober-
„ Elsaß und hie dießeit halb dem Rhein,
„ wieder herauf gen Frankfurt und als
„ weit Frankenland geht, biß an den
„ Thüringer Wald und in Franken und
„ Schweinfelden biß an das Bayerland
„ und hie dießhalb Bayern (*NB.* Cela
prouve que la Baviere n'y étoit point
comprise) „ enther biß gen Augsburg,
„ an den Lech und nicht über den Lech,
„ und vor dem Gebürg enther was vor
„ dem Gebürg liegt in Schwaben zu biß
„ gen Chur und was in demselben Strich
„ und Kreiß umher liegt biß gegen Appen-
„ zell gegen Schweitz, gen Lucern und gen
„ Bern und gen Freyburg in Uchtland und

(c), ainsi que sur leurs sujets

„ denselben Kreyß umher, biß gegen Wel-
„ schen-Neuenburg und dannen umher biß
„ gen Bruntrutt, gen Mümpelgart und
„ nicht füro, und daselbst wieder herein biß
„ an den Först und das Gebürg innerhal-
„ ben Ober-Elsaß und an alle Ende so
„ zwischen den vorgeschriebenen Kreißen
„ voneinander liegend, weit, lang, breit.
V. *Limnæus, j. publ. tom. II, lib.* 9, c. 3.

(c) La plupart des Etats immédiats de
ces Cercles ont été successivement exempts
de sa Jurisdiction, ainsi que la Noblesse
immédiate. Les Electeurs en furent déjà
exempts par la Bulle d'or, chap. XI &
XIII ; & les autres le furent dans la suite
par des priviléges à eux spécialement accordés : tels sont l'Archi-Duc d'Autriche,
les Evêques de Bamberg, de Würtzbourg
& de Strasbourg ; les Ducs de Juliers,
les Comtes Palatins de Deux-Ponts & de
Veldenz, les Marggraves de Brandebourg,
les Ducs de Würtenberg, l'Ordre Teutonique & celui de Malthe ; l'Abbé de S.
Blaise, la Prévôté de Sainte-Croix, le
Prince de Schwartzenberg & de Sultz,
les Comtes de Castel, de Nieder-Eisen-
bourg & Græntzen, de Fugger, de Hanau
& de Lichtenberg, de Hohen-Zollern,
de Linange, de Dabo, de Manderscheid-
Blankenheim ; les Barons de Freundsberg,
de Justingen & de Schwende ; les Sei-

(*d*), dans toutes les caufes civiles
& criminelles, à l'exception des
caufes féodales, matrimoniales &
eccléfiaftiques, & celles qui naiffent des droits réfervés à l'Empereur.

---

gneurs de Hohen-Landsberg; les Villes de
Nuremberg, Augsbourg, Eslingen, Fri-
bourg, Gelnhaufen, Hall en Suabe, Mem-
mingen, Reuthlingen, Oppenheim, Swein-
furt, Ulm & Wintzheim & autres. V.
Limnæi, addit. ad jus publ. lib. 9, *cap.*
3, & *Mauritius, l. cit. cap.* 2, §. 9 &
20, où vous trouverez une lifte fort étendue des exempts de la juftice de Rothweil.
La Ville de *Strasbourg* en fut déjà exempte
en 1381, par un diplôme de l'Empereur
Wenceslas, que l'on trouve aux Archives
de ladite Ville; & que Kreuter a inféré
dans fa fufdite differtation, p. 59.

(*d*) A l'égard des Etats, la Cour de
Rothweil concourt en première inftance
avec les Magiftrats ou Juges ordinaires
defdits Cercles, & jouit du droit de prévention fans être obligée de les renvoyer
au Juge ordinaire. V. l'*Ordonnance de
réformation de* 1572, *p.* 11, *tit.* 4 & 5.
Ce privilége qui ne compete pas même
aux Cours Souveraines, a toujours choqué
les Etats de fon reffort.

V.

Il faut cependant remarquer, 1°.
que parmi ceux qui font exempts
de la Jurifdiction de ce Confeil,
les uns le font fans limitation, tant
pour eux que pour leurs fujets ;
les autres le font avec de certaines
reftrictions & pour eux feulement :
2°. qu'un Etat exempt affigné à
cette Cour eft obligé d'y comparoître pour y produire fon privilége, & l'y faire homologuer en
cas qu'il ne le foit déjà : 3°. que
ceux qui n'ont qu'une exemption
générale & indéfinie, font néanmoins obligés de comparoître &
de répondre devant elle dans les
cas appellés Ehehaffts-Fäll (a),
dont la connoiffance lui a été
particuliérement affectée, à moins

(a) Les *cas réfervés*, pour lefquels
même les exempts peuvent être traduits
par - devers ce Tribunal, fe nomment
Ehehaften, du vieux mot allemand Ehe,
qui ne fignifioit pas feulement *le lien du
mariage*, mais en général une obligation
ou une néceffité ; ainfi ces mots Ehehafts

qu'ils ne puissent produire un privilége d'exemption particuliere à leur égard (*b*).

VI.

$\int$oll dénotent les cas où il faut de *nécessité* comparoir devant ce Conseil. Ces cas font au nombre de vingt-huit, dont voici les principaux : le déni ou le trop grand délai de rendre justice ; la déjection violente de la possession ; un emprisonnement forcé fait d'autorité privée ; les injures faites au Juge ou aux Assesseurs de ce Conseil. Tous les cas réservés se trouvent dans la *réforme* faite en 1572 de l'*Ordonnance* pour ce Tribunal, *p.* 2, *tit.* 5.

(*b*) De pareils priviléges ont été accordés aux Electeurs, à la Maison d'Autriche, aux Evêques de Strasbourg & aux Ducs de Würtemberg. V. la *réforme de ce Conseil, p.* 2, *tit.* 5, & *Mauritius, cap.* 2, §. 2, & *cap.* 3.

L'on peut aussi être exempt de la Jurisdiction de ce Tribunal, même au sujet des cas réservés, en vertu d'une convention particuliere agréée de l'Empereur, ou par une possession immémoriale. Ce dernier cas est assez clairement indiqué par l'*art. XVIII*, §. 9 & 11 de la *Cap. de Joseph II*, qui promet au même endroit de maintenir les exempts de cette justice dans leurs priviléges & possessions.

VI.

Les formalités de la procédure que cette Cour est obligée de suivre, se trouvent dans l'*Ordonn. de la réforme* faite par *Maximilien II en* 1572 (*a*). Elles sont moins pointilleuses & moins nombreuses que celles qui ont été prescrites pour la Chambre Impériale.

Forme de la procédure.

Ainsi l'on n'a point égard aux priviléges accordés en 1361 par *Charles IV*, & en 1496 par l'Empereur *Maximilien I*, confirmés depuis par différens Empereurs, en vertu desquels tous les priviléges obtenus contre la Jurisdiction des cas réservés doivent être nuls & de nul effet. Les diplômes de ces priviléges se trouvent dans *Limnæus, jur. publ. tom. II, lib. 9, cap.* 3, Teutschen Justiz = Verfassung II. Th. S. 926. und 927.

(*a*) l'Empereur *Ferdinand II* députa des Commissaires pour examiner les formalités de cette Cour ; ils lui en firent leur rapport, & les changerent avec son agrément dans de certaines choses, en suivant les observations de *Wehner* sur l'ancienne Ordonnance, ainsi que l'Empereur l'avoit ordonné.

Tome III.   M

VII.

Il ne re-
çoit point
d'appel.

Ce Tribunal ne reçoit point d'appel des Sentences rendues aux Tribunaux des Etats de l'Empire; ainsi il n'y a que les caufes à juger en premiere inftance, qui puiffent y être portées. Cela eft tiré du propre aveu de ce Tribunal, que l'on trouve dans un *Arrêt prononcé l'an* 1703, rapporté par M. *de Ludolf* (a). Ainfi les caufes d'appel de ces Tribunaux vont immédiatement aux Cours Souveraines.

VIII.

Appel in-
terjetté de
fes Sen-
tences.

Le fentiment des Publiciftes, qui prétendent qu'anciennement on ne pouvoit point appeller des Sentences de ce Tribunal, paroît très probable & même conforme à la teneur de fon Ordonnance primitive; mais il eft certain que déjà du

(a) *Tract. fyftemat. jur. Cameral in animadverfion. ad obfervat. Magenhorft,* p. 384, & 385, & *Appendice* 5, p. 157 & *feq.*

temps de *Maximilien II*, il fut
fubordonné aux Cours Souveraines (*a*), & que depuis l'on inter-
jetta appel de fes jugemens, foit
à la Chambre Impériale, foit au
Confeil Aulique, au choix de la
partie grevée (*b*).

IX.

Il y a bien près de deux fiecles
que les Cours Souveraines de l'Empire, auffi-bien que les Etats du

Griefs
contre ce
Tribunal.

***

(*a*) Nous en avons une preuve formelle dans le *Réces d'Empire de* 1570,
§ 71. Cette fubordination fut enfuite
confirmée par les Capitulations, & en
dernier lieu par *celle de Jofeph II, art.*
XVIII, §. 10.

(*b*) Il y a cependant des cas où
il faut s'adreffer au Confeil Aulique. Ces
cas font le déni ou protraction de Juftice, la nullité de la procédure, la récufation des Juges, en un mot autant de
fois que l'on forme des plaintes contre
fes Juges ou leur maniere de rendre juftice; parce qu'il n'appartient qu'à l'Empereur ou à fon Confeil immédiat de redreffer de pareils griefs. V. *J. J. Mofer,*
Tract. von der Teutfchen Juftizverfaßung.
I. Theil S. 937.

reffort de *Rothweil* s'acharnent contre ce Confeil ; les premieres, parce que ce Tribunal étend fa Jurifdiction même fur les caufes criminelles des Etats, dont elles-mêmes ne peuvent point connoître felon le fyftême d'aujourd'hui. Les autres, parce qu'il leur paroît dure d'être obligé de répondre devant des Juges inférieurs & fubordonnés aux Tribunaux Souverains, & que les Juges établis par eux n'aient pas même la premiere inftance libre. Pour ces caufes & autres (*a*), ils folliciterent déjà bien des fois (*b*), & même très-

---

(*a*) Toutes ces caufes ou griefs fe trouvent dans *J. J. Mofer*, Tractat von der Teutſchen Juſtizverfaß. 2. Theil S. 917, u. f.

(*b*) La follicitation des Etats pour l'abolition de ce Tribunal, ne fut jamais plus forte que lorfque l'on travailloit au Traité de Weftphalie ; mais les Etats trouvant cette affaire trop délicate, en renvoyerent la délibération à la Diete prochaine, comme le prouve l'*art. V*, §. 56, *du Traité d'Ofnabrück*. Elle y fut effectivement mife fur le tapis en 1651 ; mais

vivement fa fuppreffion ; mais le
Préfident, les Affeffeurs ainfi que
la Ville de *Rothweil*, s'y oppofe-
rent toujours vigoureufement, alléguant, 1°. que cette Cour ne dépendant que de l'Empereur feul, il per-
droit une de fes plus belles préroga-
tives, s'il confentoit à fon abolition;   Défenfes.
2°. que la charge de Préfident de
ce Confeil avoit été donnée en fief
à la maifon de Sultz à titre rému-
nératoire ; 3°. que la fixation même
de ce Tribunal à *Rothvveil*, étoit
fondée fur des infignes fervices
rendus à *Conrad III* ; & enfin
4°. que les Suiffes, en vertu de
leur Traité de confédération conclu en 1463 & renouvellé en 1519,
prendroient fait & caufe pour eux,
fi on leur enlevoit cette Jurifdiction, à moins que ce ne fût pour

---

les Comtes de Sultz ainfi que la Ville de
Rothweil, préfenterent à la Diete un mémoire en défenfe de leurs droits, fous le
titre … Handhaab des Römifch-Kayfer-
lichen Majeftät uhralten Kayferlichen Hof-
gerichts zu Rothweil, contenant les raifons alléguées ci-deffus.

M 3

déni ou protraction de justice.
Cette défense paroît plausible. Cependant s'il étoit évident que le
bien public exigeât cette suppression, comme le prétendent les
Etats & les Cours Souveraines,
je pense que toutes ces raisons
défendroient fort mal le bien par-
Résultat. ticulier de ce Tribunal. Au reste,
le résultat de ces débats consiste
dans la promesse que fait l'Empereur dans sa Capitulation (c), d'apporter dans l'espace d'un an, à
commencer du jour qu'il aura pris

(c) Les Etats ne voulant point se dé-
sister de leurs prétentions, présenterent
de nouveau un mémoire au Collége Electoral, priant les Electeurs d'inférer l'abolition de ce Tribunal dans la Capitulation
de l'Empereur Léopold. Pour les con-
tenter d'une certaine façon, les Electeurs
mirent dans sa Capitulation la promesse
que nous avons alléguée. Elle fut répétée dans les Capitulations suivantes, en
ajoutant à celles de *François I* & de
Joseph II cette clause.... que dans l'espace d'un an on remédieroit aux abus
concernant la trop grande étendue des
cas réservés, Ehehafften, contre les anciennes Ordonnances.

les rênes du Gouvernement (d),
des remedes aux abus qui s'y font
gliffés, moyennant une perquifi-
tion par des députés, que l'Empereur doit choifir parmi les Etats
de l'Empire qui n'y ont point
d'intérêts, & de faire attention que
la Diete prenne au plutôt poffible
une ferme réfolution au fujet de
fon abolition.

X.

Il y a auffi en Suabe plufieurs
Tribunaux provinciaux, dont l'o-
rigine, la forme, la Jurifdiction &
les différentes Ordonnances four-
niroient de quoi exercer une plume
moins gênée que la mienne. Mais
comme ils n'entrent point proprement dans mon plan, je n'en tou-
cherai que les plus fameux, & feulement en paffant. Le plus inté-

Du Con-
feil pro-
vincial de
Wein-
garten.

(d) Il paroît que l'exiftence de ce
Confeil tient trop à cœur à l'Empereur,
pour fe preffer de l'abolir, ou peut-être
que fon autorité à tellement diminué,
que les Etats reftent indifférents à fon
égard.

M 4

reſſant en eſt le *Conſeil provin-*
cial de Suabe, ou *de Weingarten*
(das Land-Gericht in Ober- und
Nieder-Schwaben, oder das Wein-
gartiſche Gericht).

XI.

Son ori-
gine.

Ce Tribunal eſt encore un reſte
des anciens Tribunaux de provinces, établis par les Empereurs dans
les terres immédiates de l'Empire.
Les anciens Ducs de Suabe y pré-
ſiderent au nom & en place de l'Empereur. Il ſe tenoit ſelon la maniere de ces temps-là, en plein
air dans un endroit appellé Künig-
Stuhl (*a*). Après l'extinction de

(*a*) Cela devient clair par le *diplôme*
de Fréderic Duc de Suabe, donné en 1224.
dans la cauſe de *Salmansweiler*, où nous
liſons : *Notum facimus cunctis tam præ-*
ſentibus quam futuris, nobis in publico
placito quod dicitur Chuniges-Stuhl,
cum univerſis totius Sueviæ conſedentibus
Chriſtianum abbatem de Salem ſuper tali
gravamine querelam depoſuiſſe. V. Saltz-
mannsweileriſche Deduction contra Heili-
genberg, p. 13.

ces Ducs on le continua fous l'affiftance de la préfecture de Suabe.

XII.

Sa réfidence n'eft pas dans un lieu   Sa réfi-
fixe (*a*), mais alternativement de dence.
Ravensbourg à *Wangen*, de *Wangen*
à *Ifny*, d'*Ifny* (*b*) au village d'*Al-
torf* où eft le couvent de *Weingarten*, d'où il a pris fon nom. Chacun
des Magiftrats & Baillifs de ces
lieux, où la juftice fe transfere
tour - à - tour tous les mois , doit
avoir foin de conftituer un nombre
fuffifant d'Affeffeurs tirés du Corps
du Sénat ou des Prépofés , parce
qu'il y en a tout au moins douze
(*c*). La maifon d'Autriche en

(*a*) V. l'*Ordonnance de ce Tribunal*,
p. I, *tit*. 5 , elle fe trouve dans *Ludolf*,
tom. III, Variar. obfervat. n. 11.

(*b*) La Ville d'*Ifny* devenue Ville Impériale , fut exempte de fa Jurifdiction
par *Charles IV* en 1365. V. *Ludolf. obf.*
Forenf. tom I, obf. XX.

(*c*) V. *la même Ordonnance*, p. II ,
tit. 5 , p. 8 , où je remarque que les

M 5

nomme le Chef ou Préfident appellé **Landrichter** (*d*), & l'exécution des Sentences de ce Tribunal, eſt ordinairement commiſe au
Landvogt, c'eſt à-dire au *Préfet
provincial Impérial*, réſident à *Ravensbourg*.

XIII.

L'ancienne Ordonnance par la-

Aſſeſſeurs ſont nommés Juges, **Urthel-
ſprecher. . Damit jedes Landgericht mit
zwölf Urthelsſprechern erſetzt werde.**

(*d*) Parce que ce Tribunal avec tous
les droits compétens à l'Empereur à ſon
égard, a été mis en gage par l'Empereur
Wenceslas au Duc d'Autriche, comme le
prouve *Schweder*, en ſa diſſertation *de
Præeminentiis Domus Auſtriacæ & in
ſepecie de Judicio ejus provinciali Sueviæ*,
& dans *Ludwig*, *Diſſertat de Sueviæ
Tribunali S. R. I. Auſtriaco in Quadrurbe*. Cependant les Etats d'Empire ſitués
en Suabe, s'efforcerent de rendre ce droit
d'engagement douteux par un mémoire
préſenté à la Diete en 1659, contre un
mémoire d'information que la maiſon
d'Autriche avoit préalablement préſenté à
la Diete pour faire conſtater ſes droits ſur
le même Conſeil.

quelle l'étendue de son ressort fut déterminée, n'est ni assez claire ni assez détaillée (a) pour le distinguer du ressort du Conseil de *Rothweil.* De là il arriva, 1°. que ce Réglement portant *jusqu'au pays de Würtemberg*, sans dire *exclusivement* ou *inclusivement*, les Würtembergeois prétendoient en être exempts (b); 2°. que ce Conseil entroit fort souvent en conflict de jurisdiction avec celui de Rothweil, jusqu'à ce qu'ils réglerent enfin leurs départemens propres à chacun, en vertu d'un accommodement fait à ce sujet en 1538.

(a) Elle se trouve dans *Besold, Thesaurus Practicus* au mot Land = Gericht & porte : über die Donau biß an das Land Würtenberg und biß an den Lech, den Lech nach hinauf gen Reit an die Brücken, darnach hinüber auf Tachhinn, an die ⁂ Grauen = Bünde, zu Anfang des Schweitzer Landes, folgends gen Costanz auch herüber auf Stockach und von dannen so weit sich der Bezirk des Schwabenlands bestreckt.

(b) V. *Ludewig de Prærogativis Ducatus Würtembergici.*

XIV.

Ce Tribunal concourt en Jurifdiction avec les Etats d'Empire
non-privilégiés de fon reffort, de
maniere que leurs fujets puiffent
porter valablement leurs caufes ou
devant les Juges de leur Seigneur
territorial, ou devant lui. Il con-
noit auffi des cas réfervés (Ehehafts-
Fälle) (a). Il prétendoit même le
droit d'exercer fa Jurifdiction fur
les Etats immédiats de fon reffort,
ainfi que fur leurs Officiers de juftice. Mais cette prétention cherche
fortune (b); on appelle de fes
jugemens aux Tribunaux fuprêmes de l'Empire, ou à la Régence
d'Autriche à *Infpruck* (c).

(a) V. *Befoldus*, vom Land-Gericht
in Schwaben. Burgermeifters-Ritter-und
Grafen-Saal. p. II, *fect.* 49, p. 296,
& *Codex Diplomat. Equeft.*, tom. 2, p.
4, & 1361.

(b) Mofers Reichs Fama, tom. II, p.
387, & *Ludewig de Suevia Tribunali,
S. R. I. Auftriaco in Quadrurbe*, Halæ
1725.

(c) V. *la Capitulation de Jofeph II*,
art. 18, §. 10.

XV.

Le Tribunal provincial du Bourg- graviat de Nuremberg doit être d'un établiſſement fort ancien ; je n'ai trouvé aucun Auteur qui ait oſé aſſurer ſon origine. Cependant il eſt inconteſtable qu'en 1273 , l'Empereur *Rodolph de Habsbourg* en ait inveſti *Frédéric V*, de la Maiſon de *Zollern*, fils de ſa ſœur , & qu'il lui ait en même temps donné en fief le *Bourggraviat de Nurem-berg* (*a*). Il conſte par le même

Du Conſeil provincial du Bourggra-viat de Nurem-berg.

Obſerv. Depuis que les Capitulations portent : qu'il eſt libre à un chacun d'in-terjetter appel des Sentences des Tribu-naux de Suabe , ſoit à la Chambre de Wetzlar , ſoit au Conſeil Aulique ; les Archi-Ducs permettent à leurs ſujets d'ap-peller à leur choix à l'un des trois Tri-bunaux ſus-mentionnés ; enſorte que ces Tribunaux jouiſſent entr'eux du droit de *prévention* à cet égard. V. J. J. Moſer, Teutſche Juſtiz-Verfaſſung, I. Theil, S. 988. Ainſi le privilége *de non appellando*, accordé au Conſeil de *Weingarten* par ſon *Ordonnance* de 1618, *p.* 3, *tit.* 12, n'a plus de vigueur.

(*a*) Le *Diplôme* de cette inveſtiture

titre, que le siege de ce Tribunal fut en ce temps-là à *Nuremberg* en Franconie. Les Bourggraves de *Nuremberg* de ladite Maison, devinrent dans la suite Marggraves de Brandebourg (*b*). L'Empereur *Frédéric III* accorda en 146, au *Marggrave Albert*, le droit de transposer ce Tribunal dans quel

---

se trouve dans *Lunig*, *p. Speciali*, p. 294, unter Brandenburg. *Limnæus*, *Droit public*, *L. V*, *cap* 7, *n.* 1, prétend qu'il existe des diplômes dans les Archives de Brandebourg, à Blassenbourg, qui prouvent que le Bourggraviat de Nuremberg avoit appartenu à la Maison de *Zollern*, long-temps avant *Frédéric V*, & que *Rodolph de Habsbourg* avoit seulement confirmé leurs droits & priviléges; il auroit mieux fait d'apporter les diplômes. Je sais que la plupart des historiens disent, que la *Maison de Zollern* obtint le Bourggraviat de Nuremberg, lors de l'extinction des Comtes de *Vohbourg*, qui arriva en 1273, comme le dit l'Auteur de l'ouvrage intitulé :... Desterreicher Ehrenspiegel. V. *Limnæi addit. ad jus publ. tom. I*, *pag.* 744.

(*b*) Cela arriva lorsque l'Empereur Sigismond concéda la marche de Brande-

lieu de ſes terres qu'il lui plairoit
(c). Cela le fit placer d'abord à
Cadoltzbourg , enſuite à *Neuſtadt* ,
& enfin à *Anſpach* , dans le *bas-
Bourggraviat de Nuremberg* , où il
eſt encore. Le même *Frédéric* vou
lut, que le Bourggrave exerceroit
la Juriſdiction au nom de l'Empereur (d). Ce Tribunal étoit unique dans les terres du Bourggraviat juſqu'au temps que les Marggraves de Brandebourg furent di-

---

bourg , avec la dignité Electorale au
Bourggrave *Frédéric V* en 1415 , en reconnoiſſance de ſes ſervices rendus contre les Hongrois & les Bohémiens rébelles , à charge cependant de lui donner
une ſomme de quatre cents mille florins
hongrois , & ſous d'autres conditions que
l'on trouve dans *Limnæus . l. c.* , & dans
Deſing , Auxil. hiſtor. p. III , p. 76.

(c) V. *Lunig* , *p. ſpecial.* 3 , Abſ. ,
p. 15 , & 17.

(d) V. *Lunig* , *l. c. p.* 14 , les paroles
du diplôme ſont: " Daß ein Landrichter
" deſſelben Land-Gerichts, an des Kay-
" ſers ſtatt , auf demſelben Landgericht
" ſitzet und alſo richtet. "

visés en deux branches (e); alors chaque branche érigea une Régence dans ses terres, de laquelle on appelle au Conseil Aulique (Hof=Gericht) de chaque province, & de celui au Conseil provincial (Land=Gericht). C'est proprement de ce Conseil provincial, appellé encore aujourd'hui das Kayserliche Land=Gericht, que nous traitons.

XVI.

Ressort. La Jurisdiction de ce Tribunal s'étend sur tout le Bourggraviat de Nuremberg, qui est divisé en haut & bas Bourggraviat, & paroît presqu'en être bornée aujourd'hui (a), quoiqu'elle s'étendit autrefois comme celle d'un Tribunal suprême

---

(e) Cette division se fit en 1535. V. *Desing*, *l. cit.*

(a) Depuis que *Frédéric III* accorda en 1416 aux Marggraves de Brandebourg, la permission de transiger avec les Etats dépendans de ce Tribunal, pour leur en don-

suprême Impérial, fur toutes les
terres immédiates de l'Empire fituées en Franconie, en Baviere,
en Suabe, & le long du haut-Rhin.
Il fe tient quatre fois par an dans
le grand hôtel provincial d'*Anfpach*. Les deux Marggraves de
Bayreuth & d'Anfpach y envoient
chacun un Confeiller Gentilhomme de leur Régence. Le Grand
Maître de l'Ordre Teutonique y
envoie le Commandeur d'*Ellingen*,
& la Ville de *Nuremberg* deux
Sénateurs ; tous lefquels après
avoir été informés & inftruits par
le Préfident *b*) & les Affeffeurs
ordinaires de ce Tribunal, de toutes les caufes y pendantes, & ayant
pefé & difcuté mûrement les droits

---

tion, prefque tous s'en délivrerent. La
Baviere le fut déjà vers la fin du quinzieme fiecle. V. *Struv.*, *C. jur. publ.*
cap 25, §. 75.

(*b*) Autrefois le Bourggrave étoit obligé
d'y préfider en perfonne ; mais *Charles IV*
lui accorda en 1355, le privilége de fe
nommer un Lieutenant. Ce Lieutenant ou
Préfident eft nommé conjointement par
les deux Marggraves fus-mentionnés. Il

& moyens des parties, ils forment
prononcent & publient leurs jugemens, desquels l'on peut appeller aux Cours Souveraines de l'Empire, si l'objet du principal excede
huit cents florins (c).

XVII.

Je pourrois encore faire la description de plusieurs autres Tribu-

---

doit être Gentilhomme selon l'expression
dudit privilége. " Einen ehrbaren Ritter
an ihre Statt zu setzen. „ V. *Limnæus,
addit. ad jus publ. tom. I, p.* 749.

(c) Le diplôme que *Ferdinand II* accorda aux Marggraves de Brandebourg en
1629., en vertu duquel il est défendu
d'appeller de ce Tribunal aux Cours Souveraines, à moins que la somme ou l'objet
du procès n'excede huit cents florins, se
trouve dans *Limnæus, l. cit. pag.* 834.
Vid. Burgermeister, Grafen-Saal, *p. II,
sect. LII, p.* 321.

Obs. Parmi les causes dont ce Tribunal
connoissoit autrefois, étoient particuliérement remarquables celles que l'on vui-
doit par le duel, selon l'usage de ces temps-
là. *Limnæus, l. cit. pag.* 750., apporte
l'*Ordonnance sous le titre*....Ordnung

naux Impériaux, par exemple, de celui de Würtzbourg (*a*), de celui de Rotenbourg (*b*) & d'autres; mais je les trouve trop peu intéreſſans pour mon lecteur.

---

des Kampfgerichts des Burggrafthums Nürenberg. Elle contient bien des choſes qui dénotent la crédulité, la ſimplicité & la barbarie de ces tems. V. Faber, Staats-Canzler, *parte* 31, *pag.* 169.

(*a*) Voyez ſon Ordonnance dans *Ludolf. tom.* III. *Variarum obſervationum.* Ceux qui veulent s'en faire une connoiſſance, peuvent voir *Gylmannus, tom.* VI, *Symphor. cap.* 8, & Burgermeiſters, Grafen-Saal, *p.* II, *ſect.* LII.

(*b*) V. idem *Burgermeiſter*, *l. cit. ſect.* LIII.

CHAPITRE XII.

Des Auſtregues.

I.

Le mot *Auſtregues* paroît être dérivé du verbe allemand auſtragen, qui, ſuivant l'ancien ſtyle de juriſprudence, ſignifie entſcheiden, *décider*. Ainſi un Auſtregue en général dénote un *Juge* (a); mais en particulier & dans le ſens qu'on l'employa déjà dans le douzieme ſiecle, & depuis *Albert II & Maximilien I*, il indique ſpécialement celui où ceux qui ont été établis, ou par une convention, ou par les conſtitutions des Empereurs, pour décider en premiere inſtance les cauſes mues pour ou contre les membres immédiats de l'Empire.

_____

(a.) Vid. *Limnæus*, *jur. publ. lib. IX*, *cap.* 5, *n.* 1.

II.

Cette définition des Auſtregues nous fait connoître qu'ils ſont de deux ſortes, ſavoir les Auſtregues conventionnels (*a*), & les Auſtre-

---

(*a*) Je rapporte avec la plus ſaine portion des Publiciſtes, aux Auſtregues conventionnels:

1°. Tous ceux qui ont été introduits, ſoit par les anciennes confédérations & unions des Electeurs & des Etats de Suabe, V. *Müller*, *Friderico I*, Borſt. *cap.* 23, §. 20, ainſi que par l'union des Comtes de Wetteravie avec ceux de la Suabe faite en 1579. Goldaſt, Reichs-Satzungen, *p. IF, pag.* 19, & M. de *Spon*, *ſur la Capitulation de Charles VII, pag.* 361.

2°. Ceux qui proviennent des pactes de familles; tel eſt le pacte arrêté entre les Ducs de Saxe, en vertu duquel leurs conteſtations doivent être terminées par quatre Nobles & deux Conſeillers lettrés, nommés de part & d'autre, relevés de leur ſerment à cet effet. Vid. *Pfeffinger*, *lib.* 4, *tit.* 5, *p.* 506. Un pareil pacte ſubſiſte entre les Landgraves de Thuringe & les Marggraves de Miſnie. V. *Müller*, *annal. Saxon. ad ann.* 1421.

N 3

gues légitimes (*b*). Ceux de la

3°. Ceux qui ont été donnés à de certaines Maifons par teftament, approuvé &
reconnu par les héritiers. Ainfi *Philippe
le Magnanime* ordonna par teftament en
1562, que les procès qui s'éleveroient
entre les Landgraves de Heffe, feroient
décidés par quatre Nobles & autant de
députés des Villes, conjointement avec
un Affeffeur de la Chambre Aulique, un
Jurifconfulte de *Marbourg*, dont le demandeur nommeroit la moitié, & le défendeur l'autre dans fix femaines de tems,
à compter depuis l'intimation de l'action.
V. Lunig, Fortfetz. der *II contin. p.* 782,
789.

4°. Ceux que plufieurs Villes Impériales ont établis entr'elles par des conventions particulieres, autorifées & approuvées par les Empereurs. Ainfi la Ville de
Ratisbonne eft convenue avec les Villes
d'*Augsbourg*, de *Nuremberg*, & d'*Ulm*,
de leur confier la décifion de fes affaires
en premiere inftance. De même la Ville
de *Strasbourg* reconnoiffoit autrefois pour
fes Auftregues les Villes de *Bâle*, de
Worms & d'*Ulm*; enforte qu'il fut au
choix du demandeur d'intenter fon action
contre Strasbourg, dans lequel de ces
trois endroits qui l'accommodoit le plus.

(*b*) J'appelle Auftregues légitimes ou
légaux, tous ceux qui doivent leur naiffance

premiere efpece paroiffent être plus
anciens (*c*) que ceux de la fe-

à une loi formelle, ou à l'obfervance,
fans autre titre que le confentement tacite
de l'Empire.

(c) Les Auftregues conventionnels ont
précédé les légitimes, comme on peut
le prouver par l'Ordonnance de *Maximi-*
lien I faite en 1495, pour établir les
Auftregues. Elle porte... welche fonder-
lich gewillkührte rechtliche Austrage gegen einander haben, der follen fie fich, laut
deroselben gegen einander gebrauchen. Et
quoiqu'il ne foit point tout-à-fait conftant
quand ils ont commencé, cependant l'on
peut dire avec fondement, qu'ils doivent
leur origine aux différentes ligues & confédérations faites vers le milieu du treizieme fiecle, dont les moindres, faites
entre de certains Etats particuliers, étoient
appellées *Ganerbinats*. Toutes ces ligues
ayant pour principal objet le maintien de
la paix publique, & la défenfe mutuelle
des confédérés contre leurs ennemis,
étoient en même temps établies pour rendre juftice à leurs membres, & décider
leurs différens au moins en premiere inftance. De-là les Juges Anféatiques, Hans-
Grafen, introduits par la ligue des Villes
hanféatiques ; de - là les *Bourggraves*,
c'eft-à-dire, Juges réfidens au Bourg,
choifis par les Confédérés de certaines

---

familles par Ganerbinat. Tous ces Juges
font des Juges de convention, willfuhrliche
Austräger, ou *Auftregues*.

Si j'ofois confondre les Auftregues
avec les Arbitres ou avec les Arbitrateurs, ou amiables Compofiteurs, je leur
donnerois une origine plus ancienne &
plus certaine, & je dirois avec *Obrecht*,
dans fon ouvrage intitulé : *Prodrom. Rer.*
Alfat. p 290, que dans le Diplôme de
Louis le Germanique, accordé en 873 à
Rahold, *Evêque de Strasbourg*, on en
trouve un exemple. Certes, les Arbitres
étoient déjà connus aux anciens Romains.
V. *L.* 1, *ff. de Receptis qui arbitr. rece-*
perunt, &c. & les Arbitrateurs ou amiables Compofiteurs étoient, fans contredit,
la premiere efpece de Juges de ce monde.
Struv, *Corp. jur. publ. cap.* 25, §. 64,
cite un grand nombre d'exemples d'Arbitres, donnés anciennement par les Empereurs, ou choifis par les parties. Mais
ces Arbitres different des Auftregues dont
eft queftion : 1°. en ce qu'ils n'ont été
commis que pour de certaines affaires,
tandis que la Jurifdiction des Auftregues
s'étend fur toutes les matieres, à l'exception de celles qui ont été particuliérement
attribuées à d'autres Juges fupérieurs.
2°. En ce que les Arbitres, fur-tout ceux
qui ont été donnés par les Empereurs,

dans la conſtitution d'*Albert II*
faite en 1437, laquelle cependant

---

ont été regardés comme Juges ſans appel,
conformément au droit Romain. V. *L. c.
de Recept. Arbit.* ; tandis que les Auſtregues
ont toujours été regardés comme Juges de
la premiere inſtance. 3°. En ce que les
Sentences des Arbitres paſſent immédiatement après leurs prononciations, en force de choſe jugée ; tandis que celles des
Auſtregues n'obtiennent cette force qu'à
l'échéance des dix jours de faveur, accordés pour en interjetter appel, ſuppoſé
qu'on ne l'ait point fait dans le temps.
4°. Que les Auſtregues ſont des Juges
perpétuels & permanens, quant au droit
de juger, quoiqu'ils ne ſoient pas toujours en exercice ; tandis que les Arbitres
n'ont qu'un droit momentané, qui s'éteint
avec la déciſion du différent confié à leur
jugement. 5°. En ce que le choix des
Auſtregues ne dépend plus entiérement
des parties qui en jouiſſent, vu qu'elles
ſont obligées de les choiſir parmi ceux
qui ont été accordés à leurs prédéceſſeurs ;
tandis que celui des Arbitres reſte libre
& non gêné. 6°. Les Auſtregues ne peuvent point refuſer de juger les différens
portés devant leur Tribunal, ſans avoir des
raiſons particulieres, vu que le droit de
porter ſes cauſes à leur juſtice, ſuppoſe
une obligation de leur côté ; tandis que

N 5

n'eut guere d'effet. *Maximilien I*
la reſtaura en 1495, par l'Ordonnance de la Chambre Impériale

---

celui qui a été choiſi pour Arbitre, peut
accepter le compromis ou non, ſans être
obligé d'en alléguer ſes raiſons. 7°. Qu'il
n'eſt point libre au défendeur de prendre
ou de ne point prendre des Auſtregues;
mais qu'il eſt obligé de choiſir quelques-
uns de ceux que le demandeur lui a légitimement propoſé. Mais quant aux Arbitres, on prend qui l'on veut. Ainſi les Auſtregues ſont des Juges néceſſaires, & les
Arbitres des Juges volontaires. Si je ne
craignois point d'ennuyer mon lecteur,
je lui ferois voir d'autres différences entre
ces deux ſortes de Juges; mais je penſe
que celles-ci lui paroîtront ſuffiſantes pour
l'empêcher de les confondre. Je ne dirai
rien des Arbitrateurs, perſuadé que perſonne ne s'aviſera de les aſſimiler aux
Auſtregues.

Arbitre, eſt celui qui eſt nommé par
les parties, pour décider leurs différens.
Il diffère de l'Arbitrateur ou amiable Com-
poſiteur, en ce qu'il eſt tenu d'obſerver
les formalités ordinaires de la procédure,
& de décider les conteſtations ſelon les
loix & coutumes; tandis que l'Arbitrateur
doit s'abſtenir de ces formalités, pour ne
point mettre les parties en frais inutiles,

(*d*), qui fut enfuite confirmée par *Charles - Quint* en 1521 & 1555, & enfin raffermie par les Capitu- lations (*e*).

& décider la caufe fuivant fa bonne foi & l'équité.

L'acte dans lequel les parties nomment des Arbitres, s'appelle *compromis*, c'eft- à-dire, une mutuelle promeffe de choifir & accepter un même Juge, & de s'en tenir à fa décifion.

(*d*) Ainfi l'on peut dire que les Auf- tregues légitimes, dont fe fervent aujour- d'hui les Etats d'Empire, doivent leur origine à l'Ordonnance de la Chambre Impériale, qui fut enfuite confirmée, étendue & expliquée même à ce fujet, par les *Ordonnances d'Augsbourg en* 1500, *tit.* 10, celle de *Worms en* 1521, *tit.* 23, & enfin par la *nouvelle Ordonnance pour la Chambre Impériale de* 1555, *p. II*, *tit.* 2, 3, 4, 5 & *feq.*

(*e*) Les Etats enjoignirent déjà par le *Traité d'Ofnabriick*, *art.* 5, §. 55, au Confeil Aulique & à la Chambre Impé- riale, de laiffer en leur entier aux Etats de l'Empire, le privilége & le droit des Auftregues, & promirent de ne point per- mettre qu'ils y foient troublés par quel- que voie que ce puiffe être. Cette même

III.

Les motifs les plus apparens & les plus folides de l'introduction des Auftregues, doivent être tirés des circonftances, dans lefquelles les Etats fe trouverent dans le 13.eme fiecle, que je regarde comme le berceau des Auftregues. Dans ce fiecle, commencerent les fameux troubles de l'Allemagne, tout étoit en mouvement, la Juftice feule fe repofoit, les Chambres ne s'ouvroient que par intervalles. Plufieurs Etats

---

claufe fut pour la premiere fois inférée dans la Capitulation de *Jofeph I*, & répétée enfuite dans les fuivantes. *Dans celle de Jofeph II*, art. 18, §. 4, il eft fait mention expreffe des Auftregues légitimes, conventionnels & de familles, auxquels il faut ajouter ceux établis par priviléges.

Obf. De peur que les Empereurs n'accordent trop facilement des Auftregues à ceux qui n'en ont point, on leur fait promettre par la Capitulation, d'être réfervés à cet égard, conformément au Réfultat de l'*Empire* de 1654. V. *ladite Capitul. de Jofeph II*, art. 17, §. 7.

pour obvier à un tel inconvénient , choisirent entr'eux des Juges perpétuels , qui , en vertu de leurs ligues & unions cimentées de leur sang , devoient juger à jamais tous les différens mus entr'eux. Cet exemple fut suivi de plusieurs familles , par des pactes de Ganerbinats. Ces motifs cesserent lors de l'érection de la Chambre Impériale & du Conseil Aulique. Cependant le nombre des Austregues s'augmentoit de jour en jour. Les Etats trouverent alors d'autres raisons pour en demander le privilége aux Empereurs. Les plus spécieuses étoient : 1°. pour avoir une premiere instance de même que leurs sujets , afin de n'être point obligés de traîner à grands frais , jusqu'aux moindres causes devant les Tribunaux suprêmes ; 2°. afin de voir plutôt la fin de leur procès ; 3°. pour décharger la Chambre Impériale de la trop grande multitude d'affaires , & la débarrasser de bien des minuties , qui à peine mériteroient son attention , & l'éloigneroient de porter ses vues & ses soins sur d'autres objets plus graves & plus inté-ressans. Tous ces motifs & autres subsistent encore aujourd'hui, & rendront toujours la suppression des Austregues épineuse.

IV.

Les Etats jouissans du droit d'Austregues légitimes, se divisent en deux classes : la premiere, ne comprend que ceux qui portent le titre de Princes (a) ; & la seconde, contient tous les autres (b). Lors-que ceux de la premiere classe s'intentent mutuellement des pro-cès, le Prince demandeur dénonce

---

(a). Tels sont parmi les Séculiers, les Electeurs, Ducs, Landgraves, Marggra-ves & Princes ; & parmi les Ecclésiastiques, les Archevêques, Evêques & Prélats ou Abbesses, décorés de la dignité de Prince, appellés en allemand Fürstenmäßig.

(b) Qui sont les autres Ecclésiastiques Prélats & Abbesses, Etats d'Empire non Princes, ainsi que les Comtes, Barons & Nobles immédiats de l'Empire (nicht Fürstenmäßig.

ſon action par un exploit au défendeur, & le prie de ſe ſoumettre
au jugement des Auſtregues. Après
cette ſommation, le défendeur doit
nommer dans l'eſpace de quatre

Les Publiciſtes ſe diſputent le pas dans Queſtion deux fameuſes quèſtions relatives à cette premiere. note ; la premiere en eſt : ſi, *pendant le ſiege vacant, un Chapitre immédiat peut ſe ſervir du droit d'Auſtregues.* Limnæus, *jur. publ.* L. IX, tit. 5, n. 28 & ſeq. penſe pour l'affirmative, alléguant pour raiſons : 1º. que le Chapitre, c'eſt-à-dire, le Corps des Chanoines Capitulaires, eſt regardé comme tuteur naturel de ſon Egliſe vacante, qui jouit des droits des pupilles & dès mineurs, conformément au chap. *auditis X, de in integr. reſtit.* & que par conſéquent de même que les tuteurs ſuivent la juriſdiction de leurs pupilles ou mineurs ; de même le Chapitre ſuit en toutes inſtances la juriſdiction de ſon Egliſe ou Principauté vacante. V. *Cap. cum Deputati X, de Judic.* & *Cap. Litteris X, de reſtitut. Spoliat.* La ſeconde raiſon qu'il apporte pour cimenter ſon opinion, eſt que le Chapitre repréſente ſon Evêque ou ſon Prélat mort, & com- met en cette qualité un Envoyé ou Repré- ſentant à la Diete. Or, le Repréſentant ſuit le Tribunal de ſon principal. Ces raiſons me paroiſſent aſſez pondérantes

femaines (*c*), quatre Electeurs ou
Princes régnans, moitié Eccléfiaftiques & moitié Séculiers, iffus de
diverfes Maifons; defquels le demandeur choifit un Auftregue, &
fait enfuite notifier fon choix au
défendeur. Cet Auftregue requis
par

pour me ranger de fon côté. *Gail. I,*
obferv. 30. *n.* 3, foutient le contraire,
difant : le Chapitre n'eft pas un Etat
d'Empire, ainfi il ne doit pas jouir du
droit d'Auftregues. Cet argument n'eft
pas concluant, vu que la Nobleffe immédiate, quoiqu'elle jouiffe du droit d'Auftregues, n'eft pas non plus un Etat d'Empire.

Seconde. La feconde queftion eft : fi les Princes cadets ou appanagés jouiffent du
droit d'Auftregues ? il me paroît qu'oui,
à moins que l'on me prouve, qu'ils font
fujets du Prince régnant, & qu'en cette
qualité ils font obligés de fuivre en premiere inftance la juftice de fa Régence
ou de fon Confeil Provincial.

(*c*) Si le défendeur néglige de nommer
des Auftregues dans ce délai péremptoire, il eft préfumé avoir renoncé au droit
d'Auftregues, & peut conféquemment être
traduit par-devant un des Tribuanux fuprêmes de l'Empire. V. *l'Ordonn. de la*
Chambre Impériale, p. II, tit. 2.

par une Requête contenant sa nomination , & la priere d'accepter
le jugement du différent, est obligé
de former sans délai dans une ville
de son territoire un Tribunal de
ses Conseillers impartiaux, d'y faire
assigner les Parties , & d'examiner,
juger & décider la cause, conjointement avec lesdits Conseillers (d).
Mais si le demandeur est de la seconde classe , ou si c'est un Etat
& membre médiat de l'Empire, sujet
ou non du Prince défendeur (e).

(d) Si le Prince Austregue venoit à
mourir avant le jugement définitif , il
seroit loisible au demandeur de poursui-
vre le procès par-devant un des trois
Austregues proposés d'abord par le défendeur. Mais il est d'usage de le faire
continuer avec l'agrément des parties par
le successeur du défunt. V. *Vultejus* , *ad*
L. 1 , C. ubi Senat. vel. Clariss. n. 33.

(e) V: *ladite Ordonnance* , *p.* 2 , *tit.*
4 , §. *fin* où nous lisons : und sollen sol-
che Austräge der Prelaten, Grafen, Herren, Ritterschaft und Städte in aller ma-
ßen, wie die gesetzt, auch mit den Burgern,
Bauern und andern Unterthanen gegen
den Fürsten und Fürstmäßigen, statt haben.

Tome III.   O

Alors il y a huit manieres de choifir les Auftregues (*f*), defquelles le demandeur adopte celle qui lui paroît la plus accommodante, parmi lefquelles les plus ufitées font : que le Prince défendeur préfente au demandeur trois Électeurs ou Princes non fufpects, defquels le demandeur choifit un pour Auftregue ; ou que le demandeur fupplie l'Empereur de leur nommer un Juge Commiffaire (*g*), ou bien le

----

(*f*) Elles font clairement exprimées. Par *ladite Ordonn. de* 1555, p. 2, *tit.* 2, 3, 4, 5 & 6. Il faut cependant remarquer, qu'il y a des territoires, où les Etats médiats provinciaux (Landſaßen), ainfi que les fujets formant des demandes contre leur Seigneur territorial, font obligés en vertu de certaines conventions ou loix expreffes, de les intenter en premiere inftance à la Régence Aulique du Seigneur. La Saxe nous fournit un exemple d'une pareille convention faite entre *Guillaume Duc de Saxe*, & fes Etats médiats en 1446. V. Europ. Herold, *p. I, p.* 922.

(*g*) Si le demandeur fe fert de cette voie, il eft de la prudence de prier Sa

demandeur propofe au défendeur
neuf perfonnes éclairées de bonne
fame & irréprochables, defquelles
le défendeur peut choifir deux;
& le défendeur propofe réciproquement au demandeur neuf perfonnes de fes Confeillers ou autres; entre lefquelles le demandeur
peut choifir trois. Ces cinq Auftregues connoiffent alors du différent, le difcutent, & le décident juridiquement à la pluralité des voix.

V.

Si le demandeur eft de la premiere claffe & le défendeur de la

---

Majefté de vouloir bien nommer plufieurs
Commiffaires à la fois, & de leur accorder
à tous le pouvoir exprès de connoître
& décider la caufe, *conjointement* ou
féparément, afin que fi l'un d'eux vient à
décéder avant l'iffue du procès, les autres
puiffent le continuer & prononcer en
définitif, fans qu'il foit néceffaire de s'a-
dreffer derechef à l'Empereur à cet effet,
avec de nouveaux frais & de la perte du
temps. V. *Schwanmanni L. I, Procefs.
Camer.* 3. *n.* 8.

seconde, ou si tous les deux sont
de la seconde, alors le défendeur
doit, à la sommation du demandeur, nommer trois Etats Electeurs
ou Princes d'Empire non suspects,
& pas éloignés au-delà de douze
milles d'Allemagne du domicile du
demandeur, desquels le demandeur choisit le plus convenable;
ou bien le demandeur présente sa
Requête à l'Empereur, à ce qu'il
leur nomme un Commissaire (a).
Si le demandeur est une Ville immédiate ou médiate de l'Empire,
ou d'autres personnes qui ne sont
d'aucune des susdites classes, tandis
que le défendeur est un Etat de la
seconde classe ; le droit d'Austregues cesse, ensorte que le demandeur puisse s'adresser immédiatement, & en premiere instance à

(a) V. *Ladite Ordonn. p. 2, tit.* 3
& 5. Il est d'usage aujourd'hui que le
Prince choisi pour Austregue termine le
différent, conjointement avec les Conseillers de sa Régence ou de sa Chancellerie.
V. *Stephani dict. p.* 1, *cap.* 3, *n.* 3,
& 34.

l'un des Tribunaux supérieurs (*b*).

VI.

Les Auftregues font compétens dans toutes les caufes civiles, réelles ou perfonnelles, à moins qu'elles ne foient fpécialement excep-

---

(*b*) Les Comtes d'Empire ont déja follicité à la Diete le droit d'Auftregues dans ce dernier cas ; vu que dans le même cas les Etats de la premiere claffe en jouiffent, mais fans fruit. V. *Gail. Obferv. Pract. L.* 1, *n.* 1, *Blum. Procefs. Cam. tit.* 27, *n.* 168. Lunig, Grundvefte, *p.* II, *p.* 508. voyez auffi *VValdfchmidt & Kemmerich, de Auftregis.*

Obf. 1°. Lorfque le demandenr doit faire affigner plufieurs perfonnes immédiates, dont les unes ont des Auftregues, les autres non, il lui eft loifible de les faire toutes comparoître immédiatement par-devant l'un des Tribunaux fupérieurs.

2°. Tous ces Etats de la premiere & de la feconde claffe, jouiffent de la même maniere du droit d'Auftregues, lorfqu'un étranger forme une demande contr'eux. V. l'*Ordonn. de la Chambre Impér. de* 1495, §. 25, 26, 27, & *celle de* 1555, *p.* II, §. 3, 4, 5, & *Ludolf, delin. Juris Camer. fect.* 1, §. 4.

tées par l'Ordonnance de la Chambre Impériale (*a*). Les caufes dont

---

(*a*) Telles font, 1°. la caufe d'une poffeffion litigieufe qui doit être adjugée à l'une des parties, pour éviter les troubles à craindre, avant d'entamer le procès ordinaire de la poffeffion, ou avant de procéder au pétitoire. 2°. Celle de la faifie du bien d'autrui, faite d'autorité privée, pour raifon d'une prétention ou d'emprifonnement d'un quelqu'un hors les cas criminels. 3°. Celle où l'on demande d'être dégagé d'un ferment extorqué par violence. 4°. Celle provenante *ex L. Diffamari, cap.* 5, *de ingén. manumiff.* par laquelle on fomme celui qui débite une chofe préjudiciable à l'honneur d'un autre, de la prouver; & au cas de défaut, de fe voir condamner à un filence perpétuel. 5°. Celles dont il fuivroit un dommage irréparable, pendant le temps qu'il faudroit employer à la procédure ordinaire. 6°. Celles appellées fommaires, qui ne fouffrent aucun délai, ainfi que celles dans lefquelles on peut tout de fuite commencer par un ordre appellé *Mandatum fine claufulà*. Telles font, par exemple, les obligations pour lettres de change expédiées en due forme. Toutes ces caufes & autres, fe trouvent dans l'*Ordonn. de la Chambre Impér.* p. 2, tit. 2, 20, 21, 24, 25, 26.

Mandatum fine claufulà, eft un Man-

les Tribunaux fuprêmes ne peu-

---

dement du Juge , qui ordonne d'obéir
fans réplique, quant au fond de la caufe,
fous la peine y portée. A un pareil Man-
dement , on ne peut oppofer que l'exception de furprife du Juge par un faux rapport de fait, felon la difpofition de l'*Ordonnance de la Chambre Impériale*. Mais
la pratique fournit d'autres moyens pour
en empêcher l'effet à la rigueur. V. *Ludolf* , *Tract. fyft. jur. Cam. f. 1 , §. 10 ,
n. 53 , p. 153*.

Aux caufes fus-mentionnées , nous ajou-
tons celles où le Juge ordinaire refufe de
faire juftice, ou tarde trop à la rendre.
De même les caufes fifcales qui s'intentent
au nom de l'Empereur & de l'Empire
pour le bien public. *Item* , les contra-
ventions aux loix & coutumes, qui font
de nature à mériter punition fans autre
connoiffance de caufe. V. *ladite Ordonn*.
tit. 20 , 23 , & 26. Toutes ces caufes
vont en première inftance, & immédiatement à l'une des deux Cours Souveraines.

Obf. Les caufes criminelles n'ayant pas
été fpécialement exceptées par l'Ordonn.
de la Chambre Impér. les fentimens des
Publiciftes font partagés à leur égard. Les
uns prétendent qu'elles font de la compétence des Auftregues , à l'exception de
celles pour infraction de la paix de Reli-

vent point connoître, quant au fond, ne font point de leur reffort (*b*), ni celles qui vont immédiate-

---

gion & de la paix publique ; d'autres le nient abfolument. *Limnæus* , *Jur. publ. lib. IX* , *cap.* 5 , *n.* 63 & *feq.* marqué les Auteurs de ces différentes opinions, avec leurs raifons pour & contre. J'y renvoie mon lecteur , & lui en laiffe volontiers le choix, l'avertiffant cependant, qu'une caufe criminelle portée devant le Tribunal des Auftregues, feroit un aigle que l'on n'a point vu de temps immémorial en Allemagne. De-là il pourra conclure avec moi, que ceux qui jouiffent du droit d'Auftregues, ou n'aiment pas les fatiguer de pareilles caufes , ou ne les croient point propres à les juger. Il eft certain que le Confeil Aulique prétend être fondé en droit de juger les Etats d'Empire , quand pour raifon de délit on leur intente un procès criminel , tendant à la vindicte publique & à une peine afflictive, comme le prouve *M. d'Andler* , *Conf. Aulique* , *antea Jurifprud. publ. & priv. lib. II* , *tit.* 1 , *p.* 1 , *n.* 37. Je penfe cependant que l'action civile qui en réfulte pour la demande en reftitution de la chofe, ainfi que des torts , dommages & intérêts, puiffe être portée devant le Tribunal des Auftregues.

(*b*) Telles font les caufes fpirituelles

ment à la Diete (*c*), ni d'autres qui font, de jurifdiction volontaire, ou qui émanent de la fouveraineté; par exemple, les reftitutions en entier, les nominations de tuteur aux perfonnes illuftres, le droit de rendre des Mandemens avocatoires, inhibitoires, &c. ni celles qui réfultent des droits réfervés à l'Empereur.

VII.

Il y a des cas où la réconvention peut avoir lieu devant les Auftregues (*a*), qui font obligés

---

& eccléfiaftiques, les matrimoniales, les féodales concernant les fiefs majeurs ou de banniere, les caufes d'appel. L'on ne peut non plus porter devant les Auftregues, des plaintes de nullité, contre une procédure ou contre une fentence. V. *le Droit public du Saint-Empire, L. XIII, chap. 2, p. 329, & chap. 3, p. 368, & Gail. L. I, obferv. 1, n. 35 & 54.*

(*c*) Telles font, par exemple, les caufes criminelles des États, qui tendent au ban de l'Empire.

(*a*) V. *ladite Ordonnance, p. 2, tit.*

O 5

de fuivre en jugeant la forme de la procédure à eux prefcrite par l'Ordonnance de la Chambre Impériale (*b*). Cette forme eft en certains points plus courte & moins fufceptible de détours, que celle que fuit ladite Chambre (*c*).

4, §. fodann die Partheyen, *in fine*; & *Schubhardi, Difput. de Auftregis, thef.* 7, *litt. a.*

(*b*) Les Reglemens dreffés touchant la forme de procéder dans les juftices Auftrégales, méritent d'être lus dans l'Ordonnance même. Si les Auftregues les fuivoient ponctuellement & avec un peu plus d'ardeur qu'à l'ordinaire, il y auroit moins de faux-frais qu'à la Chambre Impériale.

(*c*) Il y a des Publiciftes qui accufent les Tribunaux des Auftregues de lenteur & de partialité. Quant au premier chef, s'il porte vrai, je penfe qu'il réfulte autant de la négligence des parties & de la complication ou de la brouillerie des caufes, que de la faute des Juges. Quant au fecond, il pourroit bien ne pas être tout-à-fait faux, fur-tout dans les caufes des puiffans avec les foibles, vu l'intérêt des grands à fe ménager réciproquement.

VIII.

Les Auſtregues doivent juger L'appel. ſelon les loix & couiumes des parties. L'appel de leurs Senten. ces va immédiatement aux Cours Souveraines. Il doit être interjetté dans le délai ordinaire de dix jours avec les formalités requiſes en tout appel (*a*) ; à faute de ce faire, les Sentences Auſtrégales peuvent être exécutées, de même que celles dont l'appel n'eſt point recevable pour raiſon de la ſomme du principal (*b*). L'exécution de ces Sentences ſe fait d'ordinaire par une des Cours Souveraines (*c*).

(*a*) V. l'*Ordonn. de la Chambre Imp. tit.* 26 & 27, §. 1.

(*b*) Si la ſomme n'eſt point de quatre cents écus d'Empire de principal , & de deux cents pour un appellant pauvre , l'appel n'eſt point recevable. V. *le dernier Récès de l'Empire*, §. 112 & 114.

(*c*) V. Europäiſcher Herold , *p. I, p.* 923 , & *Ludolf , f.* 1 , §. 3 , *n.* 17, *pag.* 39.

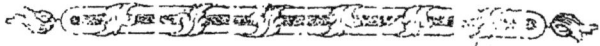

CHAPITRE XIII.

Des Réfervats de l'Empereur.

I.

Les Réfervats font des droits attachés à la Majefté Impériale, que l'Empereur exerce feul avec un effet général dans tout l'Empire. De quelque façon que je confidere ce mot *Réfervats*, il me pefe, & fi l'Empire ne l'avoit point lui-même employé dans le *Récès de Spire de* 1576, §. 119, il ne fortiroit de ma plume que pour faire la guerre aux Publiciftes de l'avoir hafardé. Que fignifiet-il? Sont ce les droits que l'Empereur s'eft lui-même réfervés? Mais n'eft-il point vrai, que celui qui eft élu Empereur, eft obligé de jurer (fuppofé qu'il accepte la Couronne) l'obfervation de la Capitulation & autres loix fondamentales de l'Empire, qui mettent des bornes fpécifiées & déterminées à fon pouvoir? Ce n'eft donc point à lui de fe réferver .de certains droits. Sont-ce des droits réfervés à l'Empereur par les Etats? Mais ces Etats qui élifent l'Empereur, ont-ils ces droits appellés Réfervats? Certes, qu'on prenne les Etats féparément ou collégialement, ces droits ne leur font aucunement dûs. Comment peuvent-ils donc les réferver à d'autres? Leurs compétent-ils peut-être en tant qu'ils repréfentent tous les Etats d'Empire? Mais les Etats ne proteftent-ils point eux-mêmes contre cette fuppofition, dont la fauffeté eft apparente à la Diete, où chaque Etat concourt avec les Electeurs pour faire les loix de l'Empire? Ces mêmes Etats ne prétendent-ils point devoir participer, auffi-bien que les Electeurs, au droit de faire la Capitulation? Ainfi s'ils les repréfentent, quant à ce point, c'eft malgré eux. D'ailleurs, le Corps de l'Empire ne s'eft jamais arrogé ces droits, mais il les a toujours laiffé à fon Chef; ainfi

quand même ils repréfenteroient
tout le Corps lors de la confec-
tion de la Capitulation, l'on ne
pourroit point dire que ce font
des droits réfervés à l'Empereur
par les Etats; puifqu'on ne réferve
point à d'autres ce que l'on n'a
pas foi même. Ainfi j'eftime qu'on
appelleroit ces droits avec plus de
juftelle, *les précieux débris des
droits de l'ancienne Majefté Impériale Monarchique*, que les Etats
ont toujours refpecté & laiffé in-
tacts jufqu'à préfent. Quoi qu'il
en foit de mon raifonnement, je
ne m'érige point en maître, &
fans vouloir faire le délicat, je me
fervirai du mot *Réfervats*, confa-
cré par l'ufage, & adopté par les
plus fameux Publiciftes, comme
fi c'étoit le plus beau fruit de
mon propre jardin.

II.

Mon but, dans ce titre, eft de
faire une ébauche fuccincte des
droits de Sa Majefté Impériale,
nommés communément *Réfervats*.
Cependant comme leur nombre

n'a jamais été fpécifiquement déterminé par aucune loi de l'Empire (a), l'énumération que j'en
ferai, ne portera que fur les plus
importans & les plus connus, fans
préjudicier à plufieurs autres dònt
je ne ferai aucune mention, pour
ne point paffer les bornes de cet
ouvrage.

III.

L'on peut tenir pour maxime
générale , que l'Empereur peut
exercer dans l'Empire , indépendemment & exclufivement à tous
autres Etats , tous les droits émanans de la Puiffance Souveraine ,
à l'exception de ceux qui ont été

(a) Lors du Traité de *Weftphalie*, les
Miniftres Plénipotentiaires de l'Empereur
ayant demandé une limitation au §. 2 *de
l'art.* 8 ; en faveur de l'Empereur & de
fes *Réfervats* , les Etats n'y voulurent
point confentir , à moins que ceux-là ne
fiffent une fpécification de ces Réfervats.
Mais les Miniftres de l'Empereur aime-
rent mieux fe défifter de leur demande ,
que de la faire.

communiqués aux Etats, & où il est obligé, par les loix fondamentales, d'avoir le consentement des Electeurs, Princes ou autres Etats de l'Empire. Ces Droits ou Réservats s'exercent 1°. sur la Religion, sur l'Eglise, sa Discipline, ses Biens & ses Bénéfices; 2°. sur le Gouvernement de l'Empire, ainsi que sur les honneurs & dignités accordées, tant aux Laïques qu'aux Ecclésiastiques; 3°. sur les différens privileges dont il peut gratifier les Etats & autres sujets de l'Empire. Il faut cependant remarquer, que l'exercice de ces Régaliens ou Réservats doit être conduit avec ménagement, & sans préjudice aux droits de la supériorité territoriale, conformément aux Capitulations & autres loix fondamentales de l'Empire, qui ont mis de certaines entraves à l'usage de ces droits.

IV.

Droits de l'Empereur sur la Religion & l'Eglise.

L'Empereur étant l'Avocat & le protecteur de toute la Chrétienneté

tienneté en général (*a*) & en particulier du fiege de Rome, avéré & reconnu par les Souverains

---

(*a*) Ce titre & cette dignité éminente de l'Empereur, fut reconnue par l'Empire lors de la dépofition de l'Empereur *Wenceslas*, comme le fait voir la Sentence de dépofition que l'on trouve dans *Goldaft*, *Conftit. Imp. tom. I, p.* 140. Le Pape *Urbain IV.* en fait voir les droits & les fonctions y attachées dans fa lettre adreffée à *Richard*, *elu Empereur* (ou mieux *Roi d'Allemagne*), par ces paroles : *ut) Imperii Romani faftigium & ejus culmini præfidens, fpecialis advocati & defenforis præcipui, circa Ecclefiam gerat officium & in ipfius fortitudine brachii defenfentur Ecclefiæ, libertates & jura manuteneantur, ipfarum extirpentur hærefes, cultus Chriftianæ fidei amplietur & inimicis confternatis ejufdem, in pacis pulchritudine fedeat populus Chriftianus & in requie opulenta quiefcat.* V. *Leibnitius, Prodr. cod. jur. Gent. p.* 13, & *Burchardi Anecdot. p.* 10. Ce titre eft donné à l'Empereur dans plufieurs *Réces d'Empire*, par exemple, dans celui de *Worms, de* 1518, §. 1, de *Spire*, *de* 1529, §. 1, de *Cologne* & de *Treves*, *de* 1512, *p.* 1, §. 4, ainfi que dans les Capitulations, où il eft appellé **Vogt und Schirmherr der Chriftlichen Kirche** (c'eft-

Tome III. P

Pontifes eux-mêmes (*b*). Il a le droit & se fait une obligation de protéger durant son regne la Chrétienneté, le siege de Rome, Sa Sainteté le Pape, & l'Eglise

---

à-dire, *Avocat & Protecteur de l'Eglise Chrétienne*). V. *la Capitul. de Joseph II*, art. 1, §. 1.

(*b*) Cette Avocatie, ainsi que celle sur toute l'Eglise Chrétienne, paroît tirer son origine du secours, dont les Rois des Francs l'ont autrefois assisté contre les Lombards, après que le *Pape Etienne III* se fut mis avec l'Eglise sous la protection du *Roi Pépin*, & que le *Pape Adrien I.* eut fait la même chose envers *Charlemagne*, ayant conféré à cet Empereur, expressément & conjointement avec le Peuple Romain, le titre d'*Avocat de Saint Pierre.* V. *Monach. Engolis. chez Duchesne, tom. III, p.* 69. Ce titre fut ensuite confirmé à différens Empereurs, par exemple à *Othon III, Henri II* & *Conrad V. Diethmar. lib.* 4, *p.* 343, & *Brower, l.* 3, *antiq. Fuldenf.* c. 17.

Obs. L'Avocatie de l'Empereur, concernant l'Eglise Catholique en général, & celle de Rome en particulier, ainsi que les droits & obligations qui en résultent touchant leur protection, doivent être

Chrétienne (*c*). Touchant la Religion, nous avons déja fait voir
ailleurs quel eſt le pouvoir des
Empereurs, ſur-tout à l'égard de
la convocation des Conciles généraux, où ſe traitent particuliérement les matieres de foi & de la
diſcipline eccléſiaſtique (*d*). Ici
il me ſuffit de dire en général,
qu'il eſt des cas où l'Empereur, ſans
déroger à la juriſdiction des Puiſ-

---

exercés & ménagés, de façon que les
Religions approuvées par le Traité de
Weſtphalie n'en ſoient point la victime.
V. l'*art.* 5, §. 1 & 35 *dudit Traité*, &
l'*art.* 1, §. 10 *de la Capitulation* ſus-
mentionnée. V. *Slevogt*, *de Advocat.*
Imperal. Eccleſ. & *Müldener*, *de Prote-*
ctione ab Imperatore Eccleſiis utriuſque
Religionis in Germania æqualiter debitâ.

(*c*) V. la même *Capitulation*, *art.* 1,
§. 1. V. *le livre V*, *chap.* 1.

(*d*) Les premiers Empereurs Chrétiens
dirigeoient avec une entiere liberté de
certaines affaires concernant la diſcipline
& le gouvernement extérieur de la Religion. Ils faiſoient des loix à cet égard,
comme le prouvent les *Codes Theodoſien*
& *Juſtinien.* Ils convoquoient des Conciles,

fances eccléfiaftiques, peut connoître des affaires de Religion,
en tant que les Traités & le repos
de l'Empire s'y trouvent intéreffés

---

nommoient & inveftiffoient les Evêques.
V. P. de Marca, de Concordia Sacerdot.
& Imper. Les Rois Francs, les Empereurs de la race Carlovingienne, & ceux
de la Maifon de Saxe imiterent leur
exemple. Le Concile de Francfort de
794, à l'occafion de la difpute des images, fut convoquée par *Charlemagne* qui
y préfida, qui en fit dreffer les actes fous
fon autorité, & qui les ratifia. Voyez
Eginhard, *dans fes annales fur l'an* 794.
Le Concile de Rome de 963, convoqué
à l'occafion de la dépofition du Pape
Jean XII, & de l'élection de *Léon VIII*,
fut ordonné & tenu fous l'autorité
d'Otton le Grand, ainfi que plufieurs
fuivans. V. *Pfeffinger*, *ad Vitriarium il-*
luftrat. lib. 3, *tit.* 2, *p.* 22. Mais depuis le regne de *Frédéric Barberouffe*,
nous ne trouvons plus de Conciles con-
voqués par les Empereurs, à l'exception
de ceux de Bâle & de Conftance. Les
loix de l'Empire fixent leurs droits à cet
égard. V. *les Récès de* 1530, §. 61, *de*
1532, *tit.* 1, §. 5, *de* 1541, §. 19, 22,
de 1551, §. 3 & *fuiv.* Le dernier Concile général tenu à Trente, a été convo-

(*e*). Ainſi en qualité d'Avocats du Saint Siege de Rome, *Charlemagne* & ſes ſucceſſeurs juſqu'à *Henri IV*, exerçoient paiſiblement le droit de confirmer l'élection

---

qué par l'autorité du Pape, parce que pour lors on étoit perſuadé en Allemagne, que c'étoit l'affaire du Saint Siege, comme nous l'apprenons par les ſuſdits Récès. Cependant il ne ſuit point de-là, que l'Empereur ait renoncé à ſon droit, ſuppoſé que jamais il ait été bien fondé. Quoi qu'il en ſoit, il eſt de la prudence de l'Empereur de prévenir, & de tâcher de s'arranger amiablement avec le Saint Siege Apoſtolique, autant de fois que le bien de l'Egliſe demande la convocation d'un Concile, ſoit général ſoit national.

(*e*). Cela eſt prouvé par la lettre du Pape *Urbain* VI, alléguée ci-devant; ainſi c'eſt à l'Empereur d'empêcher qu'on introduiſe aucune ſecte ou doctrine capable de porter du trouble dans l'Empire. C'eſt à lui de renouveller les anciennes Conſtitutions & Edits concernant la Religion; c'eſt lui qui connoît ſeul des fiefs & régaliens poſſédés & exercés par les gens d'Egliſe; c'eſt lui qui prononce ſur la préféance, que des Eccléſiaſtiques peuvent ſe diſputer entr'eux; c'eſt lui qui décide de l'état de ceux que les Chapi-

P 4

des Papes (*f*). Mais les différens survenus entre la Tiare & la Couronne Impériale, arracherent ce bijou à l'Empire (*g*). Quant à l'élection des principaux Miniſtres de l'Egliſe d'Allemagne, l'Em-

---

tres Nobles refuſent quelquefois d'admettre, ſous prétexte de l'inſuffiſance de la preuve de Nobleſſe; c'eſt lui enfin qui, en qualité de conſervateur de l'ordre & du repos public, a le droit de veiller à ce que les Eccléſiaſtiques de quel Ordre, état ou dignité qu'ils puiſſent être, rempliſſent leurs devoirs, tant à l'égard de leurs ſupérieurs, qu'à l'égard de ceux qu'ils doivent inſtruire ou nourrir ſpécialement.

(*f*) V. le titre IV *du livre Diurnal,* qui traite *du ſtyle de la Chancellerie Romaine, au ſeptieme & huitieme ſiecle, publié par le Pere Garnier :* là ſe trouve la formule dont ſe ſervoient les Papes, pour demander des Empereurs d'Orient ou des Exarques de Ravenne, la confirmation de leur élection. V. auſſi 𝔐𝔞𝔰𝔠𝔬𝔳, 𝔊𝔢𝔰𝔠𝔥𝔦𝔠𝔥𝔱𝔢 𝔡𝔢𝔯 𝔇𝔢𝔲𝔱𝔰𝔠𝔥𝔢𝔫, *tit.* 2, *obſ.* 17.

(*g*) La plupart des Publiciſtes prétendent, qu'à l'égard de l'élection du Souverain Pontife, il reſte encore à l'Empereur la liberté de donner l'excluſion à

pereur, comme Chef de l'Empire
& Protecteur de ses Egiifes, exerce
encore aujourd'hui le droit d'envoyer un Commissaire aux élec-
tions des Evêques, & des Prélats
ou Abbesses (*h*).

V.

Les droits de l'Empereur sur les
biens ecclésiastiques de l'Empire, Sur les
biens ec-
cléfiasti-
ques.

---

celui des Cardinaux qu'il juge à propos.
Ces Auteurs fourniffent des exemples
d'une pareille exclufion, & l'hiftoire
prouve que le Conclave y a déféré de
temps à autre, comme il eft arrivé en
1731, à l'occafion du Cardinal *Paloucci*,
à qui le Cardinal d'*Althan* donna hautement l'exclufion au nom de l'Empereur
Charles VI.

(*h*) Ces commiffions maintiennent
l'autorité Impériale. Les Commiffaires
n'affiftent cependant point au fcrutin, à
moins que le Chapitre ne le requiere.
L'Empereur les charge quelquefois de
donner l'exclufion à l'un des compétiteurs, avec menace de ne le point inveftir du temporel & des régaliens, en
cas qu'il foit élu contre fon gré. De
pareils ordres font refpectés, de peur
d'encourir les difgraces de l'Empereur.

varient felon leurs qualités. Les uns
de ces biens font allodiaux, d'autres font féodaux. Sur les allodiaux, outre le domaine éminent
que l'Empereur y a conjointement
avec l'Empire, il a le droit d'en
empêcher tout abus qui pourroit
être fenfiblement nuifible à la fociété. Sur les biens féodaux, l'Empereur partage avec l'Empire le
domaine direct ; mais il a feul le
droit d'en inveftir les Vaffaux immédiats. Les Electeurs, les Archevêques & Evêques, Princes &
Vaffaux d'Empire, ou leurs Procureurs, Ambaffadeurs ou Envoyés en leur nom & place,
reçoivent l'inveftiture à genoux,
de l'Empereur lui-même, affis
dans fon trône (a). Les autres

_____

(a) Tous les Vaffaux immédiats font
obligés de fe préfenter à la Cour Impériale dans l'an & jour, depuis l'élection
du nouvel Empereur, ou depuis leur ac-
quifition du fief, en perfonne ou par Procureur, pour en prendre l'inveftiture, à
l'exception du Roi de Bohême & des
Archi-Ducs d'Autriche, comme nous l'a-
vons fait voir ailleurs. Les tuteurs des

Prélats Vaſſaux immédiats de l'Empire, ſont inveſtis debout en la Chambre du Conſeil Aulique aſ-

Vaſſaux immédiats mineurs doivent prendre dans l'an & jour depuis leur adminiſtration, l'inveſtiture des fiefs & droits Régaliens relevans de l'Empire, & prêter à cet égard le ferment féodal, & s'acquitter de toutes les charges ordinaires, p. e. des droits & taxes de Chancellerie. Ces Vaſſaux devenant majeurs, ne ſont plus tenus de réitérer la priſe de l'inveſtiture. V. *la Capitulation de Joſeph* II, *art.* 2, §. 5, & *Struv, Corp. jur. publ. cap.* 12, §. 28, & *ſeq.*

Obſ. 1°. Les Vaſſaux qui ſont empêchés de ſe préſenter dans l'an & jour, pour éviter les déſagrémens que le Fiſcal de l'Empire pourroit leur cauſer, ont coutume de demander à l'Empereur un *Indult ou Reſcrit de prorogation*, pour lequel l'on paye chaque mois à la Chancellerie un certain droit.

2°. Comme les Electeurs & autres Princes, ſoit Eccléſiaſtiques, ſoit Laïques, ne prennent plus l'inveſtiture que par Procureur; pluſieurs Publiciſtes prétendent que l'Empereur pourroit leur donner l'inveſtiture, & ſe faire prêter foi & hommage, par Commiſſaires.

P 5

femblée (*b*) Par cette inveftiture , ils deviennent Vaffaux &
fujets de l'Empereur & de l'Empire, vu qu'en rendant foi & hommage , ils prêtent à l'Empereur
en fon propre & privé nom , ainfi
qu'au nom de l'Empire qu'il repréfente , le ferment de fidélité
contenant l'obligation à l'obéiffance, qui eft la marque véritable du
ferment prêté par des fujets (*c*).

VI.

Un autre droit que l'Empereur

(*b*) V. *Uffenbach, de Judicio Aulico*,
cap. 11, *p.* 113, & *Thucelii Electa
jur. publ. curiofa, tom.* I, *p.* 252. La
maniere de donner l'invefiture & les différentes folemnités qui précédent , ac-
compagnent & fuivent cet acte pompeux,
fe trouvent dans *Itter, de Feudis Imperii*,
cap. 9, §. 33, & *in Thucelii Elect. jur.
publ. tom.* I, *p.* 240 , & dans Mofer ,
Reichs - Hofraths - Proceß , *tom.* IV ,
pag. 15.

(*c*) En les nommant fujets de l'Empereur & de l'Empire , je ne fais que
fuivre les actes publics de l'Empire. V.

exerce en qualité d'Avocat & de Protecteur de l'Eglise en Allemagne, est celui que l'on peut appeler *Droit de pain* (*a*), en vertu duquel il est loisible à l'Empereur d'assigner pour retraite, à un vieux Officier ou serviteur laïque de l'Empire, un certain Monastere ou Abbaye, avec ordre de le sustenter, vêtir & entretenir sa vie durant, selon sa qualité & condition, ou conformément aux or-

Droit de pain.

---

les *Lettres de convocation de Charles IV*, *à la Diete de Nuremberg en* 1356, dans *Wencker*, *Apparatus Archivorum*, pag. 206, & l'*Introduction de la Réformation de Francfort de* 1442. V. aussi les *Actes & Mémoires de la Paix de Nimégue*, tom. III, p. 330.

(*a*) Ce droit compétent aux Empereurs, se fonde sur l'ancien usage de l'Empire, comme le prouvent des *Lettres de Charles - Quint de* 1550, qu'apporte *Moser*, in *Miscellaneis*, tom. 1, p. 2, où il est dit : Nachdem uns als Römischen Kayser, obersten Vogt und Schirmherrn der heiligen Römischen Kirchen und alles geistlichen Stands, aus ... altem Herkommen und löblicher Ge-

dres expliqués dans les lettres de Juffion à eux adreffées à cet effet, de la part de Sa Majefté (*b*).

---

wohnheit von unfern Vorfahren, Rö-mifchen Kaifern und Königen... zuftehet und gebührt auf ein jeglich Stift und Gotteshauß im heiligen Reich ein Perfon uns Darzu gefällig, zu benennen und diefelben Darinnen mit einer Layen = Herrn Pfründ verfehen laffen.

Obferv. Par ces Lettres il devient clair, que toutes les Communautés ou Couvens peuvent être chargés d'une pareille pré-bende de chaque Empereur. V. *Mofer*, *l. c. p.* 34.

(*b*) Ces Lettres adreffées aux Commu-nautés Eccléfiaftiques, à l'effet d'entre-tenir celui qui leur eft recommandé de la part de S. M., fe nomment *Lettres de pain*, Panisbriefe. *Wehner*, *Obferv.* *pract. p.* 387, les décrit ainfi : Vorfchrif-ten und Layen Pfründe und Präfentations-Schriften eines Kayfers auf ein Gottes-hauß, um eine Pfründe zur Kuchen und Keller, einem alten Diener.

Obf. Le Roi de France exerçoit autrefois le même droit, comme le prouve *Alte-ferra, de Ducibus & Comitibus Provin-cialibus, cap. XI,* fur-tout en faveur des anciens militaires qui s'étoient rendus

VII.

L'Empereur, comme *Avocat &* *Protecteur de l'Eglise*, exerce fur les bénéfices d'Allemagne un droit analogue au précédent, favoir *le Droit de premieres Prieres* (a), en

Droit des Premieres Prieres.

---

méritoires auprès de S. M. Vid. *Van Espen,* jus *Eccles. Univerf.* p. II, tit. *XXXVI,* n. 24, & *feq.* & *Richard, Analyfe des Conciles , Articl.* oblats ; & *Fleury, Inst. Jur. Eccles.* p. II., cap. 24, §. 7.

(a) Ces mots *premieres Prieres*, dérivent probablement de ce que l'Empereur *prie* le Chapitre, d'admettre à la premiere occasion le fujet qu'il nomme.

Obf. 1°. Les Publiciftes ne favent quelle fource affigner à ce droit. La plupart des Proteftans prétendent qu'il eft dû à l'Empereur en vertu de la Couronne & de la Majefté. Les Catholiques, au contraire, l'attribuent à une conceffion papale. Certes, fi nous envifageons les anciennes lettres formulaires écrites à ce fujet par les Empereurs, & adreffées aux Evêques & Prélats, où nous trouvons ces paroles : *ex antiqua & approbata confuetudine : etiam apoftolica autoritate* ; il faut avouer ingénument, que ce droit doit fa naiffance

nommant une perfonne habile au
premier bénéfice vacant, dans cha-

à la déférence que les Princes - Evêques
& Prélats avoient aux humbles recom-
mandations & prieres des Empereurs,
lefquelles ayant été autorifées par le Saint-
Siege, quoiqu'elles aient toujours gar-
dées la même forme, ont changées de
nature ; & de pures prieres, qu'elles étoient
dans les premiers temps, font devenues
dans la fuite un droit en faveur de l'Empereur, & une obligation touchant les
Prélats & Chapitres. Tel eft à-peu-près
le fentiment de *Thomafinus*, *de Difci-
plina Ecclef. part.* IV, *lib.* 2, *cap.* 21.
Cela peut être prouvé par les premieres
prieres de *Rodolph de Habsbourg*, que
l'on trouve *in Paralipomenis ad Conra-
dum Urfpergenfem*, *ann.* 1286, *p.* 362,
dans lefquelles nous lifons : *cum ex antiqua & approbata, ac a divis Imperato-
ribus & Regibus ad nos producta confuetudine quælibet Ecclefia in noftro Romano
Imperio conftituta, ad quam Beneficio-
rum Ecclefiafticorum pertinet collatio fuper unius Collatione beneficii, precum
noftrarum primarias, admittere teneatur.*
Vid. *Correjus*, *de Jure primar. precum*,
§. 36, & *Van Efpen*, *p.* 2, *tit.* 25, *cap.*
9, *n.* 19, & *feq.*

2°. Les Empereurs eux - mêmes ont
toujours allégué, pour titre des *Premieres*

que Communauté Eccléfiaftique
immédiate, fur laquelle ce droit
s'exerçoit avant la *Paix de Weft-*
phalie (*b*), ainfi que dans les fon-

Prieres, l'ancienne coutume & l'autorité
du Saint Siege : marque, qu'ils ne prétendoient point ce droit , comme émanant
de la Couronne , & qu'ils reconnoiffoient
au moins une conceffion tacite, ou plutôt une connivence du Saint Siege. Cette
coutume approuvée du Pape , leur donnoit un droit acquis immédiatement après
le couronnement. Delà nous lifons dans
les *Patentes de Charles IV* . . *Imperator*
habet jure & approbata confuetudine :
poteftatem, ex coronationis fuæ folemnis
ad Romanorum Regem impletione , in
quolibet Monafterio in Imperio conftituto ,
unam tantùm , virtute primarum precum
ad beneficium Ecclefiafticum promovendi
perfonam. V. *Goldaft* , *tom.* I, *Conftit.*
Imper. p. 141. Le *Concile de Bâle* confirma ce droit à l'Empereur en 1437, par
un décret folemnel où nous lifons : *Or-*
dinamus .... *quod finguli alii Romani*
Reges & Imperatores canonice intrantes
privilegio & confuetudine Imperiali , hu-
jufmodi quoad preces , perpetuis futuris
temporibus liberè & plenariè uti & gau-
dere poffint & valeant. V. *Lunig* , *Spi-*
cilegium Ecclef. tom. 1, *p.* 277.

(*b*) V. *l'art.* 5 , §. 18.

dations médiates, où il auroit pu exercer ce droit au *premier Janvier* 1624. Si le cas s'étoit présenté (*c*), l'Empereur l'exerce aussi-

---

(*c*) V. *ledit art*. §. 26. ainsi les Evêchés & Chapitres qui, *ayant l'année régulative de* 1624 ont été exempts de ce droit, le sont encore. Tels sont, par exemple, les Chapitres de *Camin en Poméranie*, de *Lebus*, de *Brandebourg* & de *Havelberg*, dans la Marche ; de *Misnie en Saxe*, de *Gurck*, de *Sekau* &c. Il y a aussi plusieurs *Collégiales*, par exemple, celles des *Duchés de Clèves* & *de Juliers*, du Comté de *Flandre*, & *l'Eglise de Pfulling*, dans le Duché de Würtemberg, qui jouissent de la même exemption. V. *Struv*, *Corp. jur. publ.* cap. 11, §. 24.

Observ. Tous les bénéfices en Allemagne sont sujets aux Premieres Prieres, selon les Indults accordés par le Saint Siege de Rome à *Rodolph* I en 1273, à l'exception des Dignités Pontificales, comme Cardinalats, Archevêchés & Evêchés ; de même les premieres dignités des Eglises Cathédrales & Collégiales, ainsi que les bénéfices réservés au Pape, nommés *in Extrav. ad Regimen* 13, de *Præbend. int. comm.* V. *Engel*, *L.* III, *tit.* 5, §. 2,

auffi bien dans les mois du Pape
que dans les autres (*d*); fur les

---

n. 15, *p.* 512, pareillement les Abbayes
& Prélatures & autres bénéfices réguliers ;
de même les bénéfices légitimement dévolus au Saint Siege, & ceux qui vaquent
par réfignation ou permutation faite en
faveur d'un tiers, ou ceux qui font de
patronage laïque ou mixte ; de même les
bénéfices borgnes, *monocularia*, les bénéfices amovibles, & ceux qui font en
litige, les vicairies temporelles, les penfions
non-érigées en titre, les bénéfices incorporés à perpétuité à la *Manfe Epifcopale*,
à un Collége, à une Eglife, ou à une
Dignité. Les Collateurs qui n'ont pas
quatre bénéfices à conférer, ne font pas
obligés d'accepter les Premieres Prieres.
V. *Pichler*, *jus Can. L.* III, *tit.* 38,
n. 29.

(*d*) V. *Cortrejus*, *ad Concordata*, §.
3, 47, 48, & cela, non-obftant les Con-
cordats de l'Empire avec le Saint Siege,
auxquels il eft expreffément dérogé par
l'indult du Pape. V. *Clokier*, *Scholia
in primarias preces Imperat. f.* 4, *p.* 59,
& par lefquels l'Empereur n'eft point cenfé
avoir voulu renoncer à fon privilege fpécial des Premieres Prieres au préjudice
de fes fucceffeurs. V. *Wagnereck*, *Comm.
Exeg. ff. Cantit. de Præbend. & dignit.
p.* 492.

Tome III.   Q

Chapitres Proteſtans , auſſi-bien que ſur ceux des Catholiques, une fois ſeulement ſur chaque Egliſe, & d'ordinaire en vertu d'un *Indult du Souverain Pontife* (*e*)♦ Ce droit a été confirmé à l'Empereur par

---

(*e*) V. le Traité d'Oſnabrück aux lieux cités , pourvu qu'il nomme une perſonne de leur Religion , & habile ſuivant les ſtatuts & coutumes de chaque Egliſe. A l'égard des Chapitres & Communautés mixtes , c'eſt-à-dire, compoſés de Catholiques & de Proteſtans , le Préciſte doit attendre la vacance d'un bénéfice affecté à ceux de ſa Religion.

Obſ. 1º. C'eſt la Chancellerie de l'Empire qui expédie les diplômes ou brévets de nomination ou préſentation , & il eſt du devoir de l'Electeur de Mayence d'en faciliter l'exécution , lorſqu'on fait au Préciſte des difficultés mal fondées.

2°. Il y a des Publiciſtes qui prétendent , que l'Empereur n'a pas beſoin d'un *indult* du Pape , à l'effet d'exercer validement le droit des Premieres Prieres. Ce qu'il y a de ſûr, eſt, que la plupart s'en ſont ſervi ; ainſi la plupart en ont ſenti la néceſſité ou l'utilité , & il me paroit que le parti de ne conférer les Premieres Prieres qu'après l'indult obtenu , eſt le plus pru-

le *Traité de Weſtphalie* (*f*). Il peut céder ſon droit de nommer par *Premieres Prieres*, à qui bon lui ſemble (*g*). Ce droit lui eſt acquis immédiatement après avoir juré la Capitulation (*h*). Il eſt inhérent à ſa perſonne, & affecté au caractere Majeſtatique d'un Empereur, enſorte que les Vicaires de l'Empire ne puiſſent point

---

dent, puiſqu'il retranche toutes les difficultés qui pourroient ſurvenir à ce ſujet, ſoit avec le Saint Siege, ſoit avec les Chapitres. V. *Wagnereck*, *de Princ. prim. precum*. *p*. 487. *Struv*, *l. c.* & *Oligenii Diſſert. de prim. Précib. Friburgi Briſgoviæ* 1707.

(*f*) V. le *Traité d'Oſnabrück*, art. 5, §. 18 & 26.

(*g*) Nous voyons un exemple d'une pareille ceſſion faite par l'Empereur *Wenceslas*, en vertu d'un diplôme accordé à *Robert*, *Electeur Palatin*, que l'on trouve tout entier dans *Freheri not. in Petrum de Andlo*, *lib.* 2, *cap.* 5, *p*. 177, & dans *Goldaſt*, *tom.* I, *p*. 325.

(*h*) Autrefois ce droit ne compétoit à l'Empereur qu'après ſon Couronnement,

Q 2

l'exercer (*i*). Le Précifte, ou celui qui a obtenu un brévet de Pre-

---

comme il paroît par les Patentes de *Wenceslas* fus-mentionnées, où il eft dit : *ratione noftræ coronationis in Romanorum Regem*, & par celles de *Charles IV*, dont nous avons fait mention à la note (*a*), n. 2. Maïs aujourd'hui les Empereurs élus peuvent l'exercer valablement, V. *wagnereck*, *d. l.* pourvu cependant qu'ils aient juré la Capitulation ; puifqu'auparavant l'élection n'eft point cenfée être complette, vu qu'il lui manque l'acceptation de l'élu fous les conditions prefcrites.

(*i*) Il eft vrai que la *Bulle d'Or*, *chap.* V, leur accorde le droit de *préfenter aux bénéfices eccléfiaftiques*. Mais comme le droit de Premieres Prieres a été exercé long-temps avant la *Bulle d'Or*, & que pour l'exprimer on ne fe fervoit point du temps de cette Bulle du ftyle de *préfenter aux bénéfices eccléfiaftiques*, joint à ce que les Empereurs eux-mêmes ont reconnu, qu'il ne leur étoit dû qu'après l'élection & le Couronnement, ce qui ne peut convenir aux Vicaires ; les plus fameux Publiciftes foutiennent, que ce droit ne leur appartient aucunement en qualité de Vicaires. Ainfi il faut entendre la *Bulle d'Or* de la préfentation aux bénéfices qui font à la collation de l'Empereur comme

mieres Prieres (*k*), doit faire
fignifier fon brévet à temps, &
déclarer dans un mois, depuis que
la vacance lui a été notifiée, s'il
veut accepter ou non la Prébende

Patron, & qui viennent à vaquer durant
l'interregne. V. *Schilter*, *Inftit. jur. publ.*
lib. 1, *tit.* 18, §. 3. Ainfi il paroît, que
quoique les Vicaires aient quelquefois
exercé ce droit, ce fait ne les fonde point
en droit.

(*k*) Cette caufe fe trouve dans la formule des Premieres Prieres, telle qu'on
l'expédie aujourd'hui. *Clokier* l'apporte
toute entiere, *in proœmio Scholiorum*
primar. prec. Ainfi fi le Précifte ne fe
déclare point dans cet intervalle, le col-
lateur ordinaire peut paffer outre, & conférer le bénéfice vacant au premier qu'il
en jugera le plus digne, d'autant plus
qu'une longue vacance paroît être contre
l'intention du fondateur, & eft prefque
toujours nuifible à l'Eglife, *cap. 6, de*
Elect. in 6.

Obf. Si le brevet des PremieresPrieres ne
porte pas expreffément la *claufe du pre-*
mier bénéfice vacant, le Précifte peut
refufer le premier, & attendre la vacance
du fecond ou du troifieme de la même
Eglife, pourvu qu'il n'affecte point d'at-

ou le Canonicat vacant (*l*). Si le
Précifte ne peut ou ne veut point
fe fervir de fon brévet, l'Empereur
peut fubftituer un autre en fa
place, afin que l'effet des Premieres Prieres ne dépende point du
hafard, ou de la bonne ou mauvaife volonté du brévétaire (*m*).

---

tendre la vacance d'un bénéfice dignitaire,
afin de ne point s'expofer à des conte-
ftations avec les Chanoines capitulaires.
V. *Engel, de Præbend. & dignitat.*

(*l*) De même fi le Précifte renonce
à fon droit expreffément ou tacitement,
par exemple, en ne point déclarant fa
volonté dans le temps requis (à moins
qu'il ne fût mineur ou légitimement empêché), ou en fe mettant volontairement
hors d'état d'en profiter, par exemple,
en fe mariant, fi la nomination porte fur
un bénéfice d'une Eglife Catholique. V.
Fritfchius, de Primar. Precib. cap. 5,
§. 10.

(*m*) Il y a différens Princes en Allemagne, qui exercent le droit des Premieres Prieres, en vertu d'un ufage
appuyé de plufieurs actes poffeffoires. Tels
font, par exemple, l'Electeur de Brandebourg, les Ducs de Brunfwic-Lunebourg, l'Evêque de Lubec dans fon Cha-

Si l'Empereur concourroit dans l'exercice de ce droit avec un Seigneur territorial, il auroit la préférence; enforte que le Précifte de l'Empereur auroit le premier bénéfice vacant, & celui du Seigneur le fecond.

VIII.

Il eft notoire que les anciens droits de l'Empereur fur le Gouvernement foit militaire foit civil ou politique, ont été beaucoup limités par les loix fondamentales de l'Empire. Cependant il lui refte encore dans chaque Etat de certains droits & prééminences qui le

Droits de l'Empereur à l'égard du Gouvernement.

---

pitre. V. *Gribner*, *in felectis opufculis jur. publ. tom. I*, *feɛ̃. 6*, §. 2, *p.* 181, & *feɛ̃.* 10, *p.* 148. Mais leur droit pouvant fubfifter avec celui de l'Empereur, il ne doit certainement point lui déroger; & puifqu'il eft naturel qu'entre deux concurrents on préfere celui qui a un afcendant fur l'autre, il me paroît en fa place de voir l'Empereur préféré à un Electeur, ou à un autre Prince, fur-tout puifqu'il ne s'agit point de détruire leurs droits.

rendent très-respectable. Certes, en qualité de Chef de l'Empire, portant les marques extérieures de la Majesté, il jouit encore de différentes prérogatives, même lorsqu'il exerce des droits de Majesté concurremment avec les États de l'Empire. Touchant le Gouvernement militaire, il faut savoir que l'Empereur, comme Chef de l'Empire, est en droit 1°. de commander l'armée Impériale en personne; 2° de lui prescrire telles loix de discipline qu'il juge à propos; 3°. de choisir & nommer les Maréchaux & Officiers généraux que la Diete confirme (a); 4°. d'entreprendre & de conduire une guerre défensive en cas de nécessité urgente, sans avoir pris préalablement les avis & con-

Prérogatives de l'Empereur, touchant le Gouvernement militaire.

(a) Il est vrai que les Généraux des armées Impériales devroient être nommés par l'Empereur & par l'Empire conjointement, selon le §. 3 de l'art. 4 du Traité d'Osnabrück; mais l'usage est que l'Empereur les nomme, & les fait ensuite confirmer par la Diete.

feils de la Diete (*b*) ; 5°. & enfin de difpofer de l'armée Impériale dans les cas preffans, felon que le falut & le bien public de l'Empire paroiffent l'exiger. (*c*). A

(*b*) V. *le §. 5 dudit art.* Cependant l'Empereur n'oferoit point, pas même dans ce cas, conftruire de nouvelles fortereffes dans les pays & territoires des Electeurs, Princes & Etats, pendant la durée d'une pareille guerre. V. *le §. 6, dudit art.*

(*c*) Dans les cas preffans, où le falut du peuple paroit dépendre d'une opération fubite & momentanée, il faut facrifier les loix qui exigent un certain délai. Le Législateur, comme Protecteur du Peuple, eft cenfé exiger lui-même ce facrifice. Ainfi je penfe que les §§. 14, 15, 16 & 17 *de la derniere Capitulation*, qui obligent l'Empereur à de certaines formalités, lorfqu'il s'agit de faire paffer les troupes Impériales ou Auxiliaires par les territoires des Etats, ou de leur accorder des ftations, ou de leur faire avoir des vivres, ne doivent point être étendus à ces cas de néceffité urgente.

Obf. Si cet ouvrage étoit fufceptible d'une plus grande étendue, je difcuterois encore d'autres droits que l'Empereur peut

Q 5

Touchant le Gouvernement civil. l'égard du Gouvernement civil, c'eſt lui qui propoſe la matiere des loix publiques à faire; il en procure l'avancement, & étant reçues & arrêtées par les Etats, c'eſt à lui de les autoriſer, confirmer, & de tenir la main à leur exécution, comme nous l'avons fait voir dans les chapitres précédens. Quant au Gouvernement politique qui regarde particuliérement la diſpoſition des dignités, nous allons voir les droits de l'Empereur dans le §. ſuivant.

---

exercer concernant le Gouvernement de l'Empire, par exemple, le droit de faire des Réglemens touchant les grands chemins, pour réprimer la licence ou la négligence des Etats, qui s'aviſeroient de détourner les grandes routes ou de les faire rétrécir, ou qui n'iroient point à la pourſuite des voleurs, larrons ou bandits dont elles ſeroient infectées. J'aurois auſſi parlé du droit de faire afficher partout l'Empire les Reſcripts, Monitoires, Mandemens, &c. émanans de la Cour Impériale, & compétemment dreſſés aux fins de les rendre notoires, & d'en faire ſeconder le ſuccès eſpéré partout l'Empire.

IX.

L'Empereur a toujours été re-   L'Empe-
gardé dans l'Empire, & il l'eſt reur con-
encore aujourd'hui, comme la fere les
ſource de toutes les dignités. C'eſt dignités.
lui qui y accorde les titres, le
rang & les armoiries (a). C'eſt
lui conſéquemment qui eſt ſeul en

(a) L'Empereur s'eſt cependant obligé de
ne conférer de certaines dignités & titres,
par exemple de Prince ou de Comte,
qu'à des perſonnes de grand mérite &
ſans préjudicier au droit territorial, enſorte que leurs perſonnes ainſi que leurs
biens ſitués dans ledit territoire, demeurent néanmoins ſous l'ancienne juriſdiction
du Seigneur territorial. V. l'art. 22, §. 1, 2
& 5 de la Capitul. de Joſeph II.

Obſ. I°. Quant aux armoiries, les Princes
ou Comtes d'Empire en ſont fort jaloux, &
ne ſouffrent gueres qu'on accorde les
leurs à d'autres. Auſſi les Empereurs ont de
tous temps accordé des armoiries carac-
tériſtiques à ceux qu'ils élevoient à un
certain degré de Nobleſſe. Ils exercent
encore aujourd'hui ce droit, & d'ordinaire
par eux-mêmes, quelquefois par les Comtes Palatins (Reichs-Hofgrafen). V. Limnæus, Jur. publ. lib. 6, tit. 6.

droit de décider les différens qui

II°. Le Roi des Romains jouit incontesta-
blement du droit d'anoblir. Cela est
assuré par le *Récès de l'Empire de* 1548,
§. Wiewohl auch in der Regierungs-
handlung. Les Archi-Ducs d'Autriche
sont également en droit, en vertu d'un
privilege spécial à eux accordé par l'Empereur *Frédéric III en* 1453, confirmé
par *Charles-Quint* & *Rodolphe II*, d'a-
noblir & même de créer des Barons &
des Comtes avec armoiries. V. *Limnæus*,
l. c. n. 29. *Guillaume, Prince de Schwartz-
bourg*, obtint de *Léopold* en 1694, le
droit de créer des Chevaliers d'Empire,
des Comtes Palatins, & de légitimer les
bâtards des Nobles; les Patentes s'en
trouvent dans *Tentzelius*, monatliche
Unterredungen, *ad an.* 1694, *p.* 599.
L'Electeur Palatin exerce également par
un long usage le droit d'anoblir, comme
l'atteste *Pfeffinger, lib.* 3, *tit.* 12, *pág.*
918. Les Vicaires d'Empire se sont souvent arrogé le même droit; il y a encore
d'autres Etats d'Empire qui l'exercent,
soit en vertu d'un privilege particulier,
soit par droit de prescription. Plusieurs
Publicistes prétendent, que ce droit est
annexé à la supériorité territoriale; mais
si cela étoit, les Etats qui doivent mieux
connoître leurs droits que les Publicistes,
ne l'auroient point sollicité comme une
grace. D'ailleurs les Lettres d'investi-

Droit
d'anoblir
accor-
dé à plu-
sieurs Sei-
gneurs.

naiſſent à ce ſujet (*b*). Les Rois,

---

ture expriment ordinairement les droits Régaliens accordés aux Vaſſaux Etats d'Empire , & conféquemment ils n'en peuvent point prétendre d'autres , à moins que les loix fondamentales de l'Empire ne les leurs accordent ; or , il eſt conſtant qu'aucune loi , ni les Lettres d'inveſtiture en général , ni l'obſervance ne les fondent dans ce droit. Ainſi ſi ce droit Régalien leur eſt dû , j'avoue franchement que j'en ignore la raiſon. V. *Limnæus* , *lib.* 6 , *tit.* 1 , *n.* 29 & *ſeq.*

IIIº. Ceux qui ont été nouvellement élevés à la Nobleſſe, ou à de certains degrés d'icelle , n'en oſent point prendre le titre , ni ne peuvent jouir des droits & privileges y affectés , avant d'avoir retiré de la Chancellerie Impériale Aulique une expédition de leurs Patentes , & payé conféquemment la taxe reglée. V. *le* §. 7 *&* 8 *dudit art.* 22 *de la même Capitul.* & Chur-Maynziſche Hof-Canzley Tax-Ordnung *de* 1659, *in Corporis Receſſuum Imperii tom. IV. Appendice* , *p.* 87.

(*b*) Cette déciſion ſe fait au Conſeil Aulique , après avoir préalablement requis l'avis des Princes à ce ſujet. V. le *Récès d'Empire de* 1545 , §. 14.

(c), les Princes, les Comtes, les

(*c*) Le titre de Roi a été souvent accordé ou plutôt confirmé par le Souverain Pontife, comme le prouve *Thuanus, lib.* 46, *p.* 614. Les Empereurs ont fait de même, au moins à l'égard de ceux qui dépendoient de l'Empire comme Vaſſaux. V. *Struv, Corp. jur. publ. cap.* 12, §. 1 & *ſeq.*

Droit de conférer la dignité Royale.

Aujourd'hui il me paroît que le Pape, auſſi-bien que l'Empereur, feroient encore en droit de conférer la dignité Royale à leurs Vaſſaux qui, ayant des ſujets, ne dépendroient de perſonne que de leurs Seigneurs directs. Cependant avec cette différence, que le Souverain Pontife pourroit, en accordant le titre de Roi à un de ſes Vaſſaux, en même temps le décharger des devoirs féodaux, & convertir ſon fief en allodial; V. *Schwederus, de Appropriatione Feudi,* & *Jac. Borinius, Diſſertat. de Tranſmutatione Feudi in Allodium*; ce que l'Empereur n'oſeroit faire, vu que tous les Vaſſaux de l'Empereur comme tel, ſont en même temps Vaſſaux de l'Empire, au préjudice duquel l'Empereur ne peut rien ſans ſon agrément. V. *l'art.* 10, §. 10 *de la Capitul.* Mais ſi les Vaſſaux de l'un & de l'autre n'ont point de ſujets, je ne vois point comment ils leurs puiſſent accorder le titre de Roi avec effet, à moins qu'eux ou

Barons (d), & les Chevaliers font de fa création. Il n'y a point de fang noble univerfellement reconnu dans l'Empire, qui ne dérive

---

d'autres Souverains abfolus ne leur affignent en même temps des terres & des fujets. Dans tous ces cas le Saint Siege, ainfi que l'Empereur, auroient befoin de toute leur prudence, afin de bien ménager les intérêts des autres Souverains, pour leur faire reconnoître les nouveaux créés. Du refte, j'eftime que tout Souverain indépendant ayant fujets, peut fe donner foi-même le titre de Roi, enforte que l'agrément des autres Potentats ne lui foit néceffaire que pour en être reconnu, & afin de pouvoir mieux fe foutenir par leur affiftance & amitié. Je penfe au contraire, qu'aucun fujet ne puiffe être élevé, par quiconque, au titre & à la dignité Royale, à l'effet d'être indépendant lui & fes biens, fans l'agrément de fon Souverain.

(d) Quand nous difons que les Princes, Comtes & Barons de l'Empire font de la création de l'Empereur, nous les envifageons comme tels, c'eft-à-dire décorés de certains titres diftinctifs, auxquels il aura plu à l'Empereur d'attacher quelques droits & privileges, dont il eft difpenfateur. Mais nous ne les regardons de cette fource. Lui feul a le droit d'inveftir les Etats immédiats de leurs

---

point comme Etats d'Empire , puifque perfonne ne le peut devenir fans l'agré-ment du College Electoral , & de celui dans lequel le dignitaire demande d'être reçu , comme nous l'avons fait voir ail-leurs. V. l'*art.* 1 , §. 5 , & art. 22 , §. 3 , *de la Capitul. de Jofeph II.*

Obf. 1°. Sous le nom de *Prince*, nous comprenons auffi les Archi-Ducs , Grands-Ducs , Ducs , Landgraves , Marggraves ; en un mot , tous ceux qui font au-deffus des Comtes.

Droit de conférer la dignité Electora-le. 2°. Le titre d'Electeur avec les droits y attachés ne peut être conféré par l'Em-pereur , fans l'agrément & le confente-ment de la Diete , s'il s'agit de créer un nouvel Electorat ; ou fans le confentement du College Electoral , s'il n'eft queftion que de remplacer une Maifon Electorale éteinte , pour conferver l'ancien nombre des Electeurs. Le premier point fe prouve par le *Conclufum des trois Colléges du* 30 *juin* 1708 , fait en faveur de l'éta-bliffement de l'Electorat de Brunfvic-Lunebourg. V. Faber , Staats-Canz-ley , *tom. XIII,* p. 410. Nous ne nions cependant point , que l'Em-pereur ait feul le pouvoir d'inveftir le

leurs droits Régaliens (*e*), de créer des Comtes Palatins (*f*). C'eſt par ſa conceſſion que les

---

nouvel Électeur, & de lui conférer par-là tous les droits Régaliens attachés à l'Electorat. Mais cet acte d'inveſtiture n'eſt d'aucun effet, à moins qu'il n'ait été précédé de l'avis & conſentement du College Electoral.

(*e*) *Par les droits Régaliens* j'entends ici les grands fiefs de l'Empire, auxquels les droits Régaliens ſont attachés. L'inveſtiture de ces fiefs, appellés Fahnlehen, ne peut être donnée que par l'Empereur même, ou par celui auquel il en donne la commiſſion ſpéciale. Le droit de cette inveſtiture eſt tellement inhérent à la perſonne de l'Empereur, qu'il ne peut même être exercé par les Vicaires de l'Empire. V. *la Bulle d'Or*, chap. 5, §. 1.

(*f*) Les Comtes Palatins (Reichs-Hof-raths-Grafen) ſont de deux eſpeces: de la premiere, ſont ceux qui ont une grande commiſſion (*comitivam*); elle leur donne le droit d'annoblir & de créer des Comtes Palatins de la ſeconde eſpece, qui n'ont qu'une *petite commiſſion*, qui leur donne de moindres droits réglés par leur *commiſſion même*, qu'ils n'oſent point excéder: tels ſont ceux de créer des Notaires, des

Tome III. R

grades, honneurs & priviléges accordés par les Univerſités, ont

---

Docteurs appellés *Docteurs bullés*, pour
les diſtinguer des autres qui ont été examinés & gradués par des Univerſités ;
d'accorder des lettres de bénéfice d'âge,
de réhabiliter, de reſtituer en entier, de
légitimer les bâtards avec pouvoir de ſuccéder. Ce dernier droit eſt toujours re-
ſtreint aux bâtards des roturiers, vu que
les légitimés par Lettres-Patentes du
Prince ou en ſon nom, ne deviennent
point capables de ſuccéder dans les biens
féodaux des Nobles. V. 2, *f*. 26, *cap.*
nationales. V. *Darpægus*, *in Præjud.*
jur. feodalis 23, & *Moſerus*, *p. III,*
cap. 3 §. 13.

Il eſt quelquefois enjoint aux Comtes
Palatins, de ne pas exercer leurs droits
ſans l'agrément du Seigneur territorial ;
& quoique cela ne ſoit point, il paroît
être inconteſtable qu'ils ne puiſſent en
faire uſage malgré lui, vu que l'Empereur
promet expreſſément par ſa Capitulation,
de maintenir les Etats & Seigneurs territoriaux dans leurs droits & privilèges.
V. *J. J. Moſer*, *Obſerv. ſur l'art*. 1, §.
8 *de la ſuſdite Capitul*. Ces Comtes Palatins n'ont que le titre de Comtes, ſans
en avoir la dignité ni les droits. La plupart ne ſont pas même Gentilshommes,

leur entier effet par tout l'Empire
(g).

X.

Actuellement nous allons tou-
cher légérement les principaux
priviléges qui font à la difpofition
de l'Empereur , d'une maniere qui

& ne le deviennent que par une conceffion fpéciale de l'Empereur , & non
pas en qualité de Comte Palatin.

(g) Tandis que les grades accordés
par les Univerfités des Etats , qui n'ont
point été privilégiées par les Empereurs ,
ne font reconnus & ne fortiffent leur
effet que dans le territoire du Seigneur.

Obferv. Les plus fameux Auteurs conviennent, que l'Univerfité de Paris peut
être regardée comme la mere de toutes
les autres , & en même temps la premiere
où l'on commença vers le milieu du douzieme fiecle à donner les grades Académiciens,
c'eft-à-dire , *le Baccalauréat, le Magiſté-
riat & le Doctorat ;* premiérement dans
le Droit Civil , enfuite dans le Droit
Canonique, & enfin dans la Théologie
en 1160, fous Pierre Lombard de Novara,
Evêque de Paris , appellé communément
le Maître des Sentences. Les premiers

ne convient à aucun Etat d'Empire.
Mais avant d'en faire l'énumération, nous remarquerons d'abord
en général, que quoique le pouvoir d'accorder des priviléges avec
effet dans tout l'Empire, ait toujours été compté parmi les réser-

---

fondemens de l'Université de Paris paroissent avoir été jettés par un Décret du
Pape Eugene III, donné dans le Concile
de Latran, ordonnant aux Evêques d'a-
voir un Professeur à gages pour enseigner
les Belles - Lettres, la Philosophie & la
Théologie. Ce décret fut aussi-tôt confirmé dans un Concile tenu à Reims sous
Louis-le-Jeune. On commença dès-lors
à enseigner publiquement dans l'Eglise de
Paris & dans l'Abbaye de Saint Victor.
V. *Piganiol de la Force, nouvelle defcription de la France, tom. I, pag.* 509
& suiv. Limnæus, jus publ. lib. 8, *tit.*
8, *& Itteri, de Honoribus & Gradib.*
Academ. Diatriba, cap. 3.

2°. Les Docteurs des Universités privilégiées par des Empereurs, sont com-
parés aux Nobles sur-tout en Allemagne;
& pour cette raison ils ont le droit d'afpirer à des Canonicats, affectés dans quelques Chapitres Nobles à ceux qui se
trouvent décorés du Doctorat. Le Chapitre
d'*Arlesheim* dans la Haute-Alsace nous en

vats de l'Empereur (*a*) ; cependant ce pouvoir eft aujourd'hui limité à plufieurs égards, vu que Sa Majefté 1°. ne fauroit accorder une entiere exemption des loix

---

fournit un ancien exemple. V. *le Récès d'Empire de* 1500, *tit.* 22, & *Reform. Polit. Auguft. de an.* 1530, *tit.* 15, & *de an.* 1548, *tit.* 12. Dans ces Chapitres l'on préférera toujours un Docteur médiocre, humble & vertueux, appuyé d'une grande recommandation, à un Docteur excellent, qui prétendra percer par fon rare favoir, fans beaucoup fe foucier d'autres qualités bienféantes à un Prêtre ; d'autant plus qu'on n'y aime point ces flambeaux qui veulent éclairer le monde malgré lui.

3°. Les priviléges des Univerfités, ainfi que de leurs fuppôts ou gradués, fe trouvent dans les Lettres-Patentes de leur établiffement, & en partie dans les loix du Code ; favoir *in L.* 6, *C. de Profeff. & Med. L.* 10, *C. de Dignit. L.* 4, *C. ad Leg. Jul. Maj. L.* 4, *C. de Advoc.* & *L.* 8, *C. de Quæftion.* qui ne font pourtant point reçues à la lettre.

(*a*) La multitude des diplômes contenans toutes fortes de priviléges accordés, tantôt aux Eccléfiaftiques, tantôt aux

de l'Empire (*b*), 2°. ni des priviléges portant décharge des droits
dûs à l'Empire (*c*), ou qui ex-
cluent ou reftreignent la jurifdiction de l'Empire (*d*), 3°. ou qui

---

Laïques, nous convainquent de cette vérité. *Goldaft*, *Lunig*, *Londorp*, *Mabillon*
& d'autres Collecteurs des Paterites Impériales, nous en fourniffent un grand
nombre d'exemples. V. auffi *le dernier*
Récès d'Empire, §. 15, & *Struv*, *Corp.*
jur. publ. cap. 13, §. 1, *n.* 1.

(*b*) Si ce pouvoir étoit accordé à
l'Empereur, il ne tiendroit qu'à lui d'élu-
der l'effet de chaque loi, en difpenfant
les Etats de fon obfervation ; ce qui eft
abfolument contre *l'art.* 16, §. 9 & 10
de la derniere Capitul. Ainfi il n'eft pas
plus en droit d'accorder des priviléges
qui dérogent aux loix fondamentales de
l'Empire, qui portent défenfes & prohi-
bition de faire quelque chofe. V. *l'art.*
11, §. 3.

(*c*) V. *J. J Mofer*, *Obferv. fur l'art.*
10, §. 2, *de la Capitul. de Jofeph II.*

(*d*) Ou d'autres priviléges qui pourroient rendre les Impétrans indépendans
de l'Empire, ou priver les Tribunaux
d'Empire d'une partie de leur reffort.

portent préjudice à un tiers (*e*), fur-tout s'ils portoient atteinte à la fupériorité territoriale des Etats, foit en matieres civiles ou en matieres criminelles.

XI.

Il faut encore confidérer que les Etats peuvent concourir avec Sa Majefté Impériale, dans la concef-fion de la majeure partie des pri-viléges. Ainfi, s'il arrive que le privilége de l'Empereur & celui du Seigneur territorial fe croifent fans fe détruire mutuellement , tous les deux doivent fubfifter avec une égale étendue dans le territoire du Seigneur ; mais hors

---

Tels font les privileges de non-appellan-do , de non - evocando , electionis fori, dont la conceffion a été nommément ref-treinte par *l'art.* 18, §. 6, *de ladite Ca-pitulation.*

(*e*) V. *le dernier Récès* §. 116 , & *la fufdite Capitul. art.* 1 , §. 9 , *art.* 15 , §. 5, & *art.* 18, §. 6. D'ailleurs tous les priviléges paroiffent renfermer tacite-ment cette claufe , *fans préjudicier aux*

R 4

du territoire, il n'y a que celui de l'Empereur qui puiſſe ſortir ſon effet, vu que le reſſort de l'Empereur paſſe ſeul tous les territoires des Etats. Si, au contraire, le privilége de l'un & de l'autre eſt excluſif & prohibitif, celui du Seigneur doit ſeul avoir lieu dans ſon territoire, & celui de l'Empereur par-tout ailleurs dans l'Empire (*a*). De cette maniere chacun aura tout l'effet poſſible, ſans ſe détruire ni ſe nuire mutuellement, conformément à la Bulle d'Or & à la Capitulation (*b*).

---

droits d'un tiers, vu que le Prince ou le Souverain eſt le protecteur de tout ſon peuple, & conſéquemment il n'eſt point cenſé vouloir lézer les droits de l'un ou de l'autre de ſes membres, ſi ce n'eſt en punition pour une juſte cauſe légitimement examinée & trouvée véritable.

(*a*) V. *Henniges, de ſumma Imperatoris poteſtate circa profana,* cap. 15, §. 1, & *Struv, Syntagma jur. publ.* cap. 26, §. 68.

(*b*) V. *la Bulle d'Or,* chap. 13, & la *Capitul. de Joſeph II,* art. 1, §. 9, & art. 15, §. 5.

XII.

Après ces obfervations, je tou- La difpen-
fe d'âge.
che la conceffion des priviléges,
parmi lefquels fe trouve 1°. la
difpenfe d'âge, qui eft un privilége
fpécial accordé de la part de l'Empereur (a) à un mineur, à l'effet
de pouvoir adminiftrer fes biens,
ou les faire régir par un tiers avec
une libre difpofition des meubles,
ainfi que des revenus des immeubles (b), tout comme s'il étoit

---

(a) Les Princes & Etats d'Empire
font également en droit d'accorder des
difpenfes d'âge aux mineurs de leurs territoires ; mais une pareille difpenfe n'a
point d'effet au-delà du territoire. Voy.
Knipfchild, *de Civit. Imp. lib. 2, cap.*
4, §. 54.

(b) Il dépend même de l'Empereur
d'accorder au Suppliant, vu fa conduite
& fa capacité, une entiere difpofition de
fes biens tant meubles qu'immeubles. Cependant, fi les lettres de difpenfe d'âge
ne portent pas expreffément ce plein pouvoir, elles ne donnent que la faculté
ordinaire de difpofer librement de fes

majeur (*c*). Les difpenfes d'âge ne font d'ordinaire octroyées qu'à la fuite d'une fupplique, qu'un mineur approchant de la majorité (*d*), préfente à Sa Majefté, juftifiant par des informations exactes, ou par des atteftations authenti-

---

meubles, effets mobiliers, & revenus des immeubles. *L. 2, . de Chis qui ven. ætat.*

(*c*) Enforte qu'il eft en droit de paffer tous les actes, tant entre vifs qu'à caufe de mort, & étant bourgeois il jouiroit des droits de bourgeoifie comme un bourgeois majeur, & pourroit afpirer à tous les emplois & dignités de la Cité, comme tout autre citoyen, & feroit également obligé de fubir les mêmes charges, à l'exception de ceux & celles qui exigent un certain âge fixé par les ftatuts ou la coutume locale, ou par celle de la Province, auxquels le Prince n'eft point cenfé avoir voulu déroger par la conceffion des difpenfes d'âge.

(*d*) Chez les Romains un mineur mâle ne pouvoit demander difpenfe d'âge avant l'âge de vingt ans, ni une femelle avant dix-huit ans. Cet âge devoit fe prouver par écrit, & il falloit en outre

ques, que fon expérience dans les affaires le met en état d'admini- ftrer fes biens. Les caufes & rai- fons qu'allegue le mineur, ayant été mûrement pefées & examinées par le Confeil Aulique, & trouvées admiffibles, il rend un Arrêt en fa faveur, enjoignant à la Chan-

---

un certificat de vie & de mœurs. V. *L.* 1 & 2. *C. de his qui ven. ætat.*

L'Empereur ni les Etats ne font aucu- nement liés aux loix Romaines quant à ce point ; & dans cette affaire ils fe re- glent toujours plutôt fur les mérites & capacités du Suppliant, que fur le Droit Romain. Ainfi *Eberhard Louis, Duc de Würtenberg,* de même que *George Fré- déric, Marggrave de Brandebourg,* ob- tinrent le premier en 1690, & l'autre en 1694 difpenfe d'âge, n'ayant chacun que dix-fept ans. V. *Kemmerich, de majori Principum ætate,* §. 26, & Lunig, Reichs- Archiv, *p. fpec. cont.* 11, Abth. 4, Abf. 7, §. 45, *p.* 764.

Obferv. La majorité en général eft fixée dans les terres de l'Empire, con- formément au droit commun, *L.* 50, §. 4, *ff. de Leg.* 3 & *L* 2, *Cod. Theod.* à vingt-cinq ans, & dans les terres du droit provincial Saxon à vingt-un ans à

cellerie de l'Empire d'expédier à l'impétrant, moyennant le paiement de la taxe, les Lettres de dispenſe d'âge par lui demandées, avec ordre à la Régence ou aux Etats provinciaux, de laiſſer jouir l'impétrant librement du bénéfice de ſes Lettres. En vertu de ces Lettres, il. eſt regardé & traité comme majeur par tout l'Empire ; enſorte que quoiqu'il ait été léſé par la paſſation de ſes contrats, baux ou autres actes quelconques,

------

enſorte que les Etats ou ſujets d'Empire, ou des terres Saxonnes, voulant adminiſtrer leurs biens avant d'être parvenus à l'âge requis, ont beſoin de dispenſe d'âge, à moins qu'en vertu de certaines loix fondamentales de l'Empire ou priviléges des Empereurs, ou par un long uſage, c'eſt-à-dire par la voie de la prescription, ils ne ſoient majeurs plutôt. Ainſi les Electeurs ſont majeurs en vertu de la *Bulle d'Or, cap. VII, §. 4*, à dix-huit ans. De même les *Landgraves de Heſſe-Darmſtadt & de Heſſe-Caſſel*, les premiers par un privilége ſpécial de *Ferdinand II de* 1625, & les autres par des Patentes de *Ferdinand III* accordées en 1654. Voy. *Eſtor, Elementa jur. publ.*

pourvu que la léfion ne fût d'outre
moitié, ou qu'elle ne touche l'a-
liénation d'un immeuble (e), il
n'en eft non plus reftitué en entier
qu'un majeur. Cependant fi contre toute attente il arrivoit, qu'il
adminiftrât mal & avec diffipation,
il dépendroit de la parenté ou de
tous autres intéreffés, de fe pourvoir par-devers l'Empereur, pour
obtenir des lettres de refciffion &
de reftitution en entier, dont l'effet
feroit de faire nommer un Curateur ou Adminiftrateur à celui qui
n'étoit majeur que par difpenfe.
L'Empereur eft en droit d'accorder

Haffiæ Hodierni, cap. 8, §. 94. Les *Ducs
de Würtenberg* & plufieurs autres Princes
d'Empire jouiffent du même privilége.
V. *Kemmerich*, d. l. & *Limnæus*, *jur.
publ.* lib. III, tit. 7, § 36, & *fuiv.*

(e) Puifqu'une telle aliénation faite
par un mineur difpenfe d'âge eft nulle,
à moins que Sa Majefté n'ait fait ajouter
aux Lettres de difpenfe une claufe expreffe, autorifant l'impétrant à faire aliénation des biens immeubles. V. *L.* 3, *C.
de his qui ven, ætat.*

les difpenfes d'âge, tant aux Etats médiats qu'immédiats de l'Empire, & il paroît certain que les Etats immédiats (*f*) mineurs, foit Electeurs (*g*), Princes ou autres Etats d'Empire, ne peuvent point entreprendre l'adminiftration de leurs biens, pas même dans le cas d'un défiftement volontaire de la part de ceux qui tenoient la

---

(*f*) L'Empereur comme Chef d'Empire, & en vertu de Sa Majefté Impériale, eft feul en droit d'accorder des difpenfes d'âge aux Etats immédiats de l'Empire. De-là *Charles IV*, en déclarant *Philippe Duc de Bourgogne* majeur, s'exprime ainfi : *tibi, inquit, autoritate noftra & de plenitudine Imperatoriæ poteftatis veniam ætatis & beneficium majorum & majorennium damus & concedimus gratiofè*. Apud *Conringium, de Finib. Imp. Germ. lib. 2, cap. 25.*

(*g*) Il eft vrai que la *Bulle d'Or* affecte la tutele d'un Electeur mineur à fes plus proches agnats, jufqu'à ce qu'il ait l'âge légitime, c'eft-à-dire, dix-huit ans accomplis. De-là de certains Publiciftes concluent, que la difpenfe d'âge ne peut pas avoir lieu à l'égard de certains Electeurs mineurs. Mais il n'eft aucunement pro-

Régence, qu'après avoir préalablement obtenu difpenfe d'âge
(*h*). Cette difpenfe ne donne
cependant point à l'impétrant le
droit de féance & de fuffrage à
la Diete, ni lors de l'élection d'un

---

bable, que *Charles IV*, auteur de cette
Bulle, ait voulu que cette tutele eût lieu
dans tous les cas, mais feulement au cas que
le mineur, n'ayant point de tuteur teftamentaire, ne feroit point en état de gouverner lui-même fa perfonne & fes biens.
Ainfi s'il eft habile à le faire, pourquoi
ne pourroit-il pas être déclaré tel, & obtenir en conféquence des lettres de difpenfe d'âge; d'autant plus que par cette
difpofition de la Bulle d'Or on ne peut
avoir eu en vue que l'interêt du mineur,
lequel cependant fouffriroit, fi lorfqu'il
eft jugé capable de gouverner & de s'approprier les revenus de fon Electorat, on
les faifoit paffer en d'autres mains que les
fiennes.

(*h*) Cela eft fondé dans l'ufage appuyé
de bonnes raifons; la premiere : parceque le mineur, vu la foibleffe de fon âge,
eft cenfé ne pas avoir affez de lumieres
pour juger par lui-même, s'il eft en état
d'adminiftrer; ainfi il eft de la décence &
de fon devoir, de s'adreffer à fon feigneur

Empereur, avant l'âge (*i*) requis dans l'Empire à cet effet.

XIII.

Légitimation.

En second lieu, nous allons confidérer le privilege de légitimation ; or ce privilége s'accorde par Lettres - Patentes de l'Empereur (*a*), en vertu defquelles l'impétrant

---

direct, au chef & au Juge fouverain de l'Empire, qui, voyant que les difpenfes follicitées fe concilient avec le bien de l'Etat & celui de la famille du fuppliant, he les refufera pas. La feconde eft : parcequ'un Prince prenant le gouvernement de fes Etats, concourt avec les autres à la décifion des affaires de l'Empire. Or il peut ne pas être de l'interêt de l'Empire d'admettre aux affemblées, foit Diétales foit Circulaires, un Prince mineur, qui fans confulter d'autre autorité que la fienne, fe feroit déclaré majeur.

(*i*) *Gold. Conftit. Imper. p.* 372. obférve, que les Empereurs ayant accordé des difpenfes d'âge aux Electeurs mineurs, à l'effet de leur donner l'adminiftration de leurs biens, ne les ont jamais difpenfé de l'âge requis pour avoir voix & féance au Collége Electoral.

(*a*) Je dis en quelque façon : parceque

trant bâtard eft en quelque façon
regardé comme s'il étoit forti d'un
légitime mariage. Ces Lettres s'obtiennent ou avant ou après la
mort de fes peres & meres naturels. Dans le premier cas, elles
fortiffent un entier effet, fi l'Empereur y fait inférer la claufe contenant la faculté de fuccéder (*b*).
Cette claufe ne fouffre aucune difficulté quant à la fucceffion allo-
diale, à moins qu'avant l'obtention

---

la légitimité réelle & originaire impregnée
aux enfans dès le moment de leur
conception légitime & reconnue de tout
le monde, & que la naiffance acheve,
ne peut pas être donnée par le Prince;
ainfi cette légitimation n'opére qu'une
fiction, qui par une grace fpéciale du
Prince, peut quelquefois fortir les mêmes effets que la réalité.

(*b*) Si l'Empereur n'a pas expreffément
accordé le droit de fucceffion à l'impétrant, il ne doit pas en jouir, vu que
la grace & les priviléges du Prince ne
fouffrent point d'interprétation extenfive
au préjudice du droit d'un tiers. vid.
cap. 15. X. *de offic.* & *poteft. jud. deleg.*
& *L.* 1. §. 10 & 16. *ff. ne quid in loco
publ.* &c. d'autant plus que dans notre

d'icelles il exiſtât déja des enfans
conçus d'une légitime conjonction
du même pere ou mere naturels,
auxquels le légitimé à droit de

---

cas les Lettres de légitimation obtiennent
également leur effet principal, qui eſt
l'effacement de la tache natale.

Obſ. 1°. Quoique le Prince ait ſpécialement accordé le droit d'hérédité par
ſes lettres; l'impétrant ne ſuccédera point
aux fiefs, vu, qu'il a été ſpécialement
ordonné par les Loix féodales, que les
enfans naturels, quoiqu'ils fuſſent légitimés, n'y ſuccéderoient point. 11.*ſ.*26.*cap.*
Naturales. Cette déciſion appuyée par
l'uſage ne ſouffre aucune difficulté & eſt
exactement ſuivie, ſi le fief eſt ancien, &
que le défunt laiſſe des Agnats ayant
droits d'y ſuccéder en vertu de la premiere inveſtiture; ou s'il y a d'autres
prétendants pour raiſon d'une expectative, ſurvivance, pacte de famille, ou
pour d'autres raiſons légitimes. Il eſt
vrai que *Gail, obſervat. Lib. II. obſer.*
141. ſoutient, que même dans ces cas
l'Empereur pourroit en vertu de ſon plein
pouvoir, en dérogeant au Droit féodal,
accorder au ſuppliant la faculté de ſuccéder aux fiefs du défunt. Je veux que
ce pouvoir compétoit autrefois aux Empereurs, mais il leur a plu d'arracher ce
fleuron de leur couronne, & *Charles VII.*

fuccéder en vertu de ces Patentes ;
car, dans ce cas, les enfans préalablement légitimement nés pren-

---

François I. & Joſeph II. ont promis formellement par leurs Capitulations : *de ne
pas accorder aux enfans iſſus d'une méſ-
alliance notoire & inconteſtable, le droit
de fuccéder, au préjudice des fucceſſeurs
légitimes & ſans leur conſentement ſpécial.* v. *la Capitul. de Joſeph II. art.* 22.
§. 4. Or, fi l'Empereur ne peut pas donner le droit de fucceffion aux enfans nés
d'un mariage illégitime, mais feulement
inégal appellé *Mcſalliance,* comment le
pourroit-il à l'égard des enfans provenants d'une conjonction illicite ? Il doit
donc paffer aujourd'hui pour inconteſtable, que l'Empereur n'eſt pas en droit de
légitimer quelqu'un à l'effet de fuccéder
à fon pere dans les fiefs immédiats de
l'Empire, au préjudice des Agnats & fans
leur conſentement; il ne le peut non
plus au préjudice de ceux, qui en vertu
d'autres titres que celui du fang, p. e.
Titre de furvivance ou de Pacte de famille reconnu & confirmé, ont le droit
de fucceffion au défaut d'Agnats, vu que
l'Empereur promet expreffément de n'accorder à perfonne aucun privilége contraire aux droits des Etats ou à l'ufage, v.
l'art. 21. §. 9 & 11. *de ladite Capitul.*

2°. Si le pere naturel n'a aucun fuc-

nent la légitime par préciput (*c*).
Dans le dernier cas, où la légitimation auroit été faite après la
mort des peres & meres naturels,
ces lettres ne peuvent point con-
tenir la faculté de leur succéder,
vu que par leur mort leur succession étoit acquise à leurs enfans
légitimes, pleinement & exclusivement à tous autres (*d*); ainsi l'Empereur n'étoit plus à même de
les en priver en partie par les

---

cesseur légitime ou fondé en droit dans
le sens susdit, ou si le fief est nouveau,
c.-à-d. acquis par le même pere à autre
titre que de succession, & postérieurement à la légitimation avec droit de succession ; dans ce cas le légitimé y succéde
selon le sentiment commun des Feudi-
stes & Publicistes, v. *Myler de Prin. &
Stat. Imp. p. 2. cap.* 54. *n.* 9. & *Struv.
Syntagma Jur. Feud. cap.* 9. *thes.* 3. *n.* 9.

(*c*) V. *Gail Lib. II. Observ.* 142. *n.*
13. & *seq.* & *L.* 15. *ff. de Condit. Instit.*

(*d*) Le seul cas, où selon la *Novelle* 7.
cap. 7. §. 1. celui qui auroit été légitimé
après la mort de son pere, pourroit succéder, est, si le pere l'avoit par son te-

Patentes de légitimation (e). Conféquemment ces lettres n'auront dans ce cas d'autre effet, que celui d'éffacer la tache natale & de rendre l'impétrant capable de toutes charges, honneurs & dignités (f). L'Empereur accorde ce pri-

---

ftament reconnu pour légitime & que l'Empereur, conformément aux vœux du pere, avoit enfuite approuvé, ratifié & autorifé par Lettres Patentes de légitimation cet aveu du pere.

(e) Et fi les Lettres de légitimation dans ce cas contenoient le droit de fuccéder, elles feroient fufpectes & pourroient être regardées comme fub- & obreptices, vû que l'on ne peut point préfumer que l'Empereur ait voulu priver un particulier de fon droit, pour en favorifer un autre. D'ailleurs l'Empereur ne feroit pas en droit de le faire, pas même en vertu de fon Domaine éminent, qui ne lui donne le pouvoir de difpofer des biens des fujets de l'Empire, que dans les cas de néceffité urgente, & cela feulement en faveur du bien public.

(f) A l'exception cependant des honneurs & dignités eccléfiaftiques, fur lesquelles l'Empereur n'a aucun droit; enforte que celui qui auroit été légitimé par Lettres Patentes de l'Empereur, ne pourroit pas même prétendre, en vertu de

S 3

vilege par lui même ou par ſes Comtes Palatins (*g*).

---

ces Lettres, être reçu à la tonſure ou aux quatre moindres. V. *Panorm. in cap.* 13. *X. qui filii ſi legitimi n* 26. & *Engel, Jus Canon. lib. IV. tit.* 17. *n.* 15.

Obſ. 1°. Les Souverains indépendants l'un de l'autre ne reconnoiſſent point réciproquement leurs loix ni leurs priviléges. Delà il s'enſuit, que celui qui auroit été légitimé par un privilége de l'Empereur avec droit de ſuccéder aux biens allodiaux de ſon pere, ne ſuccéderoit point dans les biens du pere ſitués dans un pays, où les enfans illégitimes ſont exclus de la ſucceſſion de leurs peres & meres.

2°. La légitimation faite par l'Empereur, ſortit ſon effet par tout l'Empire, tandis que celle qui eſt faite par un Electeur, Prince ou autre Etat d'Empire, ne produit d'effet que dans leurs territoires. v. *Henniges, de ſumma poteſtate Cæſaris circa profana, cap.* 16. *Knipſchild de Jure Civit. Imp. lib.* 2. *cap.* 4. *n.* 100, & *Limnæi Jus Publ. lib.* 2. *cap.* 9. *n.* 141. 142.

(*g*) Les Empereurs en accordant aux Comtes Palatins le droit de légitimer les bâtards, ſe ſont toujours réſervé la légitimation des enfans illégitimes des Princes,

XIV.

Un autre privilege analogue au précédent, que l'Empereur peut accorder avec un effet général dans tout l'Empire, est *la reſtitution de l'honneur*. Elle s'accorde par des lettres expédiées à la chancel-

La reſti-tution de l'honneur.

Comtes ou Barons d'Empire. Les Diplô-mes de pluſieurs Empereurs, portant créa-tion de Comtes Palatins, en font foi. Une partie de ces Diplômes ſe trouvent dans *Lunig, ſpicilegium ſeculare P. II.* Abſ. 44. §. 2. *p.* 1176. & Reichsarchiv, *Cont. II.* Abth. 6. Abſ. 16. §. 109. & Abſ. 29. §. 1. *Supplem. ulter. p.* 109.

Obſ. Il paroît que les Comtes Palatins ne ſont pas en droit de légitimer les bâ-tards, s'il y a des enfans légitimes : une telle légitimation étant odieuſe & con-traire au Droit commun, qui paroît ne point autoriſer la légitimation qu'au dé-faut d'enfans légitimes ; v. *Auth. præterea C. de Natural. lib.* à moins que ce droit ne leur ait été ſpécialement accordé dans leurs Patentes. Les Empereurs ſont depuis long-temps fort réſervés touchant la créa-tion des Comtes Palatins, qui, pour avoir abuſé de leur pouvoir, ſe ſont fort ſou-vent brouillés avec les Seigneurs territo-riaux.

S 4

lerie de l'Empire (a), par lesquelles l'Empereur remet & restitue en sa bonne réputation, celui qui a été condamné à quelque peine infamante ; voulant que pour raison de telle condamnation, il ne

---

(a) En France ces Lettres changent de nom & d'effet, suivant les cas & circonstances pour lesquelles elles s'obtiennent, p.e. les Lettres de pardon, d'abolition & de rémission, qui viennent sous le nom de Lettres de grace. *Celles de Pardon* s'obtiennent ès cas où il n'échet point de peine de mort contre le suppliant, p. e. s'il s'étoit trouvé dans une querelle où il y a eu mort d'homme, sans s'être mis en devoir d'empêcher le meurtre, quoique lui n'ait point frappé. *Celles -de rémission* s'obtiennent pour avoir commis un crime rémissible eu égard aux circonstances, p. e. pour homicide fait à corps défendant, & dans la nécessité d'une légitime défense. *Les Lettres d'abolition*, au contraire, s'obtiennent pour avoir commis un crime non excusable à l'égard du suppliant, par lesquelles le Souverain par la plénitude de sa puissance remet la peine statuée par la loi, de maniere qu'il ne reste aucun examen à faire sur les circonstances. D'autres s'appellent *Lettres de réhabilitation*, on les obtient, soit pour être relevé d'une note d'infamie, encou-

lui puiſſe être imputée aucune inca-
pacité ni note d'infamie & qu'ainſi il
puiſſe, comme auparavant, poſſéder
& exercer toutes ſortes de charges & offices, & jouir conſéquemment du Droit commun ainſi que
des Droits municipaux de tout
l'Empire. Du temps des Romains
ce droit compétoit à l'Empereur
ſeul (b), de même que dans les
premiers temps de l'Empire Germanique ; encore aujourd'hui
l'Empereur ſeul eſt en droit d'accorder ce privilege aux Etats immédiats de l'Empire, condamnés
à d'autres peines infamantes que
celle du ban (c). Il n'y a de

---

rue par un certain acte, p. e. la ceſſion
générale de biens ; ſoit pour être réinté-
gré & remis dans l'état de Nobleſſe, avec
tous les Droits & Priviléges y attachés,
dont on étoit déchu pour avoir fait un
acte, profeſſion ou commerce y dérogeant.
v. le *Dictionnaire des Arrêts de Brillon*
ſous le mot *Lettres*.

(b) *L. 27. ff. de pœnis & tot. tit. ff.
& C. de ſent. paſſ. & reſtitu.*

(c) Quant à ceux qui ont été mis au
Ban de l'Empire, il eſt naturel, que cette

même perfonne que Sa Majefté, qui puiffe concéder cette grace à tous les fujets de l'Empire en gé- néral ; il eft vrai que chaque Sei- gneur territorial, ainfi que chaque Ville Impériale, a le droit d'accor-' der ce même privilege, mais feu- lement à leurs propres fujets (*d*). Cette reftitution ou réhabilitation peut auffi fe faire tacitement, fans lettres à cet effet : p. e. en hono- rant celui que l'on fait avoir fubi une peine infamante, d'une charge & office qu'on ne peut & qu'on n'a jamais donné qu'à des gens

---

déclaration, à laquelle l'infamie eft at- tachée, ne fe pouvant faire qu'avec le confentement des Etats (comme je l'ai fait voir ci-devant), l'Empereur ne fauroit non plus fans leur concurrence, libérer quelqu'un des effets dont elle eft accom- pagnée, & nous pouvons pofer pour regle générale, que *toute infamie pro- venante de la violation d'une Loi Impé- riale, ne peut être relevée que par l'Em- pereur & les Etats d'Empire conjointe- ment.*

(*d*) V. *Knipfchild*, *de Civit. Imper.* *lib.* 2. *cap.* 4. *n.* 72.

d'honneur (e). La reſtitution de la bonne fame ſe fait ou purement & ſimplement; celle-ci ne peut guere préjudicier à perſonne; ou elle ſe fait avec une reſtitution en entier, ceſt-à-dire avec pouvoir de rentrer dans ſon premier état, biens, honneurs & dignités que l'on poſſédoit auparavant. Cette derniere ne peut avoir lieu au préjudice des droits des Etats ou autres quelconques (f).

(e) Vid. *L.* 57. *ff. de re judicata,* & *L.* 6 & 7. *C. de Sentent. paſſ.*

(f) Ainſi celui qui auroit été réhabilité par Lettres de grace de l'Empereur, ne pourroit point prétendre de rentrer en poſſeſſion des biens ſur lui confiſqués par ſon Seigneur territorial en vertu d'une loi provinciale: ſans cela il ne tiendroit qu'à l'Empereur de rendre toutes les ſentences & punitions, rendues & ordonnées de la part des Etats, illuſoires & ſans effet, ce qui eſt abſolument contraire à la *Capitul. Art.* 1. §. 2. Delà il faut conclure, que l'Empereur accordant des Lettres de grace aux ſujets & Etats d'Empire, doit uſer de précaution & de ménagement à leur égard.

XV.

L'afyle. L'afyle eft un endroit fixé & déterminé par l'autorité publique, qui rend fûreté pour quelque temps à ceux qui s'y font refugiés à jufte titre (a). La variété des cas fortuits, les fentences précipitées & non réfléchies des juges, & l'in-humanité de la majeure partie des créanciers, ont en partie arraché l'établiffement de ce privilege à la clémence des Souverains. Il y a

_____

(a) L'afyle ne paroît point avoir été in-troduit en faveur des vrais criminels, qui par vol & à deffein ont commis de cer-tains crimes, délits ou autres faits punif-fables. Ces gens-là ne méritent au-cun égard, & l'on ne fauroit mieux faire que de les punir, tant pour ftatuer des exemples, que pour les inviter à fe corri-ger. Mais il a été principalement établi pour fecourir ceux, qui par négligence, par étourderie ou par hazard, auroient commis de certains crimes, pour raifon desquels ils feroient emprifonnés jufqu'à leur entiere juftification, ou jufqu'au mo-ment qu'on auroit obtenu des Lettres de grace pour eux. V. *Knipfchild, de Civit. Imp. lib. 2. cap. 28. n. 25 & feq.*

peu de nations qui ne s'en foient fervies ; plufieurs l'ont fupprimé comme contraire à la religion & dangereux à la fociété (b). Il paroît que l'Europe en doit fa naiffance, ou au moins un de ces premiers fruits, à *Romulus co-fondateur de Rome*, qui brûlant du defir de dominer & manquant de fujets, promit la franchife & fa protection à tous les criminels & autres, qui fe mettant fous fes aufpices, viendroient habiter & peu-

---

(b) *Charlemagne* l'abrogea par le *chap.* 8. *de fes Capitulations.* Mais cette abrogation ne fut guere fuivie, fur-tout en Allemagne, où le droit d'afyle s'obferve encore en quelques manieres. En France le droit d'afyle a été entiérement ôté aux Eglifes en premier lieu par *Louis XII*, & enfuite par l'Ordonnance de *François I. de* 1539. *art.* 166, qui autorife les Juges à ne point le maintenir comme auparavant.

Il faut cependant favoir, que la France tient encore aujourd'hui les maifons royales pour afyles, & qu'il faut des Lettres de cachet pour en tirer ceux qui s'y font retirés.

pler la ville de *Rome* (*c*). Ce privilege la remplit en peu de temps de toutes fortes de gens de mauvais aloi. Le lieu d'afyle à *Rome* étoit facré, & ceux qui ofoient le violer, étoient punis comme facrileges. Il en réfulta des abus, qui furent caufe que *Tibere* en abolit l'ufage (*d*) ; mais environ deux fiecles après il renaquit de fes cendres, & s'étendit plus loin que jamais, au point que *Valentinien II* accorda en 386 droit d'afyle à ceux, qui pour éviter une injufte pourfuite, s'étoient réfugiés auprès des ftatues & images des Empereurs (*e*). *Honore* & *Théodore II* attacherent ce même privilege aux Eglifes en 414 (*f*). Ce même *Théo-*

(*c*) *Livius, hift. lib. I. cap.* 8. & *Ovidi faftorum lib.* 3.
Romulus ut faxo lucum circumdedit alto;
Cuilibet huc, dixit, confuge : tutus eris.

(*d*) *Suetonius, in Tiberio. cap.* 37. *pag.* 373. & *Tacitus, lib.* 3. *cap.* 60.
(*e*) *L.* 1. *Cod. de his qui ad ftatuas confugiunt.*
(*f*) *L.* 2. *Cod. de his qui ad Ecclef. confug.*

dore, conjointement avec l'Empereur *Valentinien III*, étendirent ce
privilege en 431 à tout l'enclos des
Eglifes (*g*); depuis ce temps-là
les afyles s'agrandirent & fe mul-
tiplierent de jour en jour. Le *Concile de Tolete* accorda aux Eglifes
droit d'afyle jufqu'à la diftance de
trente pas des portes d'icelles (*h*).
Le Pape *Nicolas I* y ajouta dix
autres pas (*i*), & *Charles le Chau-*

***

(*g*) *L.* 3. *Cod.* Voici leurs raifons..
„ hanc autem fpatii latitudinem ideo in-
„ dulgemus, ne in ipfo Dei Templo &
„ facrofanctis altaribus confugientium
„ quemquam mane vel vefpere cubare
„ vel pernoctare liceat.... vel crimine
„ cibum capere ibidem.

(*h*) Afin de ne point mettre les réfugiés dans la néceffité, de déshonorer par
les befoins de la nature celle, qu'ils devoient révérer comme leur mere & pro-
tectrice. Il leur étoit cependant défendu
fous peine de perdre le privilége d'afyle,
d'entrer dans les maifons voifines. *Caufa
XVII. q.* 4. *cap.* 15.

(*i*) Le Pape *Nicolas* n'a octroyé droit
d'afyle à la diftance de quarante pas des
portes, qu'à la mere-Eglife de chaque
endroit. Voici fes paroles.... „ Sta-

ve, *Roi de France*, eût même la complaisance de gratifier de ce droit de franchise les maisons des Prêtres (*k*).

XVI.

Ce que nous venons d'avancer prouve assez clairement que le droit d'accorder le privilége d'asyle ne competoit dans les premiers temps de l'Empire Romain qu'aux Empereurs & qu'ils en gratifioient les lieux religieux aussi bien que les lieux profanes. Et certes la nature de l'asyle nous démontre que le droit de l'accorder ne puissé convenir qu'au Souverain comme chef & protecteur de son peuple ou à celui qui a légitimement acquis ce droit

---

,, tuimus ut *major Ecclesia* per circuitum
,, XL passus habeat, Capellæ vero vel
,, minores ecclesiæ triginta; qui autem
,, confinia earum confringere tentaverit...
,, quousque emendet & quod rapuerit red-
,, dat, excommunicetur. *Causa XVII.*
q. IV. cap. 6.

(*k*) *Baluzii Capitul. regum Franc. tom.*
2. *p.* 233.

droit régalien. Les Empereurs d'Allemagne ont toujours paifiblement
exercé ce droit par tout l'Empire
au vu & fu des États, fans qu'ils
fe foient jamais avilés de leur en
contefter le pouvoir (a). D'ailleurs
l'afyle accordé par l'Empereur ne
diminue en rien la jurifdiction des
Etats, vu qu'il ne rend point les
criminels impuniffables ou exempts

_____

(a) Voy. *Myler de jure afyli cap.*
6. §. 6-29. *Pfeffinger ad Vitriarium, lib.* 3.
cap. 17. §. 78. Les Etats d'Empire ayant
le droit de faire grace, font auffi à même
d'accorder le droit ou le privilége d'afyle,
mais feulement dans leur territoire. Ils
peuvent accorder ce privilége non feu-
lument à leurs fujets délinquans, mais auffi
aux fujets des autres Princes & Etats qui
fe réfugient chez-eux : vu qu'il eft contre
le droit des gens, de faire un acte de
jurifdiction dans le territoire d'un autre
Prince ou Etat fans fa permiffion expreffe;
& que les autres Princes ne font pas
obligés de fe livrer réciproquement, & à
la première demande, les criminels fuyards.
Il leur eft loifible, fans manquer à la
loi qui veut que les crimes ne reftent point
impunis. *l.* 51. *ff. ad l. aquil.* de garder
le criminel chez eux, & de s'informer de
quoi & de quelle façon il eft coupable,
avant de le lâcher ou de le livrer; ce

Tome III.   T

des peines méritées ; mais il leur fert feulement de lieu de fûreté pendant quelque temps, afin de pouvoir fe défendre librement, & pour ne pas fe voir accablé des incommodités d'une prifon, des duretés d'un geolier & d'un mauvais traitement, pendant qu'ils travaillent à convaincre le Juge de leur innocence, ou au moins à le perfuader qu'ils ne font coupables que très-légérement. Il y a de certains crimes, dont l'atrocité rend leur auteur indigne du privilége de l'afyle, tels font par exemple, l'homicide volontaire, le vol de grand chemin, le meurtre, le rapt, l'adultere, le facrilége, la beftialité,

qui s'appelle proprement accorder le droit d'afyle. Mais il me paroît, que s'il confte par des preuves plus claires que le jour, que le réfugié eft griévement coupable, & qu'il eft de l'intérêt du public de venger le crime ; il me paroît, dis-je, dans ce cas, que ce feroit fe rendre fauteur du crime, que de ne le point livrer à la follicitation du juge du lieu du délit commis, fous prétexte de fon droit d'accorder l'afyle. Ce feroit même le rendre impuniffable contre la nature de l'afyle.

l'affaſſinat, l'héréſie, le crime de Leze-Majeſté & autres (*b*).

XVII.

L'Empereur étant en droit de faire grace aux criminels, perſonne ne. peut douter qu'il ne le puiſſe à l'égard de ceux, qui ne ſe trouvent obligés que civilement, pour avoir contracté de certaines dettes & autres obligations civiles. Cette grace ſe fait en accordant aux débiteurs un privilege moratoire par des *lettres de répit* (*a*), expédiées

---

(*b*) Ces crimes & autres ſe trouvent exprimés dans la *Novelle* 17. *cap.* 7. *&* *au chap* 1. *X. de homicid.* mais mieux dans la fameuſe *Conſtitution de Grégoire XIV. faite en* 1591. que l'on trouve dans *Pichler, jus can. lib.* 3. *tit.* 49. *n.* 3. *Benoît XIII. en fit une Déclaration en* 1725. par une Bulle. Voy. le même *Pichler l. cit. n.* 21.

(*a*) Les *Lettres de Répit* paroiſſent dériver leur nom du mot latin *reſpirare, reſpirer* ou ſe repoſer. (Raſt ₌ Brief, eiſerne Brief,) Déja du temps des Romains on en accordoit aux débiteurs

T 2

à la Chancellerie de l'Empire, en
vertu defquelles il eft fait défenfes
expreffes aux créanciers, de ne
point inquiéter leur débiteur jufqu'à l'échéance du temps fixé par
icelles. L'Empereur ne les accorde
d'ordinaire qu'à ceux dont des évé-
némens inopinés & les hazards du
temps, ont dérangé la fortune (b).
Il eft feul en droit de les accorder,
avec un effet général par tout

---

malheureux, mais leur durée ne s'étendoit jamais au delà de cinq ans. *L. ultim.
C. qui bonis cedere poff. & l. 2. C. de
prec. Imp. offer.* Aujourd'hui elles s'accordent pour plus ou moins long-temps
felon le délabrement du débiteur, & les
égards que l'on doit à fes qualités & à
celles de fa famille. V. *Myler, de Princip.
& Stat. Imp. part. 2. cap.* 55. §. 9.
Cependant s'il arrivoit, qu'avant l'expiration
des *années de fouffrance* fes affaires fe
rétabliffent au point qu'il fût en état de
payer fes dettes, fes créanciers feroient
en droit de s'adreffer à l'Empereur pour
en obtenir le rappel ou la révocation
du *moratoire.*

(*b*) Pour faire valider ces lettres moratoires, le fuppliant doit expofer dans

l'Empire (c) leur effet ordinaire eft
de mettre l'impétrant dans une parfaite fécurité & d'empecher ou d'ar-

---

fa requête fes malheurs arrivés depuis
qu'il a contracté fes dettes, fa fituation
préfente, la qualité de fes dettes, fon
impoffibilité d'y faire honneur, certifiée
par le Magiftrat de fon domicile, ou par
d'autres témoignages authentiques. Il doit
même (felon le droit commun) offrir
bonne & fuffifante caution aux créanciers,
promettant les fatisfaire après le temps
du *moratoire* expiré, V. *l.* 4. *C. de Prec.*
Imp. offer. Mais l'impoffibilité morale de
fatisfaire à cette loi, la fit négliger. L'on
fe contente ordinairement d'exiger du
débiteur, qu'il hypothéque fes biens préfens & à venir.

(c) Les Etats d'Empire ainfi que les
Villes Impériales font également en droit
d'accorder ce privilége à leurs fujets.
Mais il ne s'étend point aux biens du
débiteur firués hors du territoire de l'E-
tat qui l'a concédé, & ne lie point les
créanciers non fujets de l'Etat concédant.
Knipfchild de Civit. Imper. lib. 2 *cap.*
4. §. 67. 68.

NB. Il paroît être de la prudence &
de la juftice même de la part de l'Empereur, de prendre, avant d'octroyer des
lettres de répit à un Etat médiat, les

T 3

rêter le cours des intérêts (*d*),
afin qu'il puiffe *refpirer* & chercher librement les moyens de fatisfaire fes creanciers après le délai
expiré. Les circonftances dans lefquelles fe trouve le fuppliant, lui
font quelquefois obtenir par les
mêmes lettres, la remife d'une partie du capital. Le bénéfice ou le
privilége moratoire eft pur perfonnel ; & conféquemment il ne
profite point aux héritiers, aux
co-obligés, ni aux cautiohs de l'impétrant, à moins que le droit d'en

---

avis du Magiftrat du domicile du fuppliant,
afin de ne point fe mettre dans le cas
de commettre une injuftice à l'égard
de fes créanciers.

(*d*) Les circonftances dans lesquelles
fe trouvent les créanciers auffi - bien que
le débiteur, doivent guider l'Empereur
dans la conceffion de cette grace, laquelle,
toute grace qu'elle eft, ne laiffe pas d'a-
voir fon côté odieux, & dégrade la réputation de l'impétrant, en le rendant
incapable de poffeder des charges &
adminiftrations publiques, le privant en
même temps de celles dont il feroit en
poffeffion actuelle.

jouir ne leur ait été expreſſément accordé par les mêmes lettres de répit (e). La nature des dettes (f), les qualités des créanciers (g), ainſi que la maniere de les obtenir, ou d'autres faits de la part de l'impétrant (h), mettent quelquefois obſtacle à leur exécution.

(e) L'exception qui naît des *lettres de répit* contre les créanciers étant perſonnelle, ne s'étend point audelà de la perſonne du débiteur, comme le prouve la loi 7. Pandect. de Except.

(f) La nature des dettes fait que l'on ne peut ſe ſervir des lettres moratoires contre des obligations jurées ou provenantes de délits, ni contre celles duës au fiſc ; de même le dépôt, le prêt des effets reſtituables en nature, la dote promiſe, les alimentations ne ſuccombent point aux lettres moratoires.

(g) La qualité des créanciers fait que ces mêmes lettres n'ont point d'effets contre les Egliſes, les veuves, les orphelins, les pauvres, les ouvriers & journaliers, les domeſtiques & les ſujets domiciliés hors de l'Empire, qui trouvent dans l'Etat où ils ſont de quoi ſe faire payer.

(h) Le fait du débiteur eſt cauſe qu'il ne puiſſe ſe ſervir du bénéfice de ces

XVIII.

Des foi-res.

On appelle *foire* (*a*) un concours de toutes fortes de perfonnes, autorifé du Souverain, qui fe fait une ou plufieurs fois l'an dans un certain endroit pour y vendre, acheter ou échanger les denrées &

---

lettres, p. e. s'il s'en eft rendu indigne par des débauches, par le luxe, le jeu ou autres faits plus coupables, ou s'il les a obtenus en furprenant la religion du Prince, ou fi par le divertiffement de fes effets il a voulu frauder fes créanciers, ou par d'autres actions qui prouvent fon vol à leur égard. Il y a des auteurs qui prétendent que ces lettres ne peuvent non plus s'obtenir par celui qui auroit renoncé à ce bénéfice. En France cette renonciation ne feroit point valable. V. *l'art.* 12. *du Titre* 6. *de l'Ordonn. de* 1669. laquelle n'a cependant point lieu dans les coutumes qui ont difpofé au contraire.

(*a*) Ce mot *foire* femble dériver du mot latin *forum*, place publique, vu que pour tenir la foire, on fe fert toujours des places & maifons publiques. *Le forum romanum*, occupant l'efpace qui étoit entre *les monts Capitolin & Palatin*, appellé aujourd'hui *Campo Vacimo*, qui du temps des Romains étoit entouré de portiques,

marchandifes que les négocians y étalent. L'établiffement des foires paroît avoir une triple fin : la premiere, pour faire circuler dans les différens lieux & dans les diverfes provinces d'un état, ce que les autres ont de fuperflu ; la feconde, pour attirer les marchandifes des étrangers ; la troifieme, enfin pour rendre aux mêmes étrangers ce que nos fabriques ou manufactures nous fourniffent de trop. Pour mieux parvenir à ces fins, on doit les établir dans les lieux où les étrangers ainfi que les habitants du pays approchent facilement avec fûreté & à moins de frais, que fi elles étoient ailleurs ; & où tout le monde puiffe mener une vie commode, aifée, & agréable. Il faut même engager l'étranger à y venir par de certaines attentions,

_____

& de galeries garnies de boutiques, où l'on vendoit toutes fortes de marchandifes, de neuf jours en neuf jours, nous fert de premier exemple d'une place de foire. V. *Mœurs & ufages des Romains* tom. I. liv. 2. cap. IV. p. 205.

honnêtetés, douceurs., prérogatives & priviléges (*b*). L'on choisit d'ordinaire les ports de mer
& les villes frontieres, pour les y
établir. L'origine des foires tant
en Allemagne qu'en France n'est
point tout-à-fait démontrée.. Cependant on l'attribue avec assez de
vraisemblance à la célébration so-
lemnelle & annuelle des dédicaces
des Eglises & Monasteres, faites à
de certains Saints, pour par leur
intercession auprès du Très-haut
en être protégé & secouru dans
le besoin. Ces fêtes dédicatoires
étoient autrefois très-fréquentées.
Il y venoit une quantité prodi-
gieuse d'étrangers, attirés par les
graces que le ciel se plaisoit de
distribuer particuliérement aux pé-
lerins. Il leur falloit des vivres;

(*b*) Les peines, les incommodités des
voyages, les risques & périls, ainsi que
les frais auxquels les marchands voyageurs s'exposent & s'assujettissent, joint
à tout cela l'inquiétude de leurs familles,
les retiendroient certainement, si d'un
autre côté on ne leur jettoit un amorce

les monafteres n'étant point en
état de les fournir, ceux qui étoient
le plus à portée de ces endroits,
en amenoient avec eux & les y ven-
doient. Il falloit auffi autre chofe
à des voyageurs qui venoient de
loin; cela engagea les voifins à
y apporter de certaines marchandifes dont le befoin eft journalier.
De celles-ci on en vint à d'autres,
qui font de commodité plutôt
que de néceffité. Enfin le concours
prodigieux du peuple, la multitude & la variété des marchandifes,
le tráfique réciproque que l'on en
faifoit, commença à faire une efpece de foire (c). Les moines,
voyant que ce commerce ainfi que
ces attroupemens de gens de différens pays ne pouvoient fe faire
que fous l'autorité du Souverain,

_____

pour les contrebalancer. Les Souverains
fentant cette vérité, ont attaché différens
priviléges aux foires, comme la fuite le
démontrera.

(c) On alloit à ces foires plutôt dans
l'intention de fervir Dieu & d'entendre des

ils en demanderent la permiſſion
& obtinrent même de certains privileges aux foirains (d). Les Princes voyant que les foires étoient
avantageuſes à leurs états, à proportion que le commerce y deve-
noit floriſſant, en accorderent ſuc-
ceſſivement la permiſſion à pluſieurs
endroits, en y attachant de grandes

ſaintes meſſes multipliées ces jours-là,
que pour acheter ou vendre, vu que la
foire n'étoit que l'acceſſoire de la fête ;
ainſi au lieu de dire . . *nous allons à la
foire*, le monde diſoit . . *nous allons à la
meſſe* ; delà vient qu'encore aujourd'hui
dans toute l'Allemagne les grandes foires
s'appellent, 𝔐𝔢ß𝔢, 𝔎𝔦𝔯𝔠𝔥𝔪𝔢ß𝔢, 𝔎𝔦𝔯𝔠𝔥-
𝔴𝔢𝔶𝔥𝔪𝔢ß𝔢, 𝔎𝔦𝔯𝔯𝔪𝔢ß𝔢, V. *Struv. Corp.
Jur. publ. cap.* 13. §. 20.

(d) L'Hiſtoire nous prouve, que les
premieres permiſſions privilégiées de tenir
des foires, furent accordées aux Egliſes
& aux Monaſteres ; ainſi *le Moine de St.
Denys dans la vie, de Dagobert, chap.*
35. nous aſſure, que *Dagobert* accorda
au Monaſtere ou Abbaye le privilége de
tenir foire tous les ans le jour de la fête
du St. Patron. La charte de ce privilége
ſe trouve chez *Doublet, Lib. III. cap.* 3.
ceux qui ſeroient curieux de voir pluſieurs

prérogatives (*e*), cela les rendit fort nombreufes & très-commodes aux voifins. Le droit d'établir les foires a toujours été regardé comme un droit régalien. Du temps de la république de *Rome*, le Sénat en donnoit la permiffion, enfuite il falloit s'adreffer aux Empereurs (*f*). En France les foires, même les marchés, font de la conceffion du Roi (*g*). En Allemagne on

---

autres exemples de pareils priviléges accordés aux Abbayes, les trouveront dans *Pfeffinger ad Vitriarium, Lib.* III. *tit.* 2. §. 37. *pag.* 167. & *feq.*

(*e*) Les plus fameufes foires de l'Allemagne font celles de *Frankfort fur le Mein* & *fur l'Oder*, de *Leipzig*, de *Naumbourg* & de *Brunfwic.*

(*f*) Vid. *Plinii Epiftol. Lib.* V. *Epiftola* 4. & *Dionyf. Gothofr. ad L.* I. *ff. de Nundinis* & *L. unicam C. eod.*

(*g*) Voy. M. *le Bret, en fon traité de la Souveraineté*, *Liv.* IV. *chap.* 14. & *l'Edit du* 2 *Mars* 1696. J'eftime cependant, que les foires établies de temps immémorial,

diftingue entre foires folemnelles
& Impériales (freye kayferliche
Meſſen), & les foires moins folemnelles, territoriales (Landes-Jahr-
márkte). Les premieres font celles
dont l'ouverture & l'iſſue s'annon-
cent & s'indiquent à fon de cloches,
de trompettes, ou d'autres inſtru-
mens, & dont les priviléges font
reſpectés par tout l'Empire. Leur
durée eſt d'ordinaire de huitaine
ou de quinzaine. Celles-ci ne peuvent être octroyées que par l'Empereur. Les moins folemnelles font
énoncées par une ſimple publication, elles ne durent ordinairement
que deux ou trois jours. Les priviléges en font modiques (h) & ne for-

---

ne fauroient être fupprimées uniquement
par la raiſon, que les endroits où elles fe
tiennent, ne fauroient juſtifier leurs titres ; mais il faut les maintenir dans leur
poſſeſſion, qui pour être immémoriale
vaut titre par toute la France. *L'Art.* 23.
de l'Ordonnance d'Orléans défend expreſ-
fément, de tenir foire les jours de diman-
ches ou de fêtes.

(*h*) Il eſt inconteſtable que le droit
d'accorder le privilége des foires folem.

tiffent leur effet que dans le territoire des Etats où elles fe tiennent.
Leur établiffement eft accordé par
les Etats ·même dans leur territoire, en vertu de la fupériorité territoriale.

XIX.

Les priviléges ordinaires, que Privilèges
les Empereurs ont attaché aux foi- des foires.

---

nelles, appartient de toute antiquité à
l'Empereur feul & exclufivement à tous
autres. Cela devient clair par le *Récès
d'Empire de Ratisbonne de* 1576. §. 219.
& par la charte de l'Empereur *Otton*, que
l'on voit dans *Balderic lib.* I. *Chron. Ca-
meracenfis cap.* 112. Il eft même conftant,
que le droit de tenir des marchés de femaines, dependoit autrefois de la conceffion & confirmation des Empereurs.
La charte de confirmation du marché
d'Epinal, accordée par l'Empereur *Otton*
II. à *Théodoric Evèque de Metz*, que l'on
trouve dans *Sigebertus Levita*, *in vita
Theoderici Metenfis, cap.* 20. *p.* 311. nous
en fournit une preuve.

(*i*) Les priviléges que les Etats accordent ordinairement aux marchands, qui
viennent aux foires de leur territoire, font

res font I°. une pleine & entiere
fécurité, dont jouiffent tous les
marchands (*a*) tant étrangers que
bourgeois domiciliés dans l'endroit
de la foire ; enforte qu'on ne peut
exercer fur leurs perfonnes & leurs
équipages, marchandifes ou autres
chofes, aucune contrainte pour
leurs dettes civiles contractées entre
particuliers, pendant qu'ils vont aux
foires, qu'ils y féjournent ou qu'ils en
reviennent (*b*), foit par affignation,
foit par faifie de leurs marchandifes
& hardes(*c*). Cette fécurité concerne
mê-

---

l'exemption entiere ou en partie des péages,
ainfi que des droits d'entrée & de fortie
de l'endroit où fe fait la foire, & le fauf-
conduit (𝔐𝔢ß𝔤𝔢𝔩𝔢𝔦𝔱) par le territoire de
l'Etat, s'ils le demandent.

(*a*) Ces priviléges n'ayant été accordés qu'en faveur du commerce, il devient
clair, qu'on ne doit point les étendre au-
delà des commerçans dans l'endroit de la
foire. Ainfi les autres bourgeois n'ont
aucun droit d'y prétendre. V. *Carpz. J.
F. p.* 1. *cap.* 30. *d.* 24.

(*b*) Vid. *Frantseck lib.* 2. *Refol.* 9. *n.* 60.

(*c*) Ainfi ces priviléges ne s'étendent

me les dettes faites entre marchands
durant la foire (*d*); II°. le fauf-
conduit ou l'efcorte que les Etats
font obligés de fournir aux marchands le long de leur route pour

point aux obligations qui naiffent des
crimes ou délits, commis par les marchands, *L. un. C. de Nundinis.* De telles
obligations ne font point favorables, &
l'impunition des crimes, bien loin de
procurer un avantage à la foire, en em-
pêcheroit tout l'effet. Ainfi que les ban-
nis, ou ceux qui ont été condamnés par
contumace, ne fe flattent point de pouvoir vifiter les foires impunément. Je
leur confeille de n'en rien faire. Voy.
Carpzov d. l. Stryck. uf. mod. ff. de Nund.
§. 4.

Obf. Il n'y a que les dettes civiles contractées entre particuliers qui foient privilégiées en temps de foire. Ainfi une
obligation contractée avec le fifc ne le
feroit point, & un marchand p. e. qui
n'auroit point acquitté les droits de péage,
là où ils font dûs malgré la foire, ne
pourroit pas empêcher la confifcation de
fes marchandifes, ni la condamnation à
l'amende ftatuée en pareils cas.

(*d*) Il y a des Jurisconfultes qui
prétendent, que ces priviléges ne regardent que les dettes contractées anté-

arriver à bon port à la foire (e);
III°. l'exécution des péages, des

---

rieurement à la foire. Je m'écarte de leurs
fentimèns pour deux raifons : la premiere, parceque la *la Loi unique au Code
de Nundinis*, qui accorde ce privilége,
eft générale, & ne fait aucune diftinction
entre les dettes civiles contractées avant
ou pendant la foire. Voy. *L*. 1. §. 1. *ff. de
Legat. præft.* & *L*. 8. *ff. de publ. in rem
act.* La feconde 'eft, que fi ce privilége ne
s'étendoit pas auffi aux autres dettes, le
commercè pendant la foire feroit extrême-
ment gêné, & les marchands qui n'auroient
pas les deniers pardevers eux, ou qui auroient faits une mauvaife foire, s'abftien-
droient de faire les achats qu'ils fe pro-
pofoient de faire ; v. *Struv. Syntag. J. civ.
exercit.* 50. *tit.* 11. §. 82. *Fritfch, de
Nundinis*, cap. 7. n. 22. *Schweder, Jus
publ. p. fpec. fect.* 1, cap. 17. §. 14. &
Lauterbach, Colleg. Pand. lib. 50. *tit.
XI.* §. 4.

Obf. A la fin de la foire, que l'on annonce dans plufieurs endroits à fon de
cloche, commence la femaine du paye-
ment, pendant laquelle on peut obtenir
décret de prife de corps contre les forains
& de faifie de leurs marchandifes & autres effets *Stryck. l. cit.* §. 6. & *feq.
Carpzov. J. p. for. parte I. conft.* 30. *def.*
25 & 30.

(*e*) Les Etats ne fourniffent *des gardes*

droits d'entrée & de fortie, des
tributs & autres impofitions, que
l'on a coutume de lever fur les
marchés (f). Tous ces Priviléges
étant odieux & préjudiciables aux
voifins, il eft d'ufage que l'Empereur, avant d'accorder le droit
& les priviléges de foire, s'infor-
me auprès des Etats voifins de la
néceffité ou de l'utilité d'une foire
follicitée, & en même temps du
préjudice que la conceffion pourroit faire aux voifins, foit pour
raifon de l'éxemption de péage,

---

de fauf - conduit (𝕲𝖊𝖑𝖊𝖎𝖙𝖘-𝕽𝖊𝖎𝖙𝖊𝖗) qu'à
ceux qui les demandent, & pour une
certaine taxe par tète; on ne s'en fert qu'en
paffant par des territoires fufpects de vols.

(f) Pour ce qui regarde l'exemption de
ces droits, l'on ne fauroit donner une
régle générale. Elle ne peut avoir lieu
que par conceffion expreffe de l'Empereur ou par une coutume locale; de mé-
me pour la quotité de la remife il faut
fuivre la teneur des Patentes. En France
il y a plufieurs ordonnances, qui accordent aux marchands étrangers & autres
pour certaines foires l'exemption de tous
droits d'entrée & autres impôts pendant
le temps des foires.

V 2

ou parcequ'un endroit voisin auroit obtenu un privilége, portant qu'à quelques lieux à la ronde il ne sera établi aucune foire; vu qu'en ce cas il ne pourroit y être dérogé (*g*).

XX.

Le privilége de tenir foire, accordé à des particuliers, se perd par le non-usage libre & volontaire de dix ans (*a*); mais celui qui a été octroyé aux églises, ne se perd que par une négligence de quarante ans. Nous pouvons

---

(*g*) *Pfeffinger, ad Vitriarium, lib.* 3. *tit.* 2. §. 37. *lit. c.* rapporte plusieurs priviléges dans ce goût: ainsi les Empereurs ont promis formellement & par Patentes à la ville de *Frankfort*, de ne jamais accorder à la ville de *Mayence* ni à d'autres villes la permission de tenir des foires, qui pourroient préjudicier à celles de *Frankfort*; v. *Limnæus, J. publ. tom.* II. *lib.* 7. *cap.* 17. *n.* 27.

(*a*) Vid. *L.* 1. *ff. de Nundinis.* Ce droit ne se perd donc point pour ne l'avoir point exercé en temps de guerre, de peste, de famine ou dans d'autres temps malheureux, qui empêchent les étrangers d'y

dire la même chofe à l'égard de ce privilége concédé aux villes ou autres corps & communautés ; vu que felon le fentiment commun des Jurisconfultes, il jouiffent du droit des mineurs, & que conféquemment leurs biens, droits & priviléges ne doivent fe prefcrire que par un abandon de quarante ans (*b*).

XXI.

Le Droit de relever ou de dégager d'un ferment, même de l'annuller d'office, fe trouve auffi parmi les Réfervats de l'Empereur, felon le fentiment commun des Publiciftes. Il faut cependant favoir, qu'ils ne foutiennent point que l'Empereur ait le pouvoir de délier l'obligation des ferments, qui

Droit de dégager d'un ferment.

---

venir, ou qui mettroient les domiciliés au lieu de la foire dans le cas d'impoffibilité de les recevoir.

Obf. En Saxe le droit de foire ne fe perd que par la négligence de fon exercice pendant trente & un ans & fix femaines. *Stryck, ufus mod. ff. l. tit. §. ult.*

(*b*) Voy. *L. 3. C. de præfcript. 30. ann. L. 3. de SS. Eccl. & Nov. 131. cap. 6.*

V 3

intéreffent la confcience & la Religion, ni des vœux dont l'Eglife
feule a le pouvoir de relever.
Mais abftraction faite de la confcience & de la Religion, ils prétendent que l'Empereur eft en droit
de relever les fujets de l'Empire
de leurs ferments, quant aux effets
civiles feulement, quand ils font
vicieux dans leur fource; p. e.
s'ils ont été extorqués par force,
exigés par dol, prêtés par erreur
non imputable, ou faits par un
mineur; ou quand de certaines circonftances ou le bien public paroiffent l'exiger. P. e. lorsqu'un
Etat a été mis au ban de l'Empire,
l'Empereur peut dégager les fujets
du ferment de fidélité & d'obéiffance par eux prêté au Seigneur
profcrit (a). De même il peut annuller le ferment de celui, qui après

---

(a) De même l'Empereur pourroit relever du ferment de fidélité les fujets
d'un Etat de l'Empire qui fe déclareroit
ennemi de l'Empire, en faifant p. e. quelques actes d'hoftilité contre lui, ou de
celui auquel on auroit interdit le gouvernement de fon état, en lui conftituant

avoir été injuſtement détenu en
priſon par l'autorité du Prince ou
du Magiſtrat, n'en auroit été élargi,
qu'à charge de promettre, qu'il
ne fera aucune pourſuite ou demande en réparation & dédom-
magement, d'autant plus qu'un
pareil ferment eſt cenſé être prêté
ſous cette condition, *s'il ne plaira
point à l'Empereur ou à la Cham-*

---

un adminiſtrateur. Dans ce dernier cas
l'Empereur releve les ſujets du ſerment
de fidélité prêté à leur ſeigneur, en les ob-
ligeant à le faire à l'adminiſtrateur. Ainſi
Charles VI. dégagea les ſujets du Duc de
Meklenbourg pour avoir été trop vexés,
du ferment de fidélité, interdit le gouvernement au Duc, & donna l'adminiſtration
de ſes terres à ſon frere *Chrétien Louis*,
ne laiſſant à *Charles Léopold* qu'une pen-
ſion de 50000. écus. Voy. *l'Abrégé d'Hiſtoire d'Allemagne*, & *J. Jacques Moſer,
Schediaſma* von der *relaxatione juramenti* ſowohl *ad effectum agendi* als auch
überhaupt, dans ſon Reichs-Hofraths-
Proceß, *p. I. p.* 645. Dans ces circonſtances les ſujets peuvent être déliés de
leurs engagemens par ſerment, qui ſemble n'avoir eu d'autre baſe & fondement
que l'autorité légitime de leur Prince; laquelle n'étant plus reconnue par le Corps
de l'Empire ſon unique juge, l'Empereur

V 4

bre Impériale (*b*) *d'en rompre le lien.* Ce droit ne peut être conte-
fté à l'Empereur, d'autant plus que fon objet eft purement civil
(*c*), & qu'il s'exerce à jufte titre

---

eft en droit de le déclarer déchu de fon pouvoir, & peut conféquemment dégager fes fujets de leur ferment de fidélité & d'obéiffance à fon égard.

(*b*) Ceux qui font prêter ferment au coupable qui a été maltraité ou injufte-ment détenu en prifon, doivent favoir, que l'Empereur ainfi que la Chambre Im-périale font en droit de l'en dégager.

Obf. Il n'y a que l'Empereur qui puiffe dégager un Etat immédiat d'un ferment prêté à un autre; mais quand il s'agit de délier les fujets d'un ferment (autre que celui de fidélité & d'obéiffance) in-juftement extorqué, la Chambre Impéria-le eft auffi-bien en droit de le faire, que l'Empereur par le Confeil Aulique. Voy. *Ordinatio Cameralis parte II. tit. XIV.* Même les Etats d'Empire peuvent déga-ger leurs fujets de ferment, à l'effet de pouvoir agir contre les Magiftrats in-férieurs, qui le leur auroient faits prêter malicieufement. Voy. *Myler, de Statibus Imperii, cap.* 44. §. 4.

(*c*) Quand je dis, que fon objet eft pu-

& dans la vue du bien public, fans faire, juridiquement parlant, tort à perfonne : vu que de pareils fermens ne paroiffent point être de nature à pouvoir faire naître des droits à quelqu'un ; d'ailleurs mille exemples prouvent que l'Empire étoit toujours perfuadé du pouvoir de l'Empereur à ce fujet (d). Cependant l'Empereur n'a pas coutume de dégager d'un ferment quelconque, à moins que

___

rement civil, j'entends, que l'Empereur auffi-bien que la Partie qui fe fait relever de fon ferment, n'ont d'autres vues que la juftice temporelle, c. à d. la réparation des torts, dommages & intérêts.

Obf. L'on peut être relevé du ferment prêté à la juftice, foit en caufes civiles, foit en caufes criminelles, fur-tout quand il fe trouve des nullités dans la procédure. Voy. *l'Ordonnance Criminelle p. II. tit. XXIV.* & la *Caroline*, *Art. XX.* §. 2. ajoutez-y Mofer Reichs=Hofraths= Proceß, *p. 1. pag.* 662.

(d) On peut les voir en partie dans J. Jacques Mofer *Schediafma* von der *Relaxatione juramenti* fowohl *ad effectum agendi*, als auch überhaupt, im

V 5

les caufes ne foient pondérantes, &
qu'il n'en foit bien inftruit. L'effet d'un pareil relief eft, d'être dé-
chargé de l'obligation contractée
par fon ferment, & conféquemment
d'être en droit & habile d'agir &
de pourfuivre fes droits & prétentions, tant en caffation des actes
ou fentences par lesquels on a été
injuftement léfé, qu'en réparation
d'honneur, avec dépens, dommages & intérêts.

Reichs-Hofraths-Proceß, *p. I. p.*
645.

Obf. Les Publiciftes mettent encore un
grand nombre d'autres priviléges parmi
les Réfervats de l'Empereur, mais le lecteur
inftruit verra bien que c'eft à tort; vu
que l'Empereur ne peut les accorder qu'a-
vec l'agrément & le confentement des
Electeurs, Princes & autres Etats d'Empire, conjointement ou féparément. D'ailleurs j'ai expofé dans d'autres endroits le
pouvoir de Sa Majefté Impériale à leur
égard, ainfi je puis raifonnablement me
difpenfer de les retracer ici.

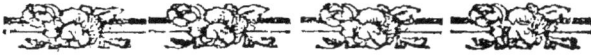

LIVRE VI.

CHAPITRE XIV.

*Des Territoires & de la supério-
rité territoriale en général.*

I.

Après avoir fait la description Terri-
des principaux Réfervats de l'Em- toire.
pereur, nous allons faire une
ébauche des territoires, ainsi que
de la fupériorité teritoriale des
Etats de l'Empire.

II.

Un territoire en général dénote
une certaine étendue de pays ou
de terres, appartenantes à quelqu'un (*a*); mais le territoire d'un
État d'Empire (duquel je parle
proprement dans ce titre) figni-

(*a*) Un pareil territoire, faifant abftraction de toutes jurisdictions ou d'autres
droits feigneuriaux, ainfi que de la fupériorité territoriale, peut convenir & être

fie un diſtrict de terres & apparte-
nances, auxquelles la ſupériorité
territoriale eſt attachée. Un tel
territoire eſt allodial (*b*) ou fief
(*c*), eccléſiaſtique ou ſéculier

---

poſſédé par toutes ſortes de particuliers,
jouiſſants des droits civiles dans l'état
dont ils font membres.

(*b*) On appelle allodial, un bien que
l'on poſſéde franc de toute charge féo-
dale fixée & déterminée par les titres
d'acquiſition. *lib. ult. §. 7. ff. de Cenſib.*

Obſ. 1°. Dans notre Province d'Alſace
tous les héritages ſont préſumés allodiaux.

2°. En Allemagne il y a peu de territoires des Etats, qui ſoient pleinement
allodiaux, ils ont preſque tous été chan-
gés en fiefs. La Principauté de *Mœurs*,
ainſi que le Comté de *Lingen*, ſitués dans
le Brabant Autrichien, appartenans au Roi
de Pruſſe, de même les Comtés de *Hohenzollern*, d'*Oettingen*, de *Geyer*, de
Rantzov, de *Wartenberg*, ſont de purs
allodiaux. Voy. *Struv. Tractatus de allodiis Imperii. Jenæ* 1734. 8°.

(*c*) Un fief ſignifie un héritage tenu
d'un ſeigneur à foi & hommage, & à la
charge de quelques autres droits; celui

(d), pur ou mixte (e), clos ou non clos (f).

---

qui le posséde, s'appelle vassal, & celui de qui l'héritage releve, s'appelle seigneur.

Obs. Le seigneur du bien féodal s'en reserve la propriété directe, & n'en transfere au vassal que la propriété utile.

(d) Un territoire ecclésiastique est celui qui appartient à un état ecclésiastique, p. e. un Archevêché, un Evêché. Un pareil territoire est quelquefois composé de deux especes de terres, savoir : celles qui dès la fondation de ces églises leur ont été données pour en former la Manse (𝕾𝖙𝖎𝖋𝖙𝖑𝖆𝖓𝖉𝖊), & celles qui leur ont été jointes postérieurement, comme p. e. le Comté d'*Arensberg* & une partie de la *Westphalie* à l'Archevêché de *Cologne*, le Comté de *Kænigstein* & une partie du Comté de *Rheineck* à l'Archevêché de *Mayence*. Un territoire séculier est celui qui appartient à un Etat laïque, p. e. un Duché, une Principauté ou Comté possédé par un Etat laïque.

(e) Un territoire pur est celui qui n'a qu'un seigneur. Un territoire mixte est celui qui est possédé de plusieurs seigneurs, qui le tiennent & jouissent en commun de tous les droits y attachés, ou qui en ont fait le partage; de façon,

III.

Les territoires des Etats, ainsi que les terres des particuliers, sont

Servitu-susceptibles de servitudes, appel-
des de lées *servitudes de Droit public*, telles
droit pub-sont les droits de suite, de collecte,
lic.

---

que l'un jouisse de la jurisdiction civile, l'autre de la jurisdiction ecclésiastique, ou d'une autre maniere convenue. Le Comté de *Spanheim*, ou de Sponheim, dont la partie intérieure est partagée par moitié entre le Duc des *Deux-Ponts* & le *Margrave de Baaden*, nous fournit un exemple de territoire mixte.

(*f*) On appelle territoirés clos (geſchloſ- ſene Länder) ceux qui ont toujours resté soumis à un chef particulier sous le même gouvernement; tels sont la *Bohéme*, l'*Autriche*, la *Hesse*, la *Thuringe*, le *Duché* de *Brunswic*, le *Marggraviat* de *Brandebourg* & toutes les Provinces soumises à l'Electeur & aux Ducs de Saxe. Voy. *Menkenius, de vi superiorit. territorialis* §. 8. *Lyser, de Landsassis, Schrifft* - & *Amtsassis* §. 28. Les territoires non clos, sont ceux, qui depuis l'extinction de leurs familles Ducales, ont cessé d'avoir des Ducs & Gouverneurs particuliers;

de dixme, de patronage, de fauf-
conduit, d'hébergement, d'ouver-

---

tels font le *Bas - Palatinat*, la *Suabe*,
la *Franconie* & une partie de la *Weftpha-*
lie. *Menkenius l. cit.*

Obf. Tous ceux qui font domiciliés &
poffeffionnés dans un territoire clos, font
préfumés être *Landfaffen* du feigneur
territorial, à moins que par une prefcription de temps immémorial, ou par un
privilége fpécial, ils ne puiffent prouver
leur exemption, laquelle ne fe préfume
point, étant une affaire de fait. *L. 1. ff.*
de probat. & præfcript. Voy. *Thomafius*,
de inutilitate Brocardici vulgaris . . quæ
funt in territorio, præfumuntur etiam effe
de territorio. Struv. Corp. J. publ. cap. 5.
§. 5. *Henniges, de fuperiorit. territ.* § 19.
Hertius, de fubjectis territorii §. 3. L'élé-
vation aux dignités n'exempte perfonne
de la jurisdiction, ni des autres droits de
la fupériorité territoriale. Voy. *la Capitu-*
lat. de Jofeph II. art. XXII. §. 5. La
marque la plus fûre d'un état provincial
(Landſaß) eft le ferment, par lequel un
Vaffal promet de faire . . . **Alles was**
einem getreuen Lehnmann und Un-
terthan gegen feinen Lehn = und Erb-
herrn zu thun und zu leiften gebüh-
ret. Voy. le *Baron de Lyncker*, *de fu-*
periorit. territ. pag. 72.

ture (*a*). Ces fervitudes ne naiffent point de la co-propriété ni ne la produifent, & elles ne préjudicient point aux droits de la fupériorité territoriale (*b*).

IV.

_____

(*a*) Voy. *Engelbrecht*, *Commentatio de fervitutibus juris publici ; vel juribus præcipue in Imperio Romano Germanico imperanti in alterius territorio competentibus. Helmftadii* 1718. *in* 4º.

Il y a même des territoires fur lesquels, au moins en partie, d'autres Etats ont le domaine direct, p. e. l'Electeur de *Mayence*, l'Abbé de *Fulde*, le Prince de *Hirfchfeld* & les Princes d'*Anhalt*, font Seigneurs fuzérains, ayant le domaine direct fur plufieurs Comtés & autres fiefs nobles de *Thuringe*. Les villes de *Spire* & de *Frankfort*, ont même la fervitude ou le droit d'empêcher, que l'on ne conftruife autour d'elles aucun fort ni forterefle à la diftance de cinq lieues à la ronde. Voy. *Limnæus*, *jur. publ. lib. VII. cap.* 17. *n.* 17.

(*b*) Vu que ce ne font que des droits particuliers, qui ont été autorifés par les loix de l'Empire, de même que la fupériorité territoriale, & conféquemment ils ont été jugés compatibles.

IV.

Ces mots : *fupériorité territoria-* De la fu-
le, ainfi que bien d'autres du Droit périorité
public, font tout-à-fait vagues. territoria-
Charles IV, à ce que prétendent le.
les Publiciftes, eft le premier qui
employa le terme de *fupériorité*
dans les lettres d'inveftiture, accordées en 1377. à Guillaume,
Duc de *Gueldren* (*a*). Mais dans
quel fens l'employa-t il ? Je laiffe
à juger aux favans, fi c'eft dans
le fens qu'on lui donne aujour-
d'hui (*b*) : nous trouvons l'autre

(*a*) Ces lettres qu'on trouve chez
Pontanu., hiftoire de *Gueldres* à l'an
1377. portent... „ *Wilhelmus ducem de*
„ *Gueldria & Comitem de Zulpha-*
„ *nia* .. cum *fuperioritatibus*, juribus,
„ teloniis, feudis, homagiis. proprie-
„ tatibus, civitatibus, caftris, territoriis,
„ hominibus & cum pertinentiis & atti-
„ nentiis... inveftivimus.

(*b*) Les paroles de *Charles IV.* ne
peuvent être entendues que des droits
qui en ce tems-là étoient aeja attachés
à ce Duché, & de ceux qu'il y attachoit
lui-même pour lors. Or il eft certain
que ces droits ne faifoient pas ce qu'on

Tome III.   **X**

terme *territoriale*, qui paroît être la bafe du premier, dans la tranf-action que fit *Ferdinand II*. avec *Maximilien de Baviere*, le 4 *Mars* 1638. fur le *Haut-Palatinat*. Dans le traité d'*Ofnabruck*, *art. VIII.* nous trouvons ces termes, *Droit territorial*; mais pas ces autres, *fupériorité territoriale* (c). Dans la Capitulation de *Charles VI*. *art.* I. nous la trouvons fous ces mots: **Landesfürstliche hohe Obrigkeit.** Dans la Capitulation de *Joseph II.*

---

veut dire aujourd'hui par la fupériorité territoriale, & ne comprenoient point les droits de guerre, de paix, d'alliance & au-tres, qui font du droit des gens, qui dans ce temps-là ne compétoient point aux Ducs & Princes d'Empire; au moins n'é-toient-ils point encore autorifés ni re-connus de l'Empire; tous des droits qui font fans contredit la plus brillante partie de la fupériorité territoriale.

(c) Dans cette tranfaction il eft dit.. **famt allen und jeglichen Chur- und Fürst-lichen Würdigkeiten, Regalien, hohen** „ **Landsfürstlichen Ober- und Herr-** „ **lichkeit.** Vid. *Londorp. tom V. pag.* 800.

art. I. §. 2. elle eft exprimée par le terme ᛋᛟᚺᛖᛁᛏᛖᚾ (*d*). Quoi qu'il en foit, je les trouve confacrées par l'ufage, & je les refpecte.

V.

Il feroit fort difficile de dire ce que les Publiciftes entendent par la *fupériorité territoriale*, vu que ni les plus forts ni les plus foibles font d'accord dans fa defcription. Expofer leurs fentences & opinions à ce fujet, feroit charger mon lecteur d'un favant galimatias, qui, bien loin de l'endoctriner, lui feroit naître des fcrupules & des doutes, fruits ordinaires des fentimens contraires & extrêmes. Pour ne point offenfer ni les Etats, auxquels cette fupériorité territoriale eft due, ni même les Publiciftes qui fe font avifés de la définir, je prendrai le milieu & je

_____

(*d*) Et dans *l'art.* 15. §. 8. de la même Capitulation, la fupériorité territoriale fe rend par ces termes: 𝕷𝖆𝖓𝖉𝖘𝖋ü𝖗𝖘𝖙𝖑𝖎𝖈𝖍𝖊𝖓 𝖚𝖓𝖉 𝖍𝖊𝖗𝖗𝖑𝖎𝖈𝖍𝖊𝖓 *jura.*

X 2

tâcherai en la dépeignant , de
m'approcher de la vérité autant
que poſſible : à cet effet je dis
que la ſupériorité territoriale eſt
*le pouvoir de gouverner ſon état
en chef & en ſon propre & privé
nom , conformément à ſes droits &
priviléges.* Ce pouvoir ne doit pas
être confondu avec la ſouveraineté , lui étant beaucoup inférieur (*a*), bien moins doit - on
l'aſſimiler au droit de juriſdiction ,
vu qu'il eſt infiniment plus éten-

(*a*) La ſouveraineté proprement dite
& priſe dans le ſens qu'on lui donne
ordinairement, ſignifie un pouvoir ſu-
prême , abſolu & indépendant , qui ne
releve que de Dieu & qui n'eſt borné que
par la loi divine, les loix naturelles &
les loix fondamentales de ſon état. Certes le pouvoir des Etats de l'Empire n'eſt
point tel , vu qu'il eſt ſubordonné aux
loix de l'Empire ; d'ailleurs comment
paſſeront - ils pour ſouverains , tandis
qu'ils reconnoiſſent l'Empereur comme
leur Chef & leur juge d'appel, tant en
leurs différens reſpectifs , qu'en ceux de
leurs ſujets ; eux , que l'Empire peut
condamner comme coupables du crime
de Leze-Majeſté , les proſcrire & confiſ-

du (*b*). Il s'appelle *supériorité territoriale*, parce qu'il émine fur

---

quer leurs biens & mettre fes fentences en exécution contre eux ? Comment les regarderons-nous comme fouverains, eux qui n'ont point l'exercice libre des droits de guerre, d'alliance & de paix, mais fe voient génés & ferrés à cet égard par les loix de l'Empire ; eux, dis-je, qui n'ont pas même le droit d'établir de nouveaux péages dans leur territoire, ni d'y battre monnoie, à moins qu'ils n'aient acquis ce Privilége antérieurement aux Capitulations, où ce droit leur eft expreffément refufé ? Il eft vrai qu'ils portent le titre : *par la grace de Dieu*, & que fort fouvent on leur donne celui : *de fa Majefté* ; mais ces grandes expreffions doivent plutôt étre envifagées comme des marques d'une pieufe tendreffe de leurs fujets, ou du refpect & foumiffion que l'Empereur & l'Empire tâchent de leur procurer, que comme des titres fondés dans la réalité de leur grandeur & de leur pouvoir. V. *Struv. Corp. J. publ. cap. XXIX. §. XVII.*

l'Auteur de l'Abrége du Droit public germanique, Chap. 5. *pag.* 185. *dit* ...
„ la fupériorité territoriale, quant au fait,
„ approche plus ou moins de la fouve-
„ raineté, felon que les Etats font plus
„ ou moins puiffans ; & quant au droit ,

X 3

tout autre droit & pouvoir qui
pourroit compéter aux Etats mé-

„ felon qu'ils ont plus ou moins de pré-
„ rogatives. Elle eft, difent les Docteurs,
„ analogue à la fouveraineté, cela eft
„ vrai à l'égard des Electeurs & des
„ principaux Princes de l'Empire ; mais
„ à l'égard des villes Impériales, des
„ Comtes & Prélats, Abbés & Abbeffes
„ qui n'ont à la Diete que ce qu'on ap-
„ pelle voix collégiale, il y a une di-
„ ftance prodigieufe entre leur fupériorité
„ territoriale & la fouveraineté; ils font
„ une exception à l'axiome fi fouvent
„ & fi vainement allegué.. *le plus ou*
„ *le moins ne change point l'efpece.*„ A
ces paroles nous pourrions ajouter..
que l'exercice de la fupériorite territoriale ne varie pas feulement à raifon de la
puiffance ou, de la foibleffe des Etats,
mais encore felon la Religion des uns &
des autres ; vu que les Etats Proteftans
exercent en vertu de la fupériorité territoriale prefque tous les droits concer-
nants les Miniftres & le culte de leur Réligion, tandis que les Etats Catholiques
en laiffent la difpofition aux Evêques dio-
céfains, comme nous verrons dans la
fuite.

(*b*) La jurisdiction eft le pouvoir de
connoître & de juger les différents de fes
fujets, vaffaux ou autres jufticiables.

diats dans le même territoire ; mais il ne s'étend pas au - delà. Tout cela nous fait entendre, qu'il ne peut compéter qu'aux Etats immédiats de l'Empire. Il comprend plufieurs droits, qu'on peut appellér droits de Majefté ou Régaliens majeurs (c) , lefquels cependant ne font pas également

---

Une telle jurisdiction n'eft qu'une partie des droits attachés à la fupériorité territoriale ; elle peut même convenir aux Etats médiats, s'ils en ont été inveftis avec leurs fiefs, ou aux Magiftrats.

(c) On appelle droits de Majefté ou Régaliens Régaliens majeurs, ceux qui font effentiels majeurs. à la fouveraineté & qui ne peuvent point être communiqués à un fujet, de façon qu'il puiffe l'exercer librement & indépendamment du fouverain. Tels font p. e. les droits de faire des loix, de connoître en dernier reffort des jugements de tous les Magiftrats de fon Etat, de déclarer la guerre, de faire la paix, de traiter par Ambaffadeur &c. Or les Etats jouiffent d'une partie de ces droits, comme la fuite le fera voir. Mais puifqu'ils ne les exercent point avec une entiere liberté à l'inftar des fouverains, dans la ftricte régle, ce ne font point de vrais

X 4

exercés par tous ceux qui jouiſſent de cette ſupériorité (*d*), non plus que les Régaliens mineurs, dont la plupart y ont été attachés (*e*).

---

droits de Majeſté, mais leur étant analogues, il eſt permis de les appeller ainſi.

(*d*) Il y a des Etats d'Empire, qui n'ayant point de territoire, ne peuvent point les exercer du tout; tels ſont p. e. les villes de *Hambourg* & de *Breme*, & les Abbayes de *Lindau*, de *St. Ulric & Afra* à *Augsbourg*, d'*Ober-* & de *Nieder-Münſter* à *Ratisbonne*. D'autres Etats, quoique ſouverains poſſeſſeurs d'un petit territoire, n'ont pas aſſez de biens pour en excercer la majeure partie avec dignité, tels ſont les Comtes d'Empire en général.

Régaliens mineurs.

(*e*) On appelle Régaliens mineurs ou petites régales, ceux qui peuvent être communiqués ou laiſſés à d'autres, même aux ſujets de ſes Etats, ſans que la ſouveraineté ou la ſupériorité territoriale en ſoit diminuée ou périſſe. L'exercice de ces Régaliens eſt toujours ſubordonné au Domaine éminent du Prince ou du Seigneur territorial Il ſert d'ordinaire à augmenter les revenus du Prince, tandis que l'exercice des Régaliens majeurs les épuiſe le plus ſouvent; parmi les Régaliens mineurs ſe trouvent les droits

VI.

Conféquemment à ce que nous venons de dire , la fupériorité territoriale peut être regardée comme un affemblage de droits & de prérogatives, approchants des droits de la fouveraineté , compétans aux États de l'Empire , & acquis en partie par un long ufage (*a*) , avec l'agrément *des Gens* , & en partie par les priviléges des Empereurs & les loix de l'Empire. De-là il faut

---

de chaffe , de pêche , de grand chemin, de battre monnoie , de percevoir des péages & autres.

(*a*) Il eft indubitable que les droits de la fupériorité territoriale puiffent s'acquérir par le long ufage ou la prefcription. Le traité de *Paix d'Ofnabruck* , *art. 8. §. 4. art. 9. §. 2. & art. 15. §. 2.* le démontre , & l'Empereur promet par fa Capitulation de ratifier & confirmer de pareils droits , *V. l'art. 1. §. 9. de la Capitulat. de Jofeph II* ; pourvu qu'ils ne foient contraires ni aux Loix fondamentales ni au droit commun de l'Empire , ni à l'équité naturelle. C'eft pour cette raifon que le §. *cité* porte . *ufage & bonnes coutumes.*

conclure que cette fupériorité, telle
que les États l'exercent aujour-
d'hui, n'eft point le réfultat d'un
événement extraordinaire arrivé
dans le gouvernement de l'Empire.
Il ne faut point non plus fe figurer que tous les États l'aient acquis
en même tems, ou pouffé au même
point. L'hiftoire nous démontre
le contraire (*b*) : elle alloit en croif-
fant à proportion que le pouvoir
des Empereurs décroiffoit. Les Publiciftes ont coutume d'affigner de
certaines époques, qu'ils font paffer
pour l'origine & la fource des
droits qui compofent la fupériorité territoriale. Les voici : la premiere fe trouve dans la libéralité

(*b*) Outre l'hiftoire, il y a d'autres
monumens & actes publics qui prouvent
la vérité de ce que j'avance ; tels font la
Bulle d'or, les Récès d'Empire, les Capitulations des Empereurs & les différens
Diplômes & Patentes, par lesquels les Empereurs accordoient poftérieurement au
grand interregne de nouveaux droits &
prérogatives aux Etats. On peut les
voir dans *Mabillon*, *Londorp*, & autres
collecteurs des actes publics.

& dans la foibloiffe des Empereurs Carlovingiens & de leurs fuccef-feurs immédiats, qui, fans intro-duire le droit de fucceffion, ac-corderent facilement, que les dignités & charges du pere paffaffent avec de certains droits & privi-léges particuliers au fils, & po-ferent ainfi la pierre angulaire de la grandeur des Princes (c). La feconde fe place foùs le regne de *Conrad I*, qui commença le pre-mier à rendre les terres des Prin-ces héréditaires, à charge cepen-dant du lien & des devoirs vaffa-latiques, s'en réfervant la pro-priété directe & les droits y atta-chés (d). La troifieme fe rapporte

---

(c) Voyez *Mr. de Thou, dans la vie de Louis le Débonnaire.*

(d) Les principaux droits de la feig-neurie directe, font le droit d'inveftir le vaffal & fes fucceffeurs à chaque muta-tion, d'en exiger la foi & hommage & les fervices féodaux, d'empêcher l'alié-nation ou l'engagement du *fief*, & en cas qu'il ait été aliéné fans fon agrément, il a le droit de retrait ; fi au contraire il a confenti à fon aliénation, il a le droit

aux troubles, qui fous les Empereurs *Henris* s'éleverent entre
l'Empire & le fiége de Rome ;
pendant lefquels les Empereurs,
trop occupés à matter ou détruire
le pouvoir que les fouverains Pontifes s'étoient arrogé dans les affaires
temporelles de l'Empire, négli-
geoient d'un autre côté les moyens
de fapper les anticipations des
Etats (*e*). La quatrieme époque
nous eft fournie par le grand in-

---

de préférence. Si lors de la mort du
vaffal il ne paroît aucun héritier capable de fuccéder au *fief*, il retourne au
Seigneur, qui a en outre le droit de juger
les caufes féodales & de priver le vaffal
du *fief*, pour raifon de certains crimes
(appellés félonie) commis contre lui, p.
e. pour trahifon, pour avoir pris les armes contre fon feigneur & autres. V.
Mafcov, de *Jure feud. cap. XIV. §.*
16. *feq.*

Obf. A ces droits du Seigneur répon-
dent les dévoirs du vaffal ; ainfi la connoiffance des uns, nous conduit à celle
des autres.

(*e*) C'eft particuliérement à cette époque qu'il faut rapporter les droits de ju-

terregne, qui laiſſant l'Allemagne la plupart du temps ſans chef actif & réel, donna la plus belle occaſion aux Seigneurs d'agrandir leurs Etats, & d'y attacher les droits qu'ils ſe flattoient pouvoir ſoutenir dans la ſuite. Enfin, la derniere période comprend tout le temps qui s'écoula depuis cet interregne fatal juſqu'au traité de Weſtphalie ; vu que pendant cet intervalle, la majeure partie des

---

riſdiction & de faire des loix, ainſi que les droits de guerre & de paix, dont les principaux Ducs & Princes s'emparerent à la faveur des diſſentions que la jalouſie fomentoit en ce tems - là entre les Papes & les Empereurs ; vid. *Jus. feud. Alle-man. Cap. XLII.* Il paroit même conſtant, que les plus puiſſans parmi eux jouiſſoient déja vers la fin du douzieme ſiecle d'une entiere autorité dans leurs territoires. *Halmoldus, lib.* 1. *eap.* 73. le démontre & dit hardiment, que du temps de *Henri le Lion,* on ne connoiſſoit que ſon autorité dans ſon duché. Il eſt vrai que *Rodolph de Habsbourg* regarda cette puiſſance d'un œil fort jaloux ; mais ne ſe ſentant point aſſez fort pour la ſupprimer, il aima mieux faire ſemblant de l'approuver. V. *Fugger,* Spiegel der

Etats ont beaucoup augmenté &
affermi leurs droits territoriaux,
tant par différens priviléges à eux
fpécialement accordés par les Empereurs (*f*), que par le long ufage
& par la prefcription. Les guerres
de religion, p. e. celle de *Smalcalde*, ainfi que celle de trente ans,
firent naître toutes les occafions
aux Princes de l'Empire, d'exercer
les droits qui auparavant leur
étoient conteftés. Tels font les

𝕰𝖍𝖗𝖊𝖓, *lib. I. cap. IX.* 𝕷𝖊𝖍𝖒𝖆𝖓𝖓, *lib.
IV. cap. I.*

(*f*) Les différentes lettres d'inveftiture qu'on trouve chez *Lunig, Cod. Italiæ
diplom. tom. II. p.* 35. & *Spicileg. ec-
clefiaft.* 𝕱𝖔𝖗𝖙𝖋. 𝖉𝖊𝖘 *I.* 𝕿𝖍𝖊𝖎𝖑𝖘 *p.* 100. &
parte II. p. 8. *chez Meibomius tom.
III. p.* 213. *chez Albinus,* 𝕸𝖊𝖎𝖘𝖓𝖎𝖘𝖈𝖍𝖊
𝕮𝖍𝖗𝖔𝖓𝖎𝖐, *tit. XVI. pag.* 212. *chez
Pfeffinger, lib. III. tit.* 3. *p.* 1056. &
feq. nous convainquent, que depuis le
quatorzieme fiècle les Princes d'Empire
ont été particuliérement inveftis des droits
de monnoie, de mines, de forêts, de
douane, de péages & autres, que l'on
comprenoit fous les noms 𝕽𝖊𝖌𝖆𝖑𝖎𝖊𝖓 𝖚𝖓𝖉
𝕳𝖊𝖗𝖗𝖑𝖎𝖈𝖍𝖐𝖊𝖎𝖙𝖊𝖓.

droits de guerre & de paix, d'alliance, de légations & autres, dans tous lefquels droits ils ont été enfuite confirmés par le fusdit traité (*g*), enforte qu'aujourd'hui on exprime en qualité de droit

---

(*g*) V. l'*art. VIII. du traité de paix d'Ofnabruck.*

Obferv. La fupériorité territoriale paroit être parvenus plutard aux aux Villes impériales. Les Comtes eurent d'abord l'adreffe de s'approprier le pouvoir judiciaire, & d'exercer en leur propre nom la jurifdiction, qu'ils exerçoient auparavant par ordre & au nom de l'Empereur ; delà nous voyons, qu'on ne leur attribuoit au commencement de leur élevation que la haute jurifdiction (Zwang und Bann), & les droits qui y font analogues. Dans la fuite les Empereurs les inveftirent de quelques Régaliens mineurs, comme nous l'apprenons par les lettres d'inveftiture, que *Louis de Baviere accorda en* 1323. *à Henri Comte de Ruth.* V. *Lunig. VI.* Abtheil. *pag.* 203. *Cortrejus, J. publ. prudentia Cap. XXI.* §. 12. prétend, qu'ils ne commencerent à former une efpece de fupériorité territoriale que vers la fin du quatorzieme fiecle. — Manieres, dont les Comtes & les Villes Impériales parvinrent à la fupériorité de territoriale.

Certes, au commencement de ce fiecle

réel, l'affemblage de ces droits dans les lettres d'inveftiture, accordées aux Princes d'Empire par ces mots: **Landesfürftliche hohe Obrigkeit**, *la fupériorité territoriale des Princes.*

VII.

ils ne jouiffoient pas encore du droit territorial, vu que devenant Princes, on leur accorda ce droit fous le nom de **Landsrecht**, par des Patentes expreffes. Celles par lefquelles le Comté de *Henneberg* fut érigé en principauté en 1310. nous en convainquent. V. *Meibonius, tom. III. p. 208.* Mais dans la fuite les Comtes d'Empire qui avoient des terres immédiates, s'arrogeoient de jour en jour fur-tout du temps des troubles de Réligion, de certains droits, & acheverent ainfi leur fupériorité territoriale avant le traité de *Weftphalie,* qui la leur confirma de même que celle des Princes & autres Etats d'Empire; V. l'*art. VIII. §. 1.* dudit traité. Delà nous voyons, que les Comtes d'Empire font aujourd'hui fpécialement inveftis des Régaliens & de la *fupériorité territoriale*, le Diplôme par lequel *Jofeph I.* érigea les terres allodiales de *Wartenberg en Comté,* en fait foi. Dans ce Diplôme, nous lifons ... **mit darzugehörigen Land-und Leuten; Territorial-Superiorität,**

VII.

La fupériorité territoriale, de même que les territoires immé-diats, fe divife en eccléfiaftique & féculiere. L'eccléfiaftique atta.

---

hoch = herrlich und Gerechtigkeiten unter dem Nahmen Wartenberg, zu einer des heil. römifchen Reichs unmittelbar ge-freyten Graffchaft erheben. V. *Fabri* Staats-Canzley, *tom. XIII. p.* 799. *tract. de allodiis Imperii, cap. III. §. 94. p.* 399. *v. Heninger de fuperioritate territorii §.* 30. & *feq.* & *Nicolaus Hertius, de fuperioritate territoriali.*

Les villes impériales font auffi parve-nues fort tard au pole de la fupériorité territoriale, où nous les admirons aujour-d'hui. Elles eurent d'abord l'adreffe & le bonheur de racheter & de s'approprier , fur-tout dansles treizieme & quatorzième fiecles, les droits & revenus des Avoués & Préfets qui les gouvernoient, & y exer-çoient la jurifdiction au nom des Empe-reurs ; elles y ajouterent enfuite d'autres droits & Régaliens tant en vertu de cer-tains priviléges , que par l'ufage & la prefcription. Enforte que déja avant le traité de Weftphalie , elles exerçoient paifiblement les droits de la fupériorité territoriale , même ceux qui naiffent du

Tome III.   Y

chée aux Archevêchés , Evêchés & Prélatures, s'acquiert par l'élection ou par la poftulation (a) ; la fupériorité territoriale féculiere s'obtient par l'inféodation, la fucceffion, l'exemption (b), la pref-

Manieres de l'acquérir.

droit des gens & qui ne compétent d'ordinaire qu'aux fouverains , tels font p. e. les droits de guerre & de paix, de lever des foldats, de faire des alliances, le droit d'ambaffade & autres ; ces villes furent fpécialement confirmées dans la fupériorité territoriale par *l'art. VIII. §. 4. du traité d'Ofnabrück. Frédéric Heilbrunner* a démontré par une differtation particuliere, faite en 1709, que cette fupériorité eft due aux villes impé. riales.

Poftulation.

(a) La poftulation eft une demande faite de la part d'un Chapitre , & adreffée au fouverain Pontife , à l'effet de vouloir bien relever & difpenfer une certaine perfonne du défaut d'éligibilité , & conféquemment l'admettre à la dignité ou prélature en queftion. Ceux qui veulent favoir les principales différences entre l'élection & la poftulation , les trouveront dans *Engel, Collegium univerfi juris Can. Lib. I. tit. V.*

Exemption d'un Etat.

(b) L'exemption dénote ici l'indépendance comme fujet : elle eft générale ou

cription, l'aliénation, ou par difpofition teftamentaire ; cependant
la tranflation dans ces deux derniers cas ne peut fe faire qu'avec
l'agrément de l'Empereur (c). Le
pouvoir quafi monarchique, ré-
fultant de cette fupériorité, eft
beaucoup géné par les Etats provinciaux, qui, par un droit fondé
fur un ancien ufage (d), & con-

Elle eft
beaucoup
génée par
les Etats
provinci-
aux.

---

particuliere. La générale rend celui qui
en jouit, entiérement franc & libre, enforte qu'il ne dépende (au moins comme fujet) ni de l'Empire, hi d'aucun Etat ;
telle eft p. e. l'exemption des Etats d'I-
talie, qui ne dépendent plus de l'Empire
que comme vaffaux. La particuliere
exempte feulement de la dépendance d'un
certain Etat en particulier, mais non
pas de l'Empire ; tous les Etats de l'Empire jouiffent de cette exemption particuliere.

(c) V. *Le Traité de Paix d'Ofnabrück*, art. V. §. 48. & *Alexander, tractatus de Allodiis Imperii, Cap. IV.* §.
13. *pag.* 182.

(d) Cet ufage paroît tirer fonorigine
des anciennes affemblées des Francs, auxquelles on appelloit les principaux mem-

firmé par des réverfales, concou-
rent avec leur Seigneur, lorfqu'il
s'agit de ftatuer fur la Religion, de
faire des loix, d'impofer les fujets, ou d'ordonner d'autres chofes qui concernent la défenfe de
la patrie ou la police de l'Etat.
Ces Etats font même en droit de
tenir des Dietes ou affemblées générales ou particulieres, d'y expo-

---

Agrandiffement des principaux du peuple, depuis nommés Etats provinciaux.

bres des trois Etats, favoir du Clergé,
du militaire & du peuple. Il eft vrai
que les fuffrages des principaux du peuple n'y étoient point de grand poids;
mais dans la fuite, fur-tout dans les XI.
XII. & XIII. fiecles, il devenoient importans à proportion que la puiffance
des Empereurs déclinoit, & que celle
des Ducs & Princes s'augmentoit. Déja
au commencement du onzième fiecle
nous voyons *Henri II.* s'aboucher à Ratisbonne avec les premiers du Duché de
Baviere, pour en tirer des fecours contre leur Duc; V. *Ditmarus, lib. VI. p.*
386. de Henrico II. Imper. Depuis ce
temps-là les affemblées des Etats provinciaux devinrent de jour en jour plus
fréquentes & plus néceffaires; on ne faifoit plus rien d'important fans leur par-
ticipation V. *Gualterus Archi-Diaconus,*

fer leurs griefs fur les défauts du gouvernement , de délibérer fur

---

in vita Caroli Boni Flandriæ Comitis, cap. XX. de Bircken , Œfterreicher Ehren = Spiegel , lib. II. cap. IX. Grotius , Annal. Belgic. lib. I. p. 4. Aventinus , Annal. lib. I. Bojoar. cap. II n. 17. & lib. IV. cap. XXII. §. 14. & Weckens Chron. Drefd. p. IX. tit. VI. pag. 434. & feq. Ils choifirent même dans ce temps-là leurs Princes , & gouvernerent , pour ainfi dire , conjointement avec eux leurs provinces, comme le prouvent les paroles du Récès de Würtzbourg, fait en 1287. fous Rodolphe de Habsbourg ; les voici . . . „ Was auch die Fürften in ihrem Land mit den Landherren : (Etats provinciaux) Rathfetzend und machend , Vid. Lehmann , lib. V. cap. 108. p. 631. Les Princes leur accorderent vôlontiers cette liberté , ainfi que les droits qu'ils s'étoient arrogés en conféquence , afin de pouvoir à la faveur de leur fecours , s'approprier leurs provinces & les rendre héréditaires dans leur familles. Ces droits furent autorifés dans la fuite par des pactes & traités particuliers , & font confirmés aujourd'hui par les Princes regnants tout au commencement de leur gouvernement, même par ferment dans les territoires eccléfiaftiques. Le pouvoir de ces Etats

Y 3

les moyens d'y remédier , & d'en
faire part à leur Seigneur territorial (*e*) : en un mot, d'y traiter les

---

De quels
membres
les Etats
provinci-
aux font
compofés

diminua & fut reftreint , à proportion que
celui des Ducs & Princes d'Empire s'é-
tendoit & s'agrandiffoit , particuliérement
depuis qu'ils jouiffent du droit de guerre
& de paix.　Cependant il ne laiffe point
d'être affez confidérable, pour mettre
quelquefois des bornes aux defirs des
Princes regnans.　Ces Etats ne font point
par tout de la même efpece ; p. e. dans
l'Archevêché de Treves les Etats provinciaux font compofés du Clergé , des nobles & du peuple. *Hertius , de Conful-
tat §. VII. p.* 412. Dans l'Archevêché
de *Cologne* on y comprend le Clergé ,
les premiers du temple , les Comtes, les
Nobles & les Députés des villes.　Ils
ne jouiffent point non plus du même
pouvoir dans tous les territoires ; il en
eft même où ils font abfolument hors
d'ufage, p. e. dans le *Comté du Palatinat*
c. à. d. dans l'Electorat Palatin ,
quoiqu'on en trouve dans les *Duchés de
Neubourg & des Deux-Ponts.* V. 𝔈uro𝔭.
𝔥erol𝔡t *p. I p.* 301. *& Sprenger, font.
J. publ. p.* 213.

(*e*) Ce qu'il y a de bon, eft qu'il eft
expreffément défendu aux Etats provinciaux, de tenir de pareilles affemblées fans

plus importantes affaires publiques, & d'y convenir, p. e. des
subsides & deniers que les sujets
auront à fournir, pour subvenir aux
besoins communs de l'Etat, soit
en temps de guerre ou en temps
de païx (f). La supériorité territoriale se perd par les mêmes voies
que le territoire immédiat, auquel
elle est inhérente en qualité de
droit réel : ainsi elle se perd par

---

l'agrément du Seigneur territorial. V. *la
Capitul. de Joseph II. art. XV. §. 3.
avec les observat. de Jean J. Moser sur
le même.*

(f) Les Princes & Etats d'Empire,
ont coutume de convoquer une assemblée générale des Etats provinciaux, immédiatement après avoir pris les rênes
du gouvernement, pour convenir avec
eux sur la maniere & les moyens de conduire leurs provinces, ainsi que sur les
deniers à imposer à leurs sujets, afin de
pouvoir subvenir aux besoins de l'Etat.
Ce deniers doivent être livrés au trésor
public dont les Etats provinciaux, ont
d'ordinaire l'administration & la disposition, conformément aux intentions & vo-
lontés de leur Seigneur. Si les Etats

Assemblée générale des Etast provinciaux.

Y 4

aliénation (*g*), exemption, prefcription, félonie, dénonciation, & enfin par la profcription (*h*). Il faut cependant favoir, que la feigneurie directe ou le vaflelage ne donnent aucune atteinte à cette fupériorité ; ainfi le Seigneur territorial pofféderoit tout fon territoire ou une grande partie d'icelui

---

lui ont accordés de certaines contributions annuelles pour un temps fixé ; ce temps échu, elles ne peuvent continuer, fans un nouvel agrément de la part des Etats affemblés à cet effet.

(*g*) Quand j'avance que la fupériorité territoriale fe perd par l'aliénation; j'entends l'aliénation du territoire entier, ou d'une partie d'icelui, avec tous fes droits & dépendances, y comprife & expreffément mentionnée *la fupériorité territoriale* ; laquelle mention ayant été omife dans ce dernier cas, le Seigneur eft cenfé s'être réfervé la fupériorité territoriale fur le fond aliéné. Vid. *Hertius*, *de fuperiorit. territ.* §. 64. & 65.

(*h*) V. *Joh. Henr. a Seelen*, *differtat. inaugural. de modis finiendi fuperioritatem territor. Lipfiæ* 1730.

en fief, ou un Seigneur étranger auroit la seigneurie directe de certains fiefs situés dans son territoire ; cela ne préjudicieroit aucunement à la supériorité territoriale.

VIII.

Le pouvoir résultant de la supériorité territoriale, n'est point tout-à-fait libre & illimité, mais subordonné aux loix fondamentales ou publiques de l'Empire ; enforte que les Etats font tenus de les observer, en tant qu'elles regardent l'utilité & le salut public de l'Empire & des Etats en général (a). Cependant les Etats jouissants de la supériorité territoriale, ne font point obligés de suivre, à l'égard de leurs sujets, les loix privées contenues dans les Récès

Le Pouvoir de la supériorité territoriale est limité par les loix de l'Empire.

_____

(a) Ainsi les Etats jouissants de la supériorité territoriale ne sauroient défendre les appels à la Chambre de *Wetzlar*, à moins qu'un privilége spécial ne les y autorise ; v. *Ordinat. Cam. p. II. tit. XXVIII. §. VII.*

Y 5

d'Empire. Ainſi , quoique eux-
mêmes en ſoient tenus dans leurs
cauſes perſonnelles , il leur eſt
loiſible d'en faire d'autres à leurs
ſujets, à moins que les Récès ne
comprennent expreſſément les
ſujets , ou qu'on y ait ajouté
une clauſe dérogative à toutes loix
& coutumes au contraire (*b*). Ce
pouvoir n'eſt non plus lié par le
droit Romain, quoiqu'il paſſe pour
le droit commun de l'Empire :
ainſi, les ſujets des Etats n'en ſont
tenus , qu'autant que leurs Seigneurs n'y ont point dérogé par
des loix expreſſes , ou par des

(*b*) Quelquefois les Récès portent,
ſauf les loix & coutumes provinciales ;
vid. *Receſſus Imper. Noviſſ.* §. 113.
d'autrefois les Empereurs donnent des
aſſurances à de certains Etats , que de
certaines loix générales de l'Empire ne
préjudicieront point à leurs priviléges &
coutumes ; telle eſt l'aſſurance donnée en
1512. par *Maximilien I.* aux Ducs de
Saxe , à l'égard de l'ordonnance de la
Chambre Impériale. V. *Mülleri* Staats=
Cabinet, *IV.* Eröffnung, *cap.* I. *p.*
25.

coutumes reconnues (c). Les marques les plus certaines de la supériorité territoriale, font le droit de fe faire prêter foi & hommage, tant de fes vaffaux que de fes fujets (die Erb = und Landes= Huldigung) ; le pouvoir de faire des loix, d'impofer fes fujets, de les armer & de les obliger à défendre fon territoire, d'avoir des Tribunaux d'appel, de convoquer les Etats provinciaux aux affemblées générales & particulieres, d'annoncer un deuil général dans fon territoire (Land = Trauer), & enfin le titre de Seigneur territorial (Landes=Herr) (d). Certes,

---

(c) Les Etats y ont déja fouvent dérogé par des loix expreffes, comme le prouvent les droits provinciaux des Etats : voyez - en entre autres *le Droit provincial de Würtemberg* ; & *Fleifchmann*, de *poteftate legislatoria ftatuum Imperii contra jus commune. Argentorati* 1713. & pourquoi n'y dérogeroient - ils point autant de fois que le bien public ou même celui des particuliers l'exige ?

(d) Voyez le *Baron de Lyncker*, vol. I.

on ne sauroit dénier la supériorité
territoriale à celui qui réunit tous
ces droits & qualités.

CHAPITRE II.

*Du Droit des Etats d'Empire
concernant les affaires ecclésiastiques.*

Après avoir parlé de la supériorité territoriale en général, de
son étendue, de sa dépendance, des
manieres de l'acquérir & de la
perdre, nous allons faire un détail
des droits qu'elle renferme. Or
parmi ces droits, dont l'exercice
doit toujours avoir la félicité du
chef & des sujets pour but, les
uns regardent la Religion ; les
autres le gouvernement civil &
politique.

I.

La Religion est sans contredit
la branche la plus essentielle du

Resp. 190. de superiorit. territ p. 67.
& seq.

gouvernement ; elle eſt la baſe &
le ſoutien des autres : il importe
conféquemment à tous ceux qui,
ayant la ſupériorité territoriale,
ſont les chefs & gouverneurs
naturels de leurs Etats (a), de
protéger & de maintenir l'exercice
libre de la Religion, & de donner
aux loix de l'Egliſe le ſecours,
que les occaſions rendent néceffaires. Pour nous faire naître une
idée claire du pouvoir des Etats
d'Empire, concernant la Religion,

(a) Et par-là en droit de faire, à l'é-
gard des affaires éccléſiaſtiques, dans
leurs provinces tout ce que, ſuivant les
principes de la juriſprudence politique,
chaque Souverain peut faire à cet égard,
à moins qu'il ne ſoit contraire *aux Loix
fondamentales* de l'Empire, ſavoir: la
Paix de religion & *la Paix de Weſtphalie*, qui réglerent & bornerent le
pouvoir des Etats, concernant les principaux, points de Religion.

Ancien-
nété du
pouvoir
des Etats
de l'Em-
pire ſur la
Religion.

Obſ. Le pouvoir des Etats ſur la Religion eſt auſſi ancien, que la ſupériorité
territoriale dont il fait partie. V. *art. V.*
§. 30. *pacis Oſnab.* & il fut exercé par

Pouvoir des Etats concernant la Religion, considéré sous différens points de vue. nous allons le considérer sous différens points de vue. Savoir, I°. à l'égard de la Religion en elle-même, II°. à l'égard du soin de *la doctrine publique*, III°. à l'égard de la nomination ou constitution des Prêtres, IV° à l'égard de la jurisdiction tant sur les personnes que les causes ecclésiastiques, V°. à l'égard des biens de l'Eglise, VI°. à l'égard du culte extérieur & de tout ce qui peut y avoir rapport.

------

les Etats d'Empire long-temps avant la paix de Westphalie. Charles-Quint l'avoit déja reconnu en eux, en les appellant *défenseurs & protecteurs de la foi.* V. *Le Récès de Nuremberg de* 1524. §. 28. *Struv. Corp. J. publ. cap.* 29. §. 27. donne un échantillon de plusieurs actes exercés par les Etats sur l'Eglise & ses Ministres, dont quelques-uns cependant excédant leurs droits, ont été fort désapprouvés par les Papes & les Empereurs. V. *Bulla Martini V. in Concil. Constant. an:* 1417. *edita, & Hertius, de super. territ.* §. *XI. p.* 204. *& Diploma Caroli IV. an.* 1372. *in Chron. Mindensis Episcopatus, apud Pistorium, tom. III. p.* 746. *& Lauberius de stapula Saxonica n.* 985.

II.

Le pouvoir des Etats d'Empire, à l'égard de l'établissement d'une Religion dans leur territoire, a été borné à trois : savoir, la Catholique, la Luthérienne, & la Réformée ou Calviniste (a). L'exercice public & libre de toute autre y est défendu (b), enforte que ni le chef ni les Etats de l'Empire, pris fépa-

Les Etats ne peuvent admettre que trois Religions dans leurs territoires.

_____

(a) V. l'art. VII. §. I. du traité d'Ofnabrück ; delà les Etats d'Empire fe divifent en Catholiques, Luthériens & Réformés. Les Luthériens s'appellent auffi *Etats Evangéliques, ou Etats de la Confeffion d'Augsbourg.*

Obf. Les Luthériens & les Réformés viennent fouvent dans les loix publiques de l'Empire fous le nom commun de *Proteftans.*

(b) La fin du §. 2. de l'art. VII. *dudit traité* eft formelle à ce fujet : en voici les propres termes... *Mais à l'ex-*
,, *ception des Religions ci-deffus défig-*
,, *nées, il n'en fera reçue ni tolérée au-*
cune autre dans le St. Empire Romain.
On y tolere cependant les Juifs, les Ana-

rément, ne font en droit (c) d'y introduire ou autorifer une Religion diftincte & indépendante de ces trois.

III.

Du pouvoir des Etats fur la doctrine publique.

Une certaine Religion étant une fois gravée dans le cœur d'un Etat & de fes fujets, il eft de fon devoir de la faire chérir & refpecter, ainfi que de la faire appuyer & affermir par une doctrine faine, pure, intelligible, à la portée d'un chacun, & conforme aux loix divines pofitives & naturelles, & d'en retrancher tout ce qui eft indigne de la Majefté de Dieu, ou incompatible avec fes perfections. Que fi l'Etat eft intimement perfuadé de la fauffeté de la Religion, il eft en droit de la changer, & même de la faire changer à fes fujets

---

baptiftes, & même dans de certains endroits les Sociniens ; de façon cependant que l'exercice de leur Religion n'eft nulle part public, & que le peuple les méprife par-tout.

(c) Si l'on confidére le chef & les Etats d'Empire conjointement, comme fai-

fujets (*a*), de façon cependant que
1°. ni lui ni fes fujets ne puiffent
adopter qu'une des trois Religions
publiquement exercées dans l'Empire , conformément à la claufe
du Traité d'Ofnabrück fusmen-
tionné ; 11°. que ce changement
ne lefe point les droits de la Religion préexiftante, qui s'exerçoit

---

fant un corps fouverain & indépendant,
l'on ne peut lui nier le pouvoir d'introduire ou de tolérer d'autres Religions
que les fus-dites ; il avoit fans doute le
pouvoir d'admettre de nouvelles Religions
dans fon corps avant l'introduction du
Proteftantifme : pourquoi ne l'auroit-il
pas après ?

(*a*) Quand je dis que les États d'Empire font en droit de faire changer de différentes
Religion à leurs fujets , j'entends 1°. que conven-
les Etats peuvent agréer & autorifer le tions faites
changement de Religion fait par leurs entre les
fujets, pourvu qu'il foit conforme aux Etats ,
loix fondamentales de l'Empire ; 11°. que touchant
les Etats font en droit de faire émigrer l'exercice
ceux qui ne veulent point fe ranger à de certai-
leur Religion , pourvu que la Religion nes Reli-
qu'ils exercent, n'ait point déja été pra- gions.
tiquée l'année 1624.

Tome III.   Z

déja dans son territoire au commencement ou pendant l'année
régulative 1624 (*b*); III°. qu'il

Exercice de la Religion dans le Palatinat.

(*b*) Dans le bas-Palatinat, qui après la guerre de trente ans a été restitué à *Charles Louis, Comte Palatin du Rhin*, sur le même pied que les Electeurs & Princes Palatins en avoient joui avant les troubles de Bohême; on doit prendre pour année régulative entre les Catholiques & Protestans, *l'an* 1618 comme le démontre *Struve*, Pfälzische Kirchen-Historie, *cap.* 10. §. 12. & *seq.* & *cap.* 16. §. 36. Mais à l'égard des Réformés, *le 1. Janvier* 1624. sert de regle; V. *l'art. IV.* §. 19. *du traité d'Osnabrück.*

Dans de certains endroits de l'Allemagne.

N. I₀. Dans les endroits que la France à restitué à l'Allemagne, lors de la *Paix de Ryswick*, la Religion Catholique doit être conservée & maintenue, en vertu du *IV. art.* de la susdite paix conclue en 1697, dans le même état qu'elle y étoit lors de leur restitution.

Dans la Silésie.

N. II°. A l'égard de la Silésie il est dit au §. 38. art. *V. du traité d'Osnabrück.* ,, les Princes de Silésie qui sont de la ,, Confession d'*Augsbourg*, savoir: les ,, Ducs de *Brieg, Liegnitz, Münsterberg* & ,, *Oels*, de même la ville de *Breslau*, ,, seront maintenus dans leurs droits &

ne foit point contraire aux pactes
& tranfactions paffées avec d'autres
Etats ou avec fes Etats provinciaux

„ priviléges obtenus avant la guerre,
„ auffi-bien que dans le libre exercice
„ de leur Religion, lequel leur a été
„ accordé par grace impériale & royale;
„ & au §. 40... Sa facrée Majefté Im-
„ périale promet encore de permettre
„ à ceux, qui en ces Duchés font pro-
„ feffion de la Confeffion d'Augsbourg,
„ de bâtir pour l'exercice de cette Con-
„ feffion à leurs propres dépens, trois
„ églifes, hors des villes de *Schweidnitz*,
„ *Jauer* & *Glogau*, près des murailles
„ & dans des lieux à ce commodes,
„ lefquels feront pour cet effet défignés
„ par ordre de Sa Majefté auffi-tôt qu'ils
„ le demanderont. *l'Art. 6. du traité*
„ *de Paix de Berlin, conclu en* 1742.
„ *porte*... Sa Majefté le Roi de Pruffe
„ confervera la religion Catholique en
„ Siléfie *in ftatu quo*, fans déroger tou-
„ tefois à la liberté de confcience de la
„ Religion Proteftante en Siléfie, & au
„ droit du fouverain; de forte pourtant,
„ que Sa Majefté le Roi de Pruffe ne fe
„ fervira des droits du fouverain au pré-
„ judice du *ftatu quo* de la Religion Ca-
„ tholique en Siléfie. V. *les art.* 38. &
40. *du traité d'Ofnabrück*

Z 2

à ce fujet (c) ; IV°. que touchant
les Etats eccléfiaftiques & autres
Miniftres de l'Eglife changeants de
Religion, *le Réfervat eccléfiaftique*,
portant la perte des bénéfices avec
tous les droits & dignités y anne-

Dans
l'Autri-
che.

N°. III. l'Autriche ne s'eft jamais foumife à l'obfervation de l'année regulati-
ve ; fes Souverains portoient toujours
trop refpepect à la Religion Catholique,
pour permettre le libre exercice d'une
Religion étrangere à côté d'elle. Cela fit
que les Proteftans, qui y étoient domiciliés, adopterent la Religion Catholique,
ou quitterent le pays. V. *Hoffmann Biblioth. Jur. publ. n.* 1487. *& feq. &
l'art. V. §.* 41. *du traité d'Ofnabrück.*

(c) Tous ces pactes, tranfactions, conventions ou conceffions doivent demeu-
rer en leur force & vigueur, en tant
qu'elles ne font point contraires aux termes & années régulatives ci-deffus ; V.
l'art. V. §. 33. Nous voyons telles
conventions entre les Electeurs & Princes de Saxe & ceux de la Poméranie,
en vertu defquelles l'on n'y doit permettre ni tolérer d'autre Religion, que l'Evangélique. Une autre, faite entre *Charles
Louis, Electeur Palatin* (dernier rejetton de la branche de Simmeren) &

xées , foit fidélement obfervé (d) ;
V°. & enfin que ce changement
fe faffe avec une pleine & entiere
liberté de confcience , & fans
violenter les fujets d'accepter la
Religion de leur Seigneur ; & en
cas que les Etats contreviennent
à l'un de ces points, au préjudice
de l'une ou de l'autre des Religions
autorifées en Allemagne , les fujets
ou Etats provinciaux font en droit
de porter leurs griefs à la Diete ,
& d'en demander fatisfaction (e).

Philippe Guillaume , Duc de Neubourg ,
fon Succeffeur , (*Chef de l'illuftre branche des Deux-Ponts*) faite à Halle en
Suabe en 1685. au fujet de la toléran-
ce de la Religion réformée, V. *Kulpis ad
Monzambanum , partie I. pag* 237. &
une autre, faite le 19 Novembre 1710,
entre les *Princes & Comtes de Hohen-
lohe* , pour ne fouffrir dans leurs territoires que la Religion Catholique Romaine.

(d) *Art. V.* §. 15. *du traité d'Ofnabrück.*

(e) *Hoffmann , dans fon ouvrage intitulé* : Vorſtellung der Reichs-Be-
ſchwerden, *pag.* 212. apporte différens
décrets ou mandemens *fine claufula* , donnés contre des Etats de l'Empire , qui

Z 3

IV.

Conformément à l'article précédent, un Etat qui change de
Religion, ou qui fuccéde aux terres
d'un autre, n'eft point en droit de
changer la moindre chofe contre
la fusdite difpofition, & il eft obligé
d'y maintenir la Religion quoique
différente de la fienne avec tout
ce qui en dépend, dans le même
état qu'elle étoit dans ladite année
1624 (a). Mais l'exercice de la
Religion de fes anciens ou nouveaux fujets n'ayant été introduit
que poftérieurement à l'année mentionnée, s'il eft contraire à celui
de la fienne, il lui eft entiérement
libre de les tolérer ou de les faire

---

s'étoient avifés d'introduire l'exercice d'une
autre Religion, contre la teneur de l'annéé
régulative.

(a) *Art. V.* §. 23 *du Traité d'Ofna-*
brück. Cela s'entend des Etats féculiers ;
car les Etats eccléfiaftiques changeant de
Religion, perdent, en vertu du *Réfervat*
eccléfiaftique, leurs bénéfices avec le territoire, droits, dignités & priviléges y
attachés.

émigrer. S'il les tolere, il ne doit
point les gêner ni les empêcher
de vacquer à leur dévotion dans
leurs maifons & en leur particulier,
ou d'affifter dans le voifinage,
toutes les fois qu'ils voudront, à
l'exercice public de leur Religion,
ou d'envoyer leurs enfans à des
écoles étrangeres de leur Religion,
ou de les faire inftruire chez eux
par des précepteurs particuliers (b).
Si au contraire il les fait émigre,
il doit leur accorder un certain
délai (c), afin que n'étant point
précipités fur leur départ, ils puiffent, fans fouffrir aucun tort,
pourvoir à leurs affaires, vendre
leurs biens, les bailler à ferme,
ou les faire adminiftrer comment
& par qui bon leur femblera,
même par leurs propres gens ; &
en tout cas il doit permettre qu'ils

(b) Art. V. §. 34 dudit Traité.

(c) Ce délai eft de cinq ans pour Délai d'é-
ceux qui exercent une Religion, qui, migration.
quoique poftérieure à l'année régulative,
a déja été exercée dans les terres du
Seigneur avant ou lors de la publication

Z 4

reviennent de temps en temps fur les lieux, afin de prendre l'infpection de l'entretien & de la culture de leurs biens, de pourfuivre leurs procès, de faire entrer leurs dettes, & de régler leurs autres affaires.

V.

Droit de réformer.

Queftion.

Le droit de réformer ou de changer la Religion, compétant aux Etats de l'Empire (*a*), fit naître une fameufe queftion: favoir, fi les Etats font en droit d'introduire une nouvelle Religion dans les

---

de la paix de *Weftphalie*. Quant aux autres, dont la Religion ne commença à être exercée dans les terres immédiates du Seigneur, qu'après la publication de ladite paix, le délai doit être *au moins* de trois ans. V. *le* §. 36 *du fusdit article.*

(*a*) La Noblesse immédiate de l'Empire a les mêmes droits concernant la Religion, que les Etats de l'Empire, en vertu d'une extenfion fpéciale faite en fa faveur, par l'*art. V.* §. 28. *du Traité d'Ofnabrück,* & *l'art. II.* §. 3 *de la Capitul. de Charles* ꞏ *VI.* & fuivantes, y comprife *la derniere de l'Empereur Jofeph II.*

endroits , où depuis l'année régulative il n'y a eu que l'exercice
d'une feule , de les foutenir & de
les maintenir enfemble, de façon
que l'exercice de l'une & de l'autre
fe faffe dans une même Eglife ,
ou au moins dans le même
endroit (*b*) ? Pour répondre à

(*b*) C'eft ce *Co - exercice* de Religions ,
dont l'une a été introduite après l'année
régulative & mife à côté de l'ancienne ,
que les Publiciftes appellent proprement
Simultaneum. On peut introduire ce co-
exercice de différentes Religions , foit en L'introdu-
accordant à la nouvelle les Temples & ction du
Eglifes délabrées de l'ancienne ; ou en Simulta-
lui permettant de faire fes actes & exer- neum non
cices dans la même Eglife que l'ancienne, nuifible
mais tour-à-tour au temps convenu, & paroît être
fans fe gêner mutuellement; ou en lui permife.
affignant des Temples & de nouveaux
biens eccléfiaftiques , fauf les droits &
priviléges de l'autre. Toutes ces manieres
ne paroiffent point contraires au traité
de Weftphalie, qui autorife trois Religions,
& ne défend nulle part de les exercer
toutes enfemble ou en partie dans le
même endroit. D'ailleurs les Etats d'Empire ont introduit & fouffert le Simultaneum avant la paix de Weftphalie,
témoins les Villes de *Strasbourg* , *d'Augs-*

cette queftion, je dis, que ni le traité de paix de Weftphalie, ni aucune loi publique de

---

bourg, de *Dnückelsbühl*, de *Biberach* & de *Ravensbourg*. Par quel droit? Sans doute par celui de la fupériorité territoriale, qui, à ce que les Proteftans euxmêmes font obligés d'avouer, donnent le droit de *réformer* & de faire changer la Religion de fes fujets, ainfi que d'exclure de certaines Religions de fon territoire, comme le prouvent les pactes & conventions entre les Electeurs & Etats de Saxe; & pourquoi ne donneroit-elle pas auffi le droit de faire exercer plufieurs Religions dans un même endroit? Faut-il un plus grand pouvoir dans ce dernier cas que dans les premiers? Suppofons que cela foit, ce pouvoir leur a-t-il manqué? Pourquoi l'ont-il donc exercé, & pourquoi l'Empire, par l'*art. V. §. 3. du Traité d'Osnabrück*, les a-t-il maintenu dans le co-exercice de leurs Religions, fans leur avoir reproché le moindre abus de leur pouvoir? Ce pouvoir a-t-il été diminué depuis? Il n'en paroît aucune trace dans aucune loi publique, pourvu cependant qu'il s'exerce fans troubler l'ancienne Religion, qui déja du temps de l'année régulative étoit en poffeffion. V. *l'art. V. §. 31. & 32.*

l'Empire (c), défend aux Etats d'in- Simulta-
troduire le *Simultaneum* chez eux. neum.
De-là je conclus, conformément
aux principes tirés de la fupériorité territoriale & du droit de
réformer, que les EtatsCatholiques,
ainfi que les Proteftants, font en
droit d'établir le *Simultaneum* dans
leurs territoires, pourvu que cela
fe faffe fans contrevenir ou fans
préjudicier à l'ancienneReligion(d).
Cette opinion paroît la plus probable, & tient le milieu entre
toutes celles que les plus fameux
Publiciftes ont produit avec autant
de partialité, que d'amour pour la
paix & la vérité (e). Elle eft

(c) Il eft vrai que les Proteftans ont
prétendu que le *Simultaneum* étoit contraire au traité d'Osnabrück, *art. VII.*
& *art. V.* §. 2. & *au Récès de* 1555.
§. 7. mais par ces loix il eft feulement
défendu, de troubler la Religion exercée
avant ou pendant l'année régulative, &
depuis fans interruption.

(d) V. *les art.* 31 & 32 *du fusdit
traité.*

(e) Les écrits qui ont été mis au jour,

même clairement exprimée dans le traité de Weftphalie (*f*), à l'égard des terres ci-devant obligées fous le titre d'engagement, & rachetées depuis ou reftituées en vertu d'une fentence paffée en force de chofe jugée.

VI.

Du pouvoir des Etats à l'égard du foin de la doctrine.

Du pouvoir des Etats à l'égard de la Religion, en elle - même, réfulte naturellement celui du foin de la doctrine ; vu que fa partie effentielle confifte dans la doctrine, c'eft-à-dire, dans l'expofition & enfeignement de fes principes & articles de foi. C'eft donc aux Etats de veiller avec toute l'attention poffible, à ce que la doctrine de leur Religion & de celle de leurs fujets, foit expofée dans toute

---

tant pour que contre le droit *du Simultaneum*, fe trouvent dans *Hoffmann, Bibliotheca Jur. publ. num.* 1431 & *feq.* V. auffi *Struv. corp. jur. publ. cap. XXIX.* §. 33.

(*f*) *Art. V. §. 27. du Traité d'Ofnabrück.*

fa pureté , avec toute la décence
& vénération due à fes facrés
myfteres , & d'écarter de la maifon
du Seigneur tous faux·Docteurs
ou Prophetes , de peur que, gâtant
l'efprit & le cœur , ils ne faffent
adorer des veaux d'or au lieu du
feul vrai Dieu. Dans les territoires
Catholiques, ce foin appartient particuliérement & immédiatement
aux Evêques, comme fucceffeurs
des ·Apôtres , Vicaires de Jefus-
Chrift, & peres du Peuple chrétien.

VII.

Quant à la nomination ou conftitutions des Prêtres & Miniftres
de la Religion, il faut encore diftinguer entre les Etats Catholiques
& Proteftans ; les premiers , n étant
point Evêques (a), laiffent la confti-

A l'égard
de la no-
mination
ou confti-
tution des
Prêtres.

(a) Sous le nom d'Evêques , je comprends auffi les Archevêques. LesEvêques,
comme premiers Pafteurs du reffort de
leur Eglife , ont toujours été regardés
comme Collateurs ordinaires des bénéfices,
Cures , ou ayant charge d'ames de leur
diocéfe ; V. *les mémoires du Clergé de
France , tom. X. p. 1660.*

Evêques ,
Collateurs
ordinaires
des béné-
fices.

tution des personnes ecclésiastiques
à ceux qui, en vertu du Concordat Germanique & des loix ecclésiastiques; ont le droit d'élection
ou de collation (b). Les Etats
Protestans, comme le dit l'*Auteur
du droit public du St. Empire (c)*,
donnent des Ministres aux Eglises,
ou en confirment la nomination
& présentation faite par celui qui
a ce droit. Ils les font changer
de paroisse, les congédient, déposent, dégradent, mettent à
l'amende, ou punissent, suivant
les circonstances & l'exigence du
cas ou du crime. Ils établissent des
écoles & des séminaires; ils créent
un Sur-Intendant ou Inspecteur
général, qui exerce au nom du

Autres Collateurs. (b) Tels sont les Chapitres, les Evêques, les Abbés, les Patrons, l'Empereur, le Pape & de certains Dignitaires, aux bénéfices desquels le droit de collation est attaché. P. e. à la dignité de Grand-Prévôt de l'illustre chapitre de la Cathédrale de Strasbourg, est annexé le droit de conférer les canonicats de St. Léonard, à cinq lieues de ladite Ville.

(c) Livre XX. chap. II. p. 197.

Prince une efpece de pouvoir épifcopal , fur tous les Miniftres
de l'Eglife. Il a même été ftatué
par l'*art. V. §. 26. du traité
d'Ofnabrück*, que ceux de la Confeffion d'*Augsbourg* , qui , au premier jour de Janvier 1624 , avoient
dans des fortes de biens eccléfia-
„ ftiques médiats , poffédé réelle-
„ ment, totalement ou en partie
„ par les Catholiques , des droits
„ de préfentation , de vifite , d'in-
" fpection , de confirmation , de
" correction , de protection , ou
" d'y entretenir des Curés ou des
" Prépofés , les mêmes droits leur
„ feroient laiffés en entier & à l'abri
„ de toute atteinte „.

VIII.

La jurisdiction eccléfiaftique
contentieufe (*a*) s'exerce dans les
territoires Catholiques , par les

A l'é-
gard de la
jurifdi-
ction ec-
cléfiafti-
que.

_____

(*a*) La jurisdiction contentieufe confifte
à vuider par la voie judiciaire , les procès
des Eccléfiaftiques & ceux des Laïques ,
en certains cas feulement. Elle ne peut
être exercée que par un Prêtre gradué
commis par l'Evêque , que l'on nomme
on Official.

Jurifdi-
ction con-
tentieufe.

Evêques ou par leurs Officiaux, à charge d'appel au Métropolitain & au Pape par degrés. La jurifdiction volontaire & gracieufe (*b*) s'expédie par les Evêques ou par leurs Grand-Vicaires, avec une permiffion expreffe de leur part. A l'égard des territoires Proteftans, la jurisdiction a été fufpendue par le traité d'Ofnabrück en toutes fes efpeces ; de forte que chaque Etat Proteftant eft (à l'exception des fonctions facrées), pour ainfi dire, Evêque dans fon territoire (*c*); & comme tels ils convôquent l'affemblée

---

Jurifdiction volontaire.

(*b*) La jurisdiction volontaire & gracieufe eft établie pour les affaires fpirituelles ou quafi fpirituelles, qui dépendent de la volonté de celui qui a droit de l'excercer. Telles font p. e. les difpenfes pour la perception du Sacrement de mariage ou des Ordres, la collation des bénéfices &c.

(*c*) Ce foi-difant droit épifcopal, en tant qu'il s'étend fur les chofes purement fpirituelles, ne peut convenir aux Etats Proteftans laïques, qu'en vertu de leur fucceffion aux droits des *Evêques Catholiques Romains*, & non pas en vertu

l'affemblée du Clergé de leur pays,
quand ils le jugent à propos. Ils
y préfident & font dreffer & publier des ordonnances pour leurs
Eglifes touchant la doctrine, la
liturgie & l'adminiftration des biens
eccléfiaftiques, les devoirs & la
conduite des Miniftres &c. Ils éta-
bliffent des fêtes générales & particulieres, & ordonnent à leurs
fujets le calendrier qui doit être
fuivi à cet égard. Les plus puiffans
d'entr'eux font exercer la jurifdiction eccléfiaftique contentieufe,
par un Confeil compofé de perfonnes féculieres, & de quelques
Miniftres d'Eglife, que l'on nomme

---

de leur fupériorité territoriale, qui ne
donne que la puiffance temporelle, laquelle eft effentiellement féparée de la
puiffance fpirituelle. Tel eft le fentiment
de tous les Souverains d'aujourd'hui, &
la faine doctrine de tous les vrais favans,
que l'Empereur Juftinien nous a fait affez
fentir dans la préface de fa *Novelle 6*.
Ainfi, les efforts de certains Proteftans
qui tachent de foutenir le contraire, me
paroiffent vains.

Tome III. A a

Confiftoire (d), qui differe du Confeil eccléfiaftique , que quelques
Etats ont établi féparément pour
y faire traiter les affaires d'Eglife,
dont ils fe font fpécialement réfervé la connoiffance ; il differe
auffi de la *Chambre eccléfiaftique*,
à laquelle l'adminiftration des
biens fécularifés a été commife
par de certains Etats.

Confi-
ftoire des
Etats Ca-
tholiques.

(d) Les Etats Catholiques exercent la
même jurisdiction eccléfiaftique fur leurs
fujets Proteftans , & même de droit,
pourvu que par leurs Juges ils faffent
obferver l'année régulative & les pactes
& conventions, s'il y en a de paffés
avec les Etats provinciaux , & même les
pactes de familles, s'il en exiftent. Les
différens écrits mis au jour à cet égard,
fe trouvent dans l'ouvrage intitulé :
Reichs-Fama, *an.* 1727. *m. Januario*,
pag. 95. & *m. Febr. pag.* 204. La plupart des Etats Catholiques ayant un grand
nombre de fujets Proteftans , ont auffi
érigé des Confiftoires compofés de Proteftans , pour juger les caufes eccléfiaftiques de leurs fujets. Nous en voyons
dans les Villes de *Hildesheim*, *d'Erfort*,
dans le *Palatinat*, en *Saxe*, à *Dresde*
&c. Voyez *Struv. C. jur. publ. cap.*
XXIX. §. 46.

IX.

Les Etats ont en vertu de la supériorité territoriale un domaine éminent fur tous les biens ecclé- fiafiques, tant meubles qu'immeubles, & ont conféquemment le droit d'en difpofer dans les cas d'extrêmes befoins, p. e. de famine, de guerre &c. autant que la néceffité abfolue l'exige, pour éviter une perte confidérable de leurs fujets, ou d'une partie notable de leurs territoires. Ils doivent cependant ufer de leurs droits avec toute la modération

A l'égard des biens eccléfiaftiques en général.

Les Etats moins puiffans, n'ayant pas les moyens d'ériger des Confiftoires particuliers pour le jugement des caufes eccléfiaftiques, les font juger par leur Régence en y joignant quelques Miniftres. Les Comtes d'Empire, ainfi que les Nobles immédiats foumettent la décifion de ces caufes à la jurisdiction de leurs Baillifs. Les Proteftans prétendent & foutiennent tous qu'en matieres eccléfiaftiques, canoniques & bénéficiaires, il n'eft point permis d'appeller du Confiftoire pardevant les Auftregues, ou la Chambre Impériale, ou au Confeil

poſſible; & puiſque la religion eſt la baſe & le fondement de leur état, ils ne peuvent raiſonnablement attaquer ces biens qui lui ſervent d'appui, que lorſque l'aliénation des autres deviendroit plus dangereuſe, ou à moins que l'Egliſe de leur état ne paroiſſe avoir plus de biens, qu'il ne lui en faut pour un entretien décent & convenable.

X.

En particulier.

Hors ces cas de néceſſité, les Etats ne paroiſſent avoir aucun droit ſur les biens eccléſiaſtiques, ſi ce n'eſt celui d'en empêcher l'abus

---

Aulique, vu que la jurisdiction eccléſiaſtique, au moins dans les choſes purement ſpirituelles, ne leur compéte aucunement. V. *Fabri* 𝕾taats=𝕮anʒley, *tom. XIII. pag. 507. Jo. Frid. Crameri differt. de cauſis conſiſtorialibus, an & quatenus ad judicium Imperiale Aulicum ſpectent.*

Cauſes matrimoniales.

Obſ. Les matieres les plus critiques, les plus épineuſes & dont la déciſion fait ſouvent le plus de tort aux familles, ſont celles qui concernent le lieu ou la

au préjudice de leurs fujets ; ainfi,
p. e. fi l'Eglife négligeoit la culture (a) de fes biens, ou fi elle

---

diffolution des mariages. Les confiftoires
ou Confeils eccléfiaftiques , qui les décident , font d'ordinaire remplis de perfonnes tout-à fait dévouées à leurs Seigneurs ,
ou pas affez inftruites dans les matieres
fpirituelles : de là naiffent mille incon-
véniens qui ont déja fait fouvent avifer
aux moyens d'en tarir la fource. L'établiffement d'un Confiftoire univerfel , qui
jugeàt les caufes eccléfiaftiques des Proteftans , fut toujours reconnu pour le
plus efficace; mais le grand nombre d'ob-
ftacles fit abandonner cet objet jufqu'à
préfent. V. *Lingk , de immediatorum
Proteftantium foro in caufis matrimo-
nialibus. Altorfi.* 1680. Ces caufes font
ordinairement commifes à quelques Théo-
logiens & quelques Confeillers du Confiftoire ou de la Régence ; & fi elles regardent le Seigneur lui-même , on a côu-
tume de relever ces Confeillers du ferment de fidélité. On envoye quelques
fois ces cas aux facultés juridiques ou
théologiques. V. *le Baron de Lyncker ,
vol. 1. refp.* 14.

(a) Les Etats Proteftans s'étant appro-
priés les biens de l'Eglife Catholique , lors

s'avifoit d'en vendre le produit aux étrangers dans le cas où les fujets du Seigneur en auroient eu befoin eux-mêmes. Certes, dans ces circonftances les Etats feroient en droit de réprimer fa licence & de punir fa négligeance, vu que tout membre d'un Etat bien ordonné, doit s'efforcer, autant qu'il eft en lui, de procurer le bien commun.

Emploi des biens eccléfiaftiques par les Proteftans.

qu'ils s'en font féparés, prétendent avoir l'adminiftration & la direction fuprême fur iceux, & fe croient fondés en droit d'en aliéner une partie en cas de néceffité & d'utilité; ou de les employer, quand il y en a plus qu'il n'en faut, à d'autres bons & charitables ufages. La plupart les font fervir à des ufages profanes; d'autres les font adminiftrer féparément, & en emploient les revenus pour l'entretien des Eglifes, Hôpitaux, Ecoles & autres lieux ou œuvres pies; comme nous en voyons un exemple dans le Duché de Würtemberg très-fagement conduit, & un autre dans la Ville de *Strasbourg*, qui ayant entiérement confervé l'état & les revenus du Chapitre de la Collégiale de St. Thomas, a non-feulement conféré au Miniftre principal de cette Eglife, & à ceux de St. Nicolas & de

XI.

S'il y a conteſtation entre les Catholiques & Proteſtans, touchant la reſtitution à faire des biens eccléſiaſtiques immobiliaires, revenus, cens, dîmes & autres, ou s'il s'agit de quelques droits de protection, d'avouerie, d'ouverture, d'hoſpice, de corvées ou autres dans les domaines des uns & des autres ; ceux qui en ont joui le premier Janvier 1624, & qui en ont été injuſtement dépouillés depuis, doivent y être réintégrés & reſtitués en entier, en leur livrant les biens dans le même état qu'on les prit ſur eux, ſans diſtinction entre les biens médiats & immédiats, & en leur payant l'équivalent des droits qu'on les empêcha de percevoir (a), quand

La reſtitution des biens.

Ste. Aurélie les trois Canonicats, dont les Curés de ces Egliſes étoient revêtus, mais a auſſi transporté les autres à autant de Profeſſeurs de l'Univerſité. Le Chapitre jouit encore aujourd'hui de tous ſes droits, en vertu de la Capitulation accordée à ladite Ville par le Roi.

(a) V. *les* §§. 2. 15. 25. 26. 44. & 45.

même les fondations (pour raison
desquelles les susdits droits compé-
teroient) auroient été ruinées
ou démolies (*b*). Il me paroît que
la même décision doit trouver lieu,
lorsque des Etats Catholiques, ou
des Etats Protestans forment à ce
sujet des prétentions entre eux :
quant aux Etats de la confession
d'Augsbourg, le cas s'est présenté
entre le Comte de *Hanau* & la
Ville de *Frankfort*. Mais la Chambre Impériale n'osant s'arroger la
décision de leurs différens, les
renvoya à l'Empereur & à l'Empire,
comme interpretes légitimes &

___

de l'art. *V. du Traité d'Osnabruck.* Il
ne faut pas cependant oublier que dans
le Palatinat la restitution des biens & des
droits y attachés, a pour regle *l'année*
1618. V. *le §. 6. du même art.*

(*b* V. *le §. 46. dudit Art.* où nous
lisons entre autres choses.. Les fondations qui "étoient le premier jour de
» Janvier 1624. en possession ou *quasi*
» *possession* du droit de dîmer sur les terres
» novales dans un autre territoire, le se-
» ront aussi à l'avenir, mais qu'il ne soit
» demandé aucun nouveau droit. »

naturels du traité de paix d'*Of-nabrück* (c).

XII.

Quant aux Archevêchés, Evêchés, Abbayes, Chapitres, Couvents & autres biens fécularifés par le traité de *Weftphalie* (qu'on les regarde comme biens allodiaux ou féodaux (*a*), il paroît conforme

Arche-
vêchés,
Evêchés,
Abbayes,
Chapitres,
Couvents
&c.

—————————

(*c*) *Pacis Ofnabr. fpecimine VIII.*

(*a*) Les Publiciftes fe difputent à perte de vue la palme fur la queftion.... Si les biens eccléfiaftiques fécularifés font entré dans la claffe des allodiaux, c'eft-à-dire, dont le propriétaire a une pleine & entiere difpofition, ou fi ce font des fiefs de l'Empire ?

Queftion.

A parler franchement, je penfe que ces biens ayant été déliés de l'Eglife, & ayant changé pour ainfi dire, de nature, font rétombés dans leur état primitif, & que conféquemment ils doivent être regardés comme allodiaux ; de façon cependant qu'il faut les confacrer à leur ancienne deftination fuivant l'intention à l'intention des fondateurs d'en employer les revenus à la promotion du culte de Dieu & à l'entretien de ſes Miniſtres ; tel eſt même le ſentiment des Etats de l'Empire, exprimé par la *paix de Religion de l'an* 1555. où il eſt porté expreſſément " *que* " *de ces biens on doit pourvoir au* " *miniſtere des Egliſes & entrete-* " *nir les Curés, les écoles, faire* " *des aumônes, & ſoutenir les hôpi-* " *taux ſur le même pied qu'ils* " *étoient entretenus auparavant,* " *ſans diſtinction de Religion.* "

---

de ceux qui les ont ſacrifié à Dieu, au moins autant que le bien public paroît le permettre ; & je ne vois point qu'on les doive enviſager comme biens féodaux, à moins qu'on ne leur ait expreſſément donné cette qualité, en les inférant notamment dans les lettres d'inveſtiture accordées aux Etats, comme on le fit dans celles de l'Electeur de Saxe, données en 1688, dans leſquelles ces biens ſont ainſi exprimés... " Praͤlaturen und Kloͤſter, weltliche Obrigkeit, Schutz-Rechten und Advocatien. V. *Chriſtiani Thomaſii diſſertatio de bonorum ſecularſatorum natura.*

XIII.

Le culte ou l'exercice de la Religion qui se manifeste au dehors,
comprend la pratique de certaines vertus & l'exercice de certains
actes qui intéressent l'ordre public
& la tranquillité d'un Etat. Ce
culte doit être dirigé 1°. par des
loix, dont les unes essentielles aux
bonnes mœurs ne commandent
que ce qui est essentiellement bon,
& ne défendent que ce qui est essentiellement mauvais. Ces loix
tirées de la nature des choses sont
immuables. 2°. Par des loix de pure discipline, qui n'ayant pour objet que des choses indifférentes
en elles-mêmes concernant la police extérieure de l'Eglise, & dont
la bonté est rélative aux diverses
circonstances des temps, des lieux
& des personnes, sont sujettes
au changement; vu que ce qui
est bon dans un temps, dans un
pays, & pour de certaines personnes, ne l'est pas toujours ni dans
d'autres pays, ni pour d'autres personnes. Delà vient que la discipline de l'Eglise a souvent chan-

*Du pou-
voir des
Etats à l'é-
gard du
culte exté-
rieur de la
Religion.*

gée (*a*). Cette difcipline influant effentiellement dans le gouvernement témporel d'un Etat, vu qu'elle ôte de certains jours aux travaux, qu'elle exige les affemblées des fujets, qu'elle fe fait par des inftructions & harangues au peuple; il eft palpable que les Etats d'Empire, en vertu de leur fupériorité territoriale, font en droit de veiller à ce que rien n'entre dans ce culte qui puiffe préjudicier, fécouer ou boulleverfer l'Etat. Les Etats Catholiques laiffent l'adminiftration de la difcipline eccléfiaftique aux Evêques, de façon cependant, que leur approbation eft abfolument néceffaire, autant de fois qu'il s'agit d'établir une chofe qui puiffe donner atteinte au bonheur de leur territoire; p. e. quand on projette l'inftitution d'une fête générale ou l'établiffement d'un Monaftère. Les Etats Proteftans confient d'ordinaire la direction

---

a) V. *Thomaffin, dans la préface de l'ancienne & nouvelle difcipline de l'E-glife.*

de la police de leur Eglife à un Sénat eccléfiaftique (Kirchen-Rath), lequel cependant n'ofe rien ftatuer ni ordonner d'important, fans avoir préalablement requis & obtenu leur agrément; & toutes les loix ou ordonnances qui en émanent, font publiées fous l'autorité & au nom du Seigneur.

CHAPITRE III.

Du gouvernement civil & politique comprenant les droits que les Etats exercent, afin de pouvoir procurer la félicité intérieure de leurs territoires.

I.

La fupériorité territoriale aujourd'hui généralement reconnue dans l'Empire, donne aux Etats le pouvoir de gouverner leurs fujets felon que les circonftances des lieux, des temps & des perfonnes l'exigent, pourvu qu'ils ne bleffent point les loix fondamentales de l'Empire. Or, pour

bien gouverner un Etat, un
pays ou un territoire, il faut y
maintenir l'ordre public dans toute l'étendue de fes parties, conte-
nir les particuliers dans la paix,
& réprimer les entreprifes de ceux
qui la troublent, faire rendre une
prompte & exacte juftice à tous
ceux qui la demandent, obliger
fes fujets à des travaux néceffaires
& utiles; en un mot il faut pourvoir de la maniere la plus convenable à tout ce qui peut contribuer au bien commun de l'Etat.
Et puifque tout ceci requiert une
grande activité de la part du chef,
& un exercice non interrompu
de fes droits, nous allons donner
dans ce chapitre une ébauche des
droits des Etats de l'Empire eu
égard au gouvernement civil &
politique de leurs territoires.

II

Pour nous faire naître une idée
claire des droits appartenans aux
Etats de l'Empire, eu égard au
gouvernement intérieur de leurs
territoires, nous allons les divi-
fer en trois claffes: dans la pre-

miere nous rangerons les droits
concernans la puiſſance législative ; dans la ſeconde nous place-
rons ceux qui ont pour objet des
graces , des priviléges ou autres
bienfaits ; & dans la derniere nous
mettrons ceux qui touchent les
revenus & l'adminiſtration des
biens du fiſc.

III.

Par la puiſſance législative j'entends le pouvoir de faire des loix,
ſoit privées (*a*), ſoit publiques (*b*),

Droits concernans la puiſſance législati-ve.

_____

(*a*) Par loix privées , j'entends les ordres
ou défenſes du Prince , concernant les engagemens entre particuliers, leurs commer-
ces & en général tout ce qu'il convient
de régler entre eux , ſoit pour prévenir ,
ſoit pour terminer leurs différends : comme ſont les contrats & conventions de
toute eſpece , les hypothéques , les preſcri-
ptions , les tuteles & curatelles , les ſuc-
ceſſions , les teſtamens & autres matieres.

(*b*). Par loix publiques, j'entends celles qui
interéſſent immédiatement tout le corps du
peuple & qui regardent l'ordre du gouvernement de chaque État; telles ſont les loix qui
fixent la maniere de parvenir à la ſupériorité territoriale, l'adminiſtration de la
juſtice, la levée de la milice, les finan-

d'autorifer & confirmer les anciennes, d'y ajouter ou d'en retrancher, ou de les interpréter par des
déclarations, d'abroger ou d'annuller entiérement ou en partie
celles qui paroiffent devenir inutiles ou nuifibles, & enfin de renouveller ou rétablir celles qui
font tombées en défuétude. Ce
pouvoir dans l'Empire apparte-
noit autrefois indiftinctement &
exclufivement aux Empereurs,
qui donnerent même à de certaines provinces des loix particulieres, comme le prouvent les
loix *des Allemands* & celles *des
Boïens*; mais la foibleffe des Empereurs & les troubles de l'Empire, firent que les plus puiffans
parmi les Etats fe l'attribuerent
de force, ou l'obtinrent par grace (c). Les Ducs ou Princes en
joui-

---

ces, les différentes fonctions des Magiftrats & autres Officiers, la police des
villes, des rues, des places publiques,
des grands chemins, des rivieres, des
fleuves, des ponts, des mers & des ports
&c.

(c) *Meibomius, tom. III. pag. 209. &*

jouirent longtems avant les Comtes; en sorte que les premiers ju-
geoient selon les loix de leurs provinces (Landrecht) & les derniers
selon celles de l'Empereur (d).
Les villes Impériales obtinrent
également par différens privilèges
des Empereurs le même pouvoir
législatif (e), ensorte que long-
tems avant la paix de *Westphalie*
les Etats l'exercerent dans une trés
grande étendue & insensiblement
on le regarda comme un droit
inhérant à la supériorité territoriale (f) & on l'insera comme tel
dans les Capitulations (g) de fa-

Hertius, *de superioritate territoriali* §.
XXIII. en citent divers exemples.

(d) Vid. *Goldast*, Reichssatzungen, P.
II. pag. 132. cap. IX.

(e) Ainsi l'Empereur *Rodolphe* accorda
à la ville de *Northuse* en 1290. le privilége de faire des loix utiles & honnêtes
pourvû qu'elles ne portassent aucun préjudice à l'Empire. V. *Hertius au lieu cité.*

(f) V. *l'art. VIII. §. I. du traité d'Osnabrück.*

(g) V. *Celles de Léopold & de Joseph
I. art. III. celle de Charles VI. art. I.
& celle de Joseph II. art. I. §. VIII.*

Tom. III. Bb

çon qu'aujourd'hui les Empereurs ne font plus en droit d'y déroger; pourvû cependant que l'exercice de cette puiffance législative ne bleffe point les loix publiques ni le falut de l'Empire (*h*).

IV.

Le pouvoir de faire des loix fuppofe celui de les faire publier & exécuter: deux chofes effentielles pour qu'elles puiffent obtenir le but que le législateur fe propofoit. Il appartient donc également aux Etats de conftituer des exécuteurs des loix connus fous le nom de Juges ou *Magiftrats* (*a*)

***

(*h*) Ainfi ce pouvoir législatif n'eft point illimité mais fubordonné aux loix publiques de l'Empire. V. *le livre VI. chap. I.* §. *VIII.*

(*a*) Le tribunal de ces juges s'appelle *Collège ou Confeil d'Etat* (das Geheime ou Raths - Collegium) on y traite les affaires publiques & celles qui touchent les droits du Seigneur ou le gouvernement du territoire. Le Prince y préfide lui même, ou en commet un directeur (einen Geheimen Raths-Directoren) en fa place. *Müller Annalifte de Saxe au 24. Janvier* 1581. prétend qu'Au-

& d'établir des tribunaux ſoit pour
délibérer & ſtatuer ſur les affaires
d'Etat, ſoit pour diriger & fixer
la police du territoire (*b*) ſoit enfin pour rendre juſtice aux ſujets (*c*). La principale direction

---

guſte Electeur de Saxe en établit le pré-
mier.

Obſ. La pluspart des Princes & Comtes
d'Empire n'ayant pas de Conſeil d'Etat font
traiter ces affaires au Conſeil de Régence.
Les villes impériales exercent leurs juriſdiction par leur Sénat & les Nobles immédiats par leurs Baillifs ou par eux-mêmes.

(*b*) Dans les territoires des Princes
les affaires concernant la police font
confiées à un *Conſeil* appellé (Landᵦ-
Regierung) & dans les terres des
Comtes on le nomme *chancellerie*
(Canzelley). Dans la pluspart des territoires on expédie aux mêmes *Conſeils ou
Régences* les affaires judiciaires ſoit en premiere inſtance dans les cauſes qui concernent des cörps, des perſonnes nobles,
Conſeillers ou autres : ſoit en cauſe d'appel dans les cauſes des autres ſujets. *V.
Berger. diſſertat. de Judiciariis Cancel-
lariæ prærogativis, & Bœhmer de Ma-
jeſtate Imperii Magiſtratuum majorum.*

(*c*) Les tribunaux où l'on termine d'ordinaire les affaires de juſtice ſont ou ſu-

de tous ces tribunaux est toujours réservée aux Etats.

V.

Le droit de juger ou la jurisdiction qui découle de la puissance législative, s'étend sur toutes sortes de matieres, civiles, féodales, militaires, criminelles & même ecclésiastiques au moins à l'égard des protéstans. Les Etats l'exercent en premiere instance exclusivement à l'Empereur & aux tribunaux de l'Empire: en sorte qu'ils ne peuvent point évoquer à eux, ni connoître des causes des sujets médiats (a) si ce n'est pour déni

---

perieurs ou subalternes; les superieurs ou tribunaux d'appel (*Régences*) sont ceux qui jugent souverainement au moins jusqu'à la concurrence d'une certaine somme & auxquels resortissent les appels des tribunaux inférieurs p. e. des baillifs (Amtleute, Vogte) ou des magistrats des villes & villages. V. *Struv. Corp. J. publ. cap. XXX. §. 18. & seq.*

(a) V. *le dernier Récès. §. 164. & les Observations de Jean Jaques Moser, sur la Capitul. de Joseph. II. art. 18. §. 3. & 4.*

Obs. Les États de l'Empire ont aussi la

de juftice (b) ils jugent les caufes
criminelles en dernier reffort ; à
moins que le délinquant ne fou-
tienne avoir été condamné fans
qu'on ait admis fes moyens de ju-
ftiffication ou qu'il y ait nullité
dans la procédure ; auxquels cas
la chambre examine la procédure & la trouvant défectueufe elle
la renvoye au premier juge pour
la recommencer. Il y a des Etats
qui jugent également les caufes
civiles fans appel comme nous
l'avons fait voir ailleurs.

___

jurifdiction civile & criminelle fur leur
femmes & fur les Princes appanagés domiciliés dans leur territoire. V. *Struv. Corp.
J. publ. cap. XXV. §. 20.* & *Lynck de
foro proteftantium in caufis matri-
moniolibus. fect. I. §. 38.* & même fur les
membres immédiats de l'Empire pour caufes concernant des terres faifant partie de
leur territoire.

(b) Dans ce cas, ainfi qu'en toutes caufes d'appel, les tribunaux fuperieurs de
l'Empire font obligés de prononcer conformément aux loix, ftatuts & coûtumes
de chaque territoire. V. *l'ordonn. de la
Chambre Imp. p. I. tit. 57.* & *l'ordonn.
du Confeil Auliq. tit. 1. §. 15.*

VI.

La puiſſance législative donne
encore le droit d'avoir des archives, où l'on dépoſe & conſerve
les actes & documens concernant
les affaires d'Etat, appellées *Archives de cabinet* ou ſecrets (**das
Geheime Archiv**) & des *Archives
de chancellerie* (**das Canzley-Ar-
chiv**) où l'on garde les actes &
mémoires des affaires traitées par
le Conſeil de Régence (*a*), enſorte que tous ces actes & piéces faſ-
ſent foi partout.

VII.

Le droit de faire grace, de mo-
dérer les peines, de réhabiliter (*a*),
d'accorder des diſpenſes d'âge (*b*),
des lettres de répit, des privilèges, de relever du ſerment, d'attacher à de certains lieux le droit

(*a*) *Fritſchius de Jure Archivi.*
(*a*) Par le *Récès d'Augsbourg de* 1525.
§. 4. & celui de *Spire de* 1526. il a été
reconnu que les États étoient en droit de re-
habiliter leurs ſujets qui pendant la guerre
des *Payſans* ont été déclarés infames.
(*b*) À l'égard de ce droit v. *Müller.
d'Ehrenbach Etologia Ordinum Imperii.*

d'asile, d'accorder des Lettres de légitimation, des difpenfes en matières matrimoniales (fçavoir à l'égard des protéftans (c)) de concéder la faculté de tefter à celui que les loix en empêchent, font tous des fuites de la puiffance législative & de la jurifdiction tant civile que criminelle. Les Etats ont droit de les exercer avec un effet entier dans leur territoire; il eft même conftant que les Etats voifins vivant en bonne intelligence laiffent jouir leurs fujets réciproques des effets des graces, p. e. du bénéfice d'âge, à eux accordées par leurs Seigneurs, afin d'éviter les défagrémens de l'exercice du droit de rétorfion.

VIII.

Les Etats jouiffent encore de plufieurs autres droits que l'on pourroit mettre parmi les droits de faire grace, p. e. celui d'accorder le droit de ville & de bour-

(c) Vid. *Böhmeri differt. de Sublimi Principum ac ftatuum Evangel. difpenfandi jure in caufis tam facris quam profanis.*

geoifie à un certain endroit compofé de quelques maifons qui n'en
jouiffoit point auparavant. Ce
droit étoit autrefois refervé aux
Empereurs (a) de façon que perfonne n'ofoit l'accorder fans en
avoir eû obtenû la permiffion par
un privilège Impérial. Mais déjà
du tems des Empereurs de la Maifon de Suabe, de certains Etats
s'arrogerent ce droit (b), que
d'autres s'attribüerent de même dans la fuite (c), ce-

(a) Ainfi l'Empereuur Frédéric II. défendit de conftruire des châteaux, bourgs
ou villes fur les terres Eccléfiaftiques,
foit par droit d'Avocatie ou fous quelqu'autre prétexte que ce fut v. *Ludwig Relig.
Mftorum. tom. VII. p.* 516. 529. 530.

(b) *Adolphe II. Comte de Holftein,*
bàtit de fon propre chef la ville de *Lubec* en 1140. *Henri le lion* Duc de Saxe
en devint jaloux & s'y oppofa; mais voyant qu'il ne pouvoit l'empêcherl, il fit
de même conftruire en 1156. de fa propre
& privée autorité fur le bord du *Wache-
nitz,* une ville qu'il nomma *Loewenftadt*
(*ville de Lion*) & l'échangea enfuite contre *Lubec* v. *Krantz. Saxonia lib. VI.
cap.* 26. *Helmoldus, lib. I. Caf.* 57. 86.
& *Hübner, edition.* 1758.

(c) Ainfi *Albert l'Ours, Marggrave de
Brandebourg,* bàtit *Berlin* & *Bernau.* V.

pendant la pluspart des Etats l'obtinrent par privilège. Aujourd'hui ce droit eft regardé comme faifant partie de la fuperiorité territoriale (*d*), de même que celui

---

Brotuf. Chron. Anhalt. p. 47. de même *Othon Marggrave de Mifnie* bâtit la ville de *Freyberg* fans avoir eu préalablement demandé la permiffion de l'Empereur. V. P. *Albinus*, Weißenberg *Chron. tit. II. p.* 9. *Struv. Corp. Jur. publ. cap.* 30. §. 26. en fournit plufieurs exemples.

(*d*) Jufqu'à la fin du feizième fiécle ou mieux jufqu'au traité de Weftphalie les États moins puiffans, p. e. les Evêques & les Comtes d'Empire n'ofoient guères s'arroger cette liberté. Mais depuis tout l'Empire eft dans la ferme perfuafion que ce droit eft attaché à la fuperiorité territoriale. Auffi a t'on vû bâtir poftérieurement nombre de villes fans requérir l'agrément de l'Empereur. Telles l'ont été dans le fiécle ou nous vivons les villes de *Manheim* & de *Franckenthal* dans le Palatinât. La ville dite *Georgenftadt*, bâtie par *Jean George I. Duc de Saxe*, pour fervir d'afile aux luthériens chaffés de la Bohême. La ville de *Freudenftadt* bâtie par le Duc de Würtemberg pour fervir aux mêmes fins aux protéftans chaffés des pays héréditaires d'Autriche. Le Village de *Lietzembourg* fut changé en ville fous le nom de *Charlottenbourg* en

d'ériger des Académies, collèges & écoles publiques pour y enseigner toute sorte de sciences & d'arts, d'en nommer les Directeurs, Professeurs, Régens, Suppots & autres membres pour les conduire, d'y attacher certains revenus, droits & privilèges; horsmis celui de donner les grades académiques avec les mêmes droits & privilèges dont jouissent les gradués dans l'Empire ; vû que le droit d'accorder ce privilège, est un des cas réservés à l'Empepereur (e). Aux droits de faire

---

faveur de *Charlotte de la Maison d'Hannover*, prêmiere *Reine de Prusse* par *Frédéric I.* son époux. *Frédéric II.* son fils voulant seconder le gout & l'affection de son pere pour cette ville, y transporta le fameux cabinet de raretés du feu *Cardinal Polignac*, qu'il avoit fait acheter à Paris en 1741. pour 90000. livres. *Philippe Reinhard* dernier *Comte de Hanau* mort en 1736. fit bâtir la nouvelle ville de *Hanau* (Neu = Hanau) à trois lieux de *Franckfort* pour servir de retraite aux protéstans chassés des pays bas Autrichiens.

(e) V. *Pfeffinger lib. III. tit. II. p.* 227.

grace, nous pouvons enfin ajouter celui d'accorder des marchés
& des foires avec toutes fortes
de privilèges, mait dont l'effet ne
peut s'étendre audelà du territoire de l'Etat concédant (f).

IX.

Les droits utiles, qui augmen- Droits des Etats tou-chant leurs reve-nus.
tent les revenus du Seigneur terri-
torial ou qui concernent l'adminiftration de fes domaines, & dont
l'exercice eft indifpenfablement
néceffaire pour pouvoir fubir les
charges & foutenir les frais de
l'Etat de façon à le rendre refpe-
ctable au dedans & au dehors, varient beaucoup. L'ordre public
& le bien commun d'un Etat demandent deux fortes de dépenfes: la premiere de celles qui regardent l'Etat entier, telles que
font les dépenfes de la guerre,
de la fubfiftance des garnifons &
autres troupes en tems de paix,

(f) V. *Hertius de fuperiot. territ.* §.
XXI.

de l'entretien des fortifications, cafernes & corps-de-gardes; celles de la maifon du Prince, celles des gages de fes Officiers de Juftice, de police & plufieurs autres. Et la feconde des dépenfes neceffaires pour la police de chaque ville & des autres lieux, comme pour l'entretien des pavés, des fontaines, des maifons de villes, hôpitaux, maifons aux orphelins & aux enfans trouvés; promenades, ponts & autres chofes publiques, qui font à la charge du Prince ou Etat d'Empire. Les deniers déftinés aux dépenfes qui regardent l'Etat font éxigés par des perfonnes prépofées par le Prince & entrent dans les coffres des finances de l'Etat: les autres font perçus par des perfonnes chargées à cet égard par les communautés des villes & autres lieux & n'entrent point dans le tréfor du Prince. Il feroit impoffible d'en fixer la nature, le nombre & l'étendue. Les befoins de chaque pays eû égard à fa fituation, à fes productions & aux

mœurs de fes habitans font connoître à chaque Seigneur territorial quels droits il peut exercer
avantageufement dans fes terres
fans opprimer fes fujets. On pourroit donner pour régle que . . .
Chaque Etat de l'Empire (ayant un
territoire) *peut exercer tous les
droits utiles, dont l'exercice lui paroit
néceffaire pour le falut de fes fujets
& pour fubvenir aux befoins publics de fon pays; pourvû que les
loix de l'Empire ne l'en empêchent,
ou qu'il n'y ait point renoncé par
des conventions faites avec les Etats
voifins ou avec fes fujets.*

X.

Cependant pour ne pas nous
borner à cette régle vague, nous
allons déployer les droits utiles,
les plus ufités parmi les Etats de
l'Empire les plus puiffans Ces
droits s'exercent 1°. fur les eaux
& forets (*a*), tels font les droits

_____

(*a*) Par ces mots *eaux & forêts*, nous
entendons les mers, fleuves, rivières, tor-

de ports & de navigation (b), de

tents, canaux & en général toutes les
eaux coulantes, de même que tous les
bois & bocages qui en vertu de la supériorité territoriale font dans la disposition
de l'Etat ou du Seigneur. Ainsi les bois,
les étangs, les petites rivieres ou autres
eaux qui appartiennent en propre à de certains particuliers, n'y font point compris.

(b) Il y a plusieurs Etats & Vassaux
d'Empire tant en Allemagne qu'en Italie,
dont les territoires touchent la mer & qui
ont obtenus les droits régaliens maritimes
en fief. v. la *dissertat. du Comte de Bar-
rau, de Jure Imperii in maria.*

Le droit de navigation comprend particulierement le pouvoir de permettre ou
de défendre le passage aux bâteliers ou
matelots étrangers; & celui d'accorder à
un certain corps de ses sujets le privilège
exclusif de transporter ailleurs les productions ou marchandises du pays ou d'y
amener des étrangeres. L'exercice de ce
droit est quelquefois reserré par des privileges ou par un usage de tems immémorial. Ainsi p. e. les bateliers de Strasbourg
jouissent depuis très long tems du droit
exclusif de conduire les marchandises
achetées aux foires de Franckfort en re-
montant le Rhin. Ils se font associés les
bateliers de Mayence en 1749. & ceux du
Palatinat en 1751. les traités d'association se
trouvent aux archives de Strasbourg.

péage, de pontenage (c), de flô-
tage, de pêche, de traverse (d),
de bâtir ou permettre que l'on bâ-
tiffe des moulins ou autres édifices fur le bord des fleuves ou rivieres, d'y faire conftruire des
ponts, foit mouvans ou volans
foit immobiles répofants fur des
piliers figés en terre; & d'exiger
de certaines redevances ou droits
pour leur ufage (e), d'aquérir les

(c) Je parle ici des anciens droits de péage & de pontenage, puifque l'exaction des
nouveaux leur eft expreffement défendue
par les Capitul. v. *celle de Jofeph II. art.
VIII. §. 8. & 9.*

(d) Le droit de traverse eft le droit d'e-
xiger une efpèce de péage pour l'ufage des
bateaux qui mènent les perfonnes avec leurs
hardes ou marchandifes d'un bord à l'autre en traverfant le fleuve ou la rivière
& la redevance que l'on paye s'appelle
en allemand: Das Fahr = Recht, Urfahr
ou Ueberfahr=Geld. Voyez *Fritfch*, *Jus
Fluviaticum.*

(e) Nous voyons que, par exemple, les
meuniers font obligés de payer aux Seigneurs un certain canon pour l'ufage des
eaux (appellé Waffer=Fall). Ce canon
fe rachéte quelques fois pour une certaine fomme une fois payée.

isles qui s'y forment. Cependant chaque Etat de l'Empire doit user 'de ces droits de maniere, que ni l'intérêt public, ni les droits des particuliers en foient léfés (*f*). Les droits utiles à l'égard des forêts que les Seigneurs territoriaux doivent tâcher d'entretenir dans un floriffant état par des loix faites à ce fujet, font les droits de chaffe, de faire traquer fes fujets (*g*) de

---

(*f*) Ainfi la navigation p. e. devant être libre, le Seigneur territorial ne feroit point en droit d'accorder la permiffion de bâtir des édifices ou faire autres cnofes qui en empêcheroient l'ufage. V. *les Capitul. de Charles VII. & de Jofeph II . art VIII. §.7.* De même ne feroit il point en droit d'accorder à un particulier la permiffion de conftruire un moulin qui feroit regorger l'eau de façon, que l'ancien ne pourroit plus moudre ou qu'il lui cauferoit un grand préjudice. V. *le Dictionnaire de Brillon, art. Moulin.*

(*g*) Je ne crois pourtant point que les Seigneurs territoriaux puiffent fans bleffer leur confcience & fans être obligés à indemnifer les particuliers y établir des garennes, laiffer multiplier les bêtes fauves, entretenir des colombiers, au point

de leur accorder des coupes à prix d'argent (*h*), ou feulement une certaine quantité d'arbres ou une certaine efpèce de bois & d'en vendre aux étrangers, fi les befoins de leurs propres territoires le permettent. Tous ces droits comprennent celui de défendre & d'empêcher que perfonne ne s'arroge l'exercice des mêmes droits.

XI.

Les Princes & Etats de l'Empire exerçoient anciennement un certain droit fur les mers & fleuves navigables (*a*); appellé à l'é-

Droit de Warech.

---

que les campagnes enfemencées en fouffrent un dommage notable ; obliger leur fujets à traquer toutes & quantesfois bon leur femble ; ou les contraindre d'acheter de leurs grands veneurs la viande noire à un certain prix la livre.

(*h*) La coupe de bois ne fe doit faire qu'en automne & en hyver ; ainfi on n'en coupe point depuis la mi-avril jufqu'à la mi-feptembre ; les arbres étant pendant ce tems en fève, la coupe en deviendroit nuifible aux racines.

(*a*) V. *Hertius in differt. de fuperiorit. territor.* §. 56. *opufcul. vol. I. tom. II. pag.* 127. *feq.*

Obf. La ville de Strasbourg dont le com-

gard des mers (das Strand-
recht) & à l'égard des fleuves (das
Grundrecht): en vertu duquel chacun s'approprioit les biens & marchandifes, qui, après avoir péries
par naufrage, furent retirées des
eaux fur les côtes de la mer ou
fur les bords des fleuves qui touchent leurs territoires. Les Romains ayant deja reconnus l'injuftice de cette maniere d'agir, ordonne-
rent de réftituer ces biens à leurs
malheureux propriétaires (b), dans
la fuite l'Empereur *Frédéric II.*
entra dans les mêmes fentimens
d'humanité & défendit de retenir
les débris de ces infortunés, fous
peine de confifcation de tous les
biens de ceux qui y contrevien-

---

merce étoit toujours floriffant obtint en
1236. par l'Empereur *Frédéric II.* un privilège qui lui donnoit le droit de réclamer
fes biens péris par le naufrage & rétirés
enfuite des eaux. V. *la differt. d'Engel-
hard, de Jure occupandi bona naufra-
gorum §. ult. Argent.* 1762.

(b) V. *L. I. C. des naufrag.* & *Byn-
kershæckius in lib. fing. ad l.* 9. *ff. de
L. Rhod. opufc tom. I. pag.* 173. *feq.*

droient (c). Mais l'Allemagne n'é-
toit alors pas encore affez huma-
nifée ni affez vertueufe pour y con-
defcendre , l'on fuivoit toujours
le barbare ufage de ne plus réftituer ces biens quoique réclamés
par leurs propriétaires. Enfin *Charles-quint* le défendit deréchef en
1521 (d). Depuis ce tems l'Allemagne ceffa infenfiblement d'ufer
de ce droit; enforte qu'aujour-
d'hui ces fortes de biens font ré-
ftitués aux propriétaires qui les
repétent moyennant le rembour-
fement des frais de rétirage & de

(c) La conftitution de *Frédéric II.* à ce
fujet fe trouve dans le Corps de droit civil, à la fin des livres féodaux, elle fut
faite en 1220 , approuvée par le *Pape
Honorius* & confirmé par *Boniface VIII.*
V. *cap. inquifit. de heret. in 6.* & not.
Dionif. Gothofr. ad hanc conftitut. Dans
cette ordonnance *Frédéric* excepte feulement les navires , les biens & les marchandifes des pirates, ceux de nos ennemis &
ceux de l'ennemi du nom Chrétien.
(d) V. l'ordonnance criminelle de *Charles - quint* fous le titre de *Nemefis Caro-
lina*, *art.* 218. & *Gail, obf. cam.* 1.
18.

gardage ($\mathfrak{Bergegeld}$) (e). Mais fi
leurs maîtres ne les redemandent
point dans le tems de prescription
des choses mobiliaires (fçavoir
trois ans), ils font aquis au fifc,
c. a. d. au Seigneur territorial du
lieu ou ils furent rétirés des eaux,
& cela conformement aux principes de la jurifprudence d'aujour-
d'hui, qui lui adjugent les chofes
dont on ne connoît point le propriétaire (f) & qui font regardées

---

(e) Vid. *Befoldus*, *Thef. pract. h. v.*
(f) Vid. *Schilter*, *Exercit ad Pan-*
dect. exercit. II. corollar. 5. *Schubachius*,
in Comment. de jure littoris 39. *Scho-*
telius, *de fingul. in Germ. jurib. cap.*
20. §. 8.
    Obf. En France on doit accorder en
vertu de *l'Ordonnance Maritime de* 1681.
liv. IV. tit. 9. à ceux dont les vaiffaux
ont fait nauffrage, un an pour réclamer
leurs biens rétirés des eaux. Si pendant
ce laps de tems on a négligé de les revendiquer, ils doivent être diftribués par moitié entre le Roi ou le Seigneur haut ju-
fticier jouiffant des droits du fifc à cet égard
& l'Amiral. Si les mariniers les ont tirés
du fond de la mer, la même Ordonnance *art* 24. veut qu'on leur en donne un
tiers en récompenfe de leurs peines. Mais

comme chofes abandonnées fi o ne les revendique dans le tems fufdit.

XII.

Les droits que les Etats de l'Em- Sur les pire ont coutûme de léver fur les chemins. chemins fe réduifent aux droits

la *Déclaration de* 1735. *art.* 2. ordonne, qu'on leur laiffe tous les biens que par induftrie ils ont tirés du fond de la mer, fi les propriétaires ne les ont révendiqué dans le tems y prefcrit, à l'exception ce-pendant de deux dixièmes, dont l'un revient au Fifc & l'autre à l'Amiral. V. *Dennifart. Collect. de Droits nouv. art. naufrage.* Ainfi les biens ou marchan-difes que la mer auroit jetté elle même fur les côtes ou que les mariniers n'au-roient point tirés du fond de la mer, doivent étre partagés fuivant la fufdite Ordonnan-ce, de façon cependant que le Roi pren-droit à l'exclufion du Seigneur l'or & l'ar-gent monnoyé ou en maffe qui excède vingt livres. Item les chevaux de fervice, francs-chiens, oifeaux, yvoire, corail, pierre-ries, écarlate, verd-de-gris & les peaux Sibelines non encore apprètées à aucun ufage d'homme. Item les trouffeaux de draps entiers, lits & tous les draps de foye entiers. Enfin tout le poiffon Royal qui vient en terre fans aide d'homme, en quoi n'eft comprife la baleine.

Cc 3

de péage (*a*) & de fauf-conduit (*b*);
l'exercice de ce dernier étoit autrefois d'un grand rapport,
furtout du tems du grand

(*a*) Les Etats ne font point en droit d'introduire de nouveaux péages fur les marchandifes fans le confentement unanime du
Collége Electoral. V. *la Capitul. de Jofeph II. art. VIII. §. 1.* Mais le droit de
lever d'autres péages pour l'entretien des
ponts & chauffées que l'on demande fur
les paffans, les béftiaux, voitures, cha-
riots, charrettes, &c. paroit être attaché
à la fupériorité territoriale v. *l'art. IX. §.
2. du Traité d'Ofnabrück*, quoiqu'anciennement ce droit n'étoit exigible qu'en vertu d'un privilège Impérial. v. *Lunig. II.
Contin. III.* Fortſeßung *p.* 172.

(*b*) Le fauf-conduit fe donne par *lettre* (Schriftlich Geleit) ou par une fau-
ve-garde de quelques foldats (Perſön-
lich Geleit) plus ou moins felon l'exigence des cas & conformément à la demande de celui à qui on l'accorde. Il fe paye
à prix d'argent & garanti celui qui l'a obtenû, de façon que s'il lui arrive un tort
ou dommage pendant le jour par des voleurs ou brigands, il eft en droit d'en demander l'indemnifation au Seigneur qui
lui donna le fauf-conduit, pourvû qu'il
ne fe foit pas écarté du grand-chemin.
v. *le Récès d'Empire d'Augsbourg de
1548. §. 20. & de 1559. §. 34.*

interrégne, les chemins étant in-
feftés de brigands & de voleurs,
mais aujourd'hui il eft affez rare
qu'on le demande.

XIII.

Dans ce §. nous allons expo- Tributs.
fer en peu de mots les différents
tributs que les Etats d'Empire
peuvent éxiger (a); on les réduit
d'ordinaire en quatre claffes. La
premiere contient les contributions qui fe tirent fur les fujets à
caufe de leurs biens meubles ou
immeubles & des profits qui peuvent venir de leur induftrie: elles doivent être proportionnées
aux biens & au profit de l'induftrie de chacun, & ne fe levent que

---

(a) Le droit de lever des impofitions
fur les fujets, eft depuis longtems regardé comme faifant partie de la fupériorité
territoriale. La Capitulation de Jofeph
II. art. XV. §, 1. 2. & 3. & art. XIX.
§. 6. s'exprime clairement là-deffus. Autrefois il falloit un privilège particulier
pour ofer le faire. V. la Chronique de
Spangenberg - Henneberg, lib. 5. cap.
5. p. 185. Voyez auffi le Traité de J.
J. Mofer, von der Landes = Hoheit in
Steurfachen.

fur les chefs de famille (*b*); la feconde comprend les contributions qui fe prennent fur les immeubles & s'impofent fur chaque fond; ainfi c'eft fur le fond & à proportion du revenu qu'on peut en tirer que cette charge doit être réglée indépendemment de toute autre vuë (*c*); la troifième comprend les contributions qui fe lévent fur certaines denrées & marchandifes que les loix du Prin-

---

(*b*) Les femmes féparées de biens, les veuves, les filles majeures jouiffant de leurs biens ainfi que les enfans émancipés font régardés comme chefs de famille & font cottifés comme tels tant pour raifon de leurs biens que de leur induftrie. V. *L.* 9. *C. de Muneribus Patrim.*

(*c*) Ces tailles ou contributions s'impofent dans les lieux où les héritages font fitués. Elles font fujettes au changement, comme les héritages ou biens fonds fur lefquels elles font affifes pouvant être gâtés ou périr en tout ou en partie, ou être améliorés par de nouveaux plans ou bâtimens : ainfi les Affeffeurs doivent avoir connoiffance de tous les changemens arrivés dans les biens pour pouvoir régler au jufte le pied des tailles réelles afin de ne faire tort à perfonne.

ce y ont affujetties. La quatriè-
me comprend les impofitions ou
charges pures perfonnelles n'ayant
aucun rapport aux biens ; telles
font p. e. les corvées & la capita-
tion (d).

XIV.

Les plus lucratifs des droits ré- Droit de
galiens utiles font : les droits de mines.
falines & de mines c'eft-à-dire le
droit de fouiller & de s'approprier
le fel, l'or, l'argent, le cuivre,
le fer, l'acier, le plomb & autres
minéraux que l'on trouve fous
terre , même les eaux minérales.
Les Empereurs Romains ne fe font
jamais attribués que le dixieme
des mines (a), en Allemagne le

(d) Dans cette claffe on peut mettre
les droits d'accife qu'on paye pour les vins,
la viande & autres vivres, de même les
droits appellés Indus (Umgelder) qui obligent a donner une certaine quantité de
denrées en nature outre les droits d'accife, & d'autres droits, defquels nous avons
déja précédemment fait mention.

(a) V. L. 36. de Metallariis. Suivant
l'ancien Droit Romain les mines apparte-
noient aux propriétaires des fonds où el.

droit de mines étoit anciennement totalement réservé aux Empereurs (b). *Charles-quatre* l'accorda en 1356 à tous les Electeurs (c); dans la suite les Etats de l'Empire l'aquirent, les uns par privilège spécial, les autres par un long uſage ou par preſcription de tems immémorial. La plûpart des publiciſtes modernes prétendent que le droit de mines eſt cenſé être attaché à la ſupériorité territoriale (d).

XV.

De battre monnoïe. Au droit de mines repond le droit de battre monnoye à ſon coin,

---

les étoient trouvées. *L.* 3. §. 6. & 4. *ff. de rebus eorum &c.*

(b) V. *Goldaſt, tom. III. Conſtitut, Imp. p.* 362. *& le Droit Provincial de Saxe. lib. I. art.* 35. où nous liſons: „Omnis theſaurus ſubterraneus profun-„dior aratri meatu jacens ad Imperii per-„tinet Majeſtatem". La majeure partie des publiciſtes expliquent ces paroles du *droit de mines.*

(c) *Aurea Bulla cap.* 9. où le droit de ſel leur eſt expreſſement accordé.

(d) Vid. *Hornius, de metalli fodinarum jure. theſ* 1. *& Pfeffinger. ad vitr. lib.* 3. *tit* 18. §. 28. *& ſeq.*

d'interdire toute autre que celle à qui l'on veut bien donner cours, de ftatuer des peines contre ceux qui fabriquent ou débitent de la fauffe monnoye, de même contre les Officiers de monnoye, qui les alterent. Les Princes & Etats d'Empire aquirent ce droit par privilège Impérial ou par prefcription immémoriale comme je l'ai déja fait voir ailleurs (a). Il ne compète qu'à ceux qui ont des mines dans leurs territoires, ou qui l'ont exercé de tems immémorial foit par privilège, foit par prefcription (b): ainfi il ne doit point être régardé comme émanant de la fupériorité territoriale & doit être exercé conformément aux loix de l'Empire.

XVI.

Les Etats jouiffent encore de plufieurs autres droits régaliens;

(a) V. Struv. Corp. J. publ. cap. XIII. §. 37. & cap. XXX. §. 31.
(b) V. la Capitul. de Jofeph II. art. IX. avec les Obfervations de Jean Jaques Mofer.

tels font p. e. les droits de recevoir des Juifs(*a*), de s'approprier les
tréfors (*b*), d'établir & d'entretenir des poftes provinciales, de
percevoir les amendes, les fucceffions vacantes, les terres cadu-
ques, les dixmes fur les terres
novales, qui n'ont jamais été
cultivées; les droits d'étape (*c*)
(Stappel-Gerechtigkeit) de con-

(*a*) Ce droit ne compétoit qu'aux Empereurs, jufqu'à ce que *Charles quatre*
l'accorda par fa Bulle d'or *chap.* 9. aux
Electeurs. Depuis il devint commun à tous
les Etats d'Empire, de même qu'à la Nobleffe immédiate. Il n'eft pas des moins profi-
tables & il y a des Etats qui fçavent l'e-
xercer fort avantageufement.

(*b*) Ce droit n'eft point général parmi
les Etats de l'Empire : plufieurs fuivent
le Droit Romain à ce fujet. V. §. 39.
*Inft. de Rerum div. & L. un. Cod. de
Thefauris & Jacobus Gothofredus, ad
eand. L. Stryck, uf. mod ff. de Aquir.
rer. dom.* §. 13. *Selchovius Elem. Iuris
Germ.* §. 534. & *Corp. Juris Frider.* P.
II. *Lib. II. tit.* 5. *art.* 1. §. 5.

(*c*) Etape fignifie la place ou le lieu
public deftiné à l'expofition de certaines

fiſcation (d), de détraction (e),

---

marchandiſes en vente. Ainſi le droit d'é-
tape ſignifie le droit de contraindre les
marchands paſſans par de certains endroits,
d'expoſer leurs marchandiſes ſujettes au
droit d'étape en vente pendant deux ou
trois jours, ou pendant tout le tems fixé
par le privilège ou l'uſage. Ce droit n'eſt
dû qu'à ceux qui l'ont obtenu par un privilege ſpecial , ou par une preſcription
immémoriale. il gêne beaucoup le commerce & paroit être contre le droit des
gens.

Il n'y a que les denrées & les choſes
qui ſont d'un uſage journalier, qui ſoient
ſujettes à ce droit, p. e. tout ce que l'on
boit & mange, de même le chanvre, le
lin, le bois, les charbons. la chaux, les
pierres à moulins &c. V. *Leuber de
Jure Stapulae.*

Sur le Rhin nous voyons trois villes
qui jouiſſent de ce droit, ſçavoir *Spire*,
Mayence, & Cologne. Sur la Moſelle la ville de *Tréves.* Sur le Danube *Ratisbonne,
Ingolſtadt & Paſſau.* Dans la Suabe la
ville de *Buchorne* à l'égard des marchandiſes qui viennent de St. Gall & de Stein-
bach & entrent en Suabe ſur le Lac de
Conſtance. V. *Sprenger, Inſt. Jur. publ.
lib. III. cap.* 33. §. 22.

L'Empereur ne peut accorder ce privilege ſans l'agrèment du Collège Electoral.

& autres auxquels je fais trêve, pour ne point ennuyer mon lecteur, ni furcharger cet ouvrage.

V. *l'art. VIII. §. 17. & 23. de la Capitul. de Jofeph II.*

Obf. Les marchandifes achetées fur les lieux d'étape doivent être payées comptant, de forte que les acheteurs font contraignables par corps à ce faire.

(*d*) Si les vaffaux ou fujets des Princes & Etats de l'Empire commettent le crime de lèze - Majefté ou autres, pour lefquels les biens du délinquant font confifqués; les fiefs retournent au Seigneur direct & les allodiaux au Seigneur territorial. *V. la Capitul. de Jofeph. II. art. XXI. §. 2. & le Traité de J. J. Mofer.* von der Landes = Hoheit in anfehung der Unterthanen Perfon. S. 96.

(*e*) Le droit de détraction eft celui, en vertu duquel les Princes ou Etats de l'Empire déduifent une certaine quotité p. e. le dixieme ou le vingtieme, réglée par les loix & coûtumes du territoire, ou fuivant que le portent les conventions faites avec les Seigneurs voifins, appellées, *Compacta,* fur les fucceffions que des étrangers héritent ou emportent de leurs états ou fur leurs fujets émigrans, qui pour de certaines raifons transfèrent leur domicile dans le territoire d'un autre état.

XVII.

Outre les Droits Régaliens uti- Biens Do-
les que nous venons de traiter, les maniaux.
Etats poffedent des biensfonds appellés *Biens Domaniaux* (Kammer
und Tafel-Güter), déftinés à foutenir les charges publiques de
leurs territoires, dont ils n'ont
que la jouiffance, la propriété
étant affectée aux territoires, defquels par conféquent ils n'ont
point une libre difpofition (a).
Ils ont auffi des Biens Patrimoniaux, (Fürftliche Erb-Güter,
Chatoul-Aemter, Chatoul-Gü-
ter) (b), qui leur font avenus par hé-

(a) Il n'eft cependant point douteux
que ces biens puiffent être aliénés dans
des cas de néceffité urgente. Mais fi ce
font des fiefs, il faut l'agrément de l'Empereur; fi ce font des biens éccléfiaftiques.
fiefs ou allodiaux, il faut en outre le confentement du chapître. *Caufa* 52. 9. 2.

Obf. Dans les territoires, où il y a des
Etats provinciaux il eft d'ufage de reque-
rir leur agrément pour l'alienation des
biens domaniaux; ils n'ont pas coûtume
de le refufer pour ne point bleffer la fen-
fibilité de leurs Seigneurs.

(b) V. la Differtation *de Hoffmann*;

ritage ou qu'ils ont aquis par d'autres titres. Ces biens ne font point incorporées aux Domaines, & les Etats les poſſédent comme des particuliers ; ſi ce ſont des fiefs, ils n'en peuvent diſpoſer que conformément aux droits & uſages féodaux, ou ſuivant les clauſes & conditions appoſées aux lettres d'inveſtiture ; ſi au contraire ce ſont des allodiaux, ils en ont la pleine & entiere diſpoſition tant par actes entre vifs qu'à cauſe de mort. Les Biens Domaniaux du fiſc étant de leur nature inalienables, ſont auſſi cenſés être impreſcriptibles (c), mais les biens patri-

_____

de *Patrimonio Principis privato, quod* Die Schatul vocant, *ejuſque privilegiis & Juribus. Jenæ* 1727. & *Hottomanni, Franco-Galliæ. cap.* 9.

(c) V. *Thomaſii Diſſertatio de præſcriptione regalium ad jura ſubditorum non pertinente.* Il y a cependant bien des ſçavans publiciſtes, qui prétendent au contraire qu'on peut lesprescrire par une poſſeſſion de bonne foi pendant un tems immémorial. *l'Auteur des méditations ſur le Traité de Paix de Weſtphalie. Man-*

patrimoniaux du fifc des Etats
de l'Empire s'aquièrent par une
prefcription de quarante ans (*d*)

CHAPITRE IV.

Comprenant les droits de guer-
re , de paix , d'alliances &
de légations , dûs aux Etats
de l'Empire.

I.

Il eft inconteftable que le bonheur d'un Etat dépend en partie
de la piété des fujets, de la juftice des loix & de la fageffe du
gouvernement, & en partie de la
puiffance & de la prudence du
Chef. Cette puiffance & cette
prudence ne fe manifeftent & n'é-
clatent nulle-part d'avantage que
dans les guerres, dans les traités

---

tiffa I. ad fpecimen IV. §. 20. ce qui eft
conforme au Droit Can. *cap. 33. x. de*
Jurejur. & cap. 26. §. præterea x. de
verb. fignif.

(*d*) *L. 4. Cod. de prefcript. 30. anno-*
rum.

de paix & d'alliances , dans le
choix des Ministres publics, Ambaſſadeurs ou Envoyés ; & c'eſt
particulierement par ces moyens que l'on tache de garantir
ſon état de tous dangers dont il
pourroit être ménacé au dehors.
Dans le chapitre précédant nous
avons vû les droits que les Etats
d'Empire exercent dans l'intérieur
de leurs territoires , dans celui-
ci nous toucherons ceux qu'ils
exercent au dehors avec leurs
voiſins. Or l'exercice de tous ces
droits n'a qu'une même fin, ſçavoir
la félicité des ſujets tant au dedans
qu'au dehors de leurs Provinces.

II.

Droit de
guerre.

Le droit de guerre paroit dé-
couler de la ſupériorité territoriale ; laquelle étant une eſpece
de ſouveraineté emporte la faculté de ſe ſervir pour ſa conſerva-
tion de tous les moyens autori-
ſés par le droit des gens & approuvés par le corps dont elle
dépend. Ainſi celui qui aura trouvé le berçeau de cette ſupériorité,
pourra ſe flatter d'avoir touché à

la fource de ce droit. Sous les
Empereurs Carlovingiens , les
Etats n'étant que fimples admini-
ftrateurs des Provinces , n'avoient
certainement pas le droit de faire
la guerre , & ceux qui ofoient la
faire contre leur maître étoient
traités comme rebelles (a). A
l'extinction de la race Carlovingienne , les plus puiffans parmi
les Etats; p. e. *Henri Duc de Saxe* , *Arnould Duc de Bavière* , prirent les armes contre *Conrad I.*
& le ferrerent de fi près qu'il fe
vit contraint de leur laiffer leurs
Provinces en propre avec tous
les régaliens. *Henri* , furnommé
l'Oifeleur , étant enfuite devenu
Empereur , fut également attaqué
par *Arnould* (b). Ces guerres in-

(a) L'hiftoire nous en fournit un grand
nombre d'exemples. *Thaffilon , Duc de
Bavière* dépouillé de fon Duché pour avoir
pris les armes contre *Charles-Magne* ,
nous en donne un frappant. V. *Sigebert
Gembl. ad ann.* 780.

(b) V. *l'Abrégé de l'Hiftoire & du Droit
publ. d'Allemagne.* p. 72. & *Sigebert
Gembl. ad ann.* 920.

D d 2

teftines devinrent fort fréquentes
fous les Empereurs *Ottons*, &
bien plus encore fous *Henri IV.*
elles continuerent jufqu'au grand
interregne. Mais prouvent-elles
que les Etats belligérans avoient
déja pourlors le droit de guerre?
certes la voye de fait n'en prouve pas le droit. Mais fuppofons
qu'oui; avoient-ils pour cela le
droit de faire la guerre à leur
Chef? De quelle façon que j'en-
vifage ces Etats, foit comme fujets, foit comme Vaffaux de l'Empereur; je ne vois point comment le droit de guerre pouvoit
leur convenir contre leur Seigneur
ou contre leur Souverain. Quoiqu'il en foit, cette monftrueufe licence de faire la guerre à fon
Chef produifit facilement, ou
étoit fuivi d'une autre efpèce de
Droit ma- droit barbare appellé, droit ma-
nuaire. nuaire, (Fauſt-Recht), que les
Etats exerçoient réciproquement
les uns fur les autres, pour fe faire juftice, s'étant préalablement
défiés ou formellement déclarés

la guerre (c) ; l'exercice de ce
foi-difant droit barbare déplut infiniment à l'Eglife & aux Empereurs. Mais les mœurs fauvages
de ces fiécles dépravés & la trop
grande puiffance de certains Etats
n'en permettoit point alors une
abolition entiere ; on s'efforça au
moins de l'adoucir , en lui pré-
fcrivant de certaines bornes &
de certaines regles (d) ; enfin

_____

(c) Conformement à la *Bulle d'or. tit.*
17. *& fuiv.* La guerre privée étoit tolérée , pourvû
qu'on la déclaroit trois jours de fuite à la
perfonne ou au domicile , où celui que l'on
vouloit attaquer demeuroit ordinairement.

(d) Déja dans l'onzieme fiécle l'Eglife
mettoit les eccléfiaftiques , les femmes,
les laboureurs qui travailloient, les marchands , les étrangers , les femmes des
Seigneurs défiés avec leur fuite , quand
elle n'étoit point armée, les biens eccléfiaftiques, les moulins &c. à l'ombre d'u-
ne *paix perpétuelle* contre toutes ces entreprifes. Par un autre moyen appellé
trêve de Dieu , toutes les hoftilités devoient ceffer en général pendant un certain
tems déterminé , fçavoir depuis le foir de la
quatrieme férie, c. a. dire. du mercredi jufqu'au matin de la feconde , qui eft le jour
de lundi ; plus depuis le 1. jour de l'Avant

Maximilien I. lui porta un coup
mortel par fa conftitution, appellée, *la Paix publique.* Il en refta
abafourdi jufqu'aux révolutions
que le feizième fiécle vit naître dans
l'Eglife; alors les Etats fe l'arrogerent de nouveau. La guerre de
Smalcalde & celle de trente ans,
nous en fourniront toujours un
déplorable fouvenir. J'abandonne
ces mauvais exemples de guerres
tramées & conduites par les Etats
les uns contre les autres, ou contre leur Chef à leur fort, &

---

jufqu'après l'octave des Rois, depuis le
dimanche, qui précéde la fête de l'Afcenfion,
jufqu'après l'octave de la Pentecôte & pendant plufieurs autres fêtes, y compris la
nuit, de même que les jours des quatre-
tems &c. Et au cas de contravention il
étoit ordonné aux Evêques d'excommu-
nier ceux qui rompoient la tréve, & qui
après avoir été interpellés par trois fois ne
donnoient point de fatisfaction. Vid. *cap.
I. x. de Treuga & Pace.* & *Petrus de
Marca. de Concord. Sacerdot. & Imp.
IV. tit.* 14. *Bignon. ad Marculf. for-
mul.* p. 941. V. la differtation de Domi-
nius intitulée : *de Treuga & Pace ejufque origine & ufu in bellis privatis,* im-
primée à Paris chez Cramoifi. en 1649.

ne prétends aucunement en faire
fond pour appuyer leur droit ;
vû qu'il ne tombe pas dans le bon
fens , que la conftitution d'un
Etat, d'une fociété, d'une confédération, ou d'un corps quelconque puiffe donner ou permettre
à fes membres de fe faire mutuellement la guerre , ou de la faire
à leur Chef. Ce feroit chercher fa
fureté dans les caprices & dans
la fureur d'un chacun. Ainfi toutes ces guerres, dont nous venons
de parler, prouvent feulement le
danger auquel s'expofe un corps
qui laiffe trop de pouvoir à chacun, ou à plufieurs de fes membres en particulier.

III.

Pour fçavoir quelle efpèce de
droit de guerre compête aux Etats
ayant fupériorité territoriale , il
faut diftinguer la guerre intéftine
menée contre fes fujets, ou contre fes Co-Etats , ou contre fon
Chef d'avec la guerre contre les
étrangers. Cela pofé je dis I°. que
les Etats en qualité de Seigneurs
territoriaux ont le droit de dom-

424 DES LOIX PUBLIQUES

pter leur sujets rébelles par toutes sortes de voyes coactives ; mais
ces voyes étant employées en vertu de l'autorité du maître , ne font
pas un véritable acte de guerre ;
lesquelles d'ailleurs ne servent qu'à
punir & à corriger les mauvais
sujets; ainsi il seroit ridicule de
dire que les Etats ont ou exercent
le droit de guerre contre leurs sujets. II°. Que les Etats quelques
differens qu'ils puissent avoir entre eux ne peuvent & n'osent se
servir que d'une amiable composition, ou de la voye ordinaire de
la justice sans faire aucune poursuite par des voyes de fait ; ainsi
toute guerre offensive leur est
absolument défendue entreeux (a).

(a) V. *La Paix publique de Worms,*
de 1495. tit. I. les *Récés de Spire* de
1526. §. 5. & de 1541. §. 26. & *la paix
de Westphalie ,* art. *XVII.* §. 7.
Obs. I. Si les interêts d'un Etat ont été
lésés par les voyes de fait d'un autre
sans une guerre ouverte, l'offensé tache-
ra premiérement de détourner l'offensant
de cette voye en soumettant la cause à
une composition amiable, ou aux procédures ordinaires de la justice; mais si dans

Mais étant injuſtement attaqués les uns par les autres, le bon ſens & la nature leur dicte de repouſſer la force par la force, & de ne point ceſſer de pourſuivre leur ennemi juſqu'au moment qu'il paroiſſe hors d'état de nuire. III°.

---

l'éſpace de trois ans le differend ne peut être terminé par l'un ou l'autre de ces moyens, tous les Etats doivent ſe joindre à la partie léſée & l'aider de tous leurs conſeils & de leurs forces à repouſſer l'injure par les armes, & la partie léſée paroit être en ce cas en droit d'uſer de repréſailles. *V. les* §. 5. & 6. *de l'art. ſuſdits.* Leſquelles cependant ſont défendues aux Etats, s'ils ont d'autres voyes pour parvenir à leurs fins. *V. la Conſtitut. de Maximilien II. faite à la Diète de Spire en* 1570. & *l'art. XVI.* §. 5. *de la Capitul. de Joſeph II. Struv. Corp. J. publ. cap. XXIX.* §. 52. & 53.

II. *L'art. VIII.* §. 19. *de la Capitulation de Joſeph. II.* porte une exception à cette regle : la voici . . . "Il ſera loiſi„ble à chaque Electeur, Prince & Etat „(y compris la Nobleſſe immédiate de „l'Empire), de ſe délivrer & décharger, „*de leur authorité* & *du mieux qu'ils* „*pourront*, de pareils griefs & excès, „c. a. d. des péages ou autres impôts „nouvellement établis & levés injuſtement „ſur eux".

Dd 5

Qu'ils ne font jamais en droit de
faire la guerre à leur Chef, mais
qu'en tous cas ils doivent d'abord
tenter toutes les voyes de juftice
ou d'accommodement; fi aucune
ne réuffit, ils pourront fe fervir
de repréfailles (*b*). Concluez donc
enfin, que les Etats de l'Empire
n'ont, & ne peuvent exercer le
droit de guerre, que contre les
étrangers; encore faut-il que ce
foit pour une jufte caufe, fondée
dans *le Droit des Gens* (*c*), & que
la guerre foit ménagée de façon
qu'il n'y arrive rien de contraire
aux conftitutions de l'Empire.

(*b*) L'Empereur promet par fa *Capitulation art. I. §. 2.* de maintenir les Etats
dans leurs droits & actions, dignités &
prérogatives &c. S'il ne le fait point, les
Etats doivent fe fervir des moyens amiables pour parvenir à leurs fins ; fi cette
voye manque, il eft permis aux Etats d'en
porter leurs plaintes au Confeil Aulique.
Si ce Confeil refufe expreffement ou tacitement de leur rendre juftice, ils n'ont
plus d'autres voyes, que celle des repréfailles.

(*c*) V. *Grotius, de J. B. & P. lib.
I. cap. II. §. 1.*

IV.

Les droits de guerre & de paix, celui de former des alliances & celui d'avoir des Miniftres publics, font autant de parties de la fupériorité territoriale & du droit des gens réconnus dans les Etats (*a*) par les Loix fondamentales de l'Empire. Mais comme leur exercice trop libre ou indépendant pourroit avoir une très mauvaife influence dans le corps des Etats, l'Empire fe crut fondé de lui préfcrire de certaines bornes, que les Etats ne paffent point impunément, comme la fuite le démontrera.

V.

Le droit de faire la guerre eft effentiellement lié avec le devoir de défendre fon état & fes fujets. Il comprend fous lui le droit de lever & d'entretenir tel nombre de troupes, qu'un Etat juge à propos pour fa fureté & celle de fes fujets; celui de bâtir des for-

---

(*a*) V. *Pfeffinger*, *ad Vitriar. tom.* 2. *tit.* 3. *p.* 400.

tereffes , d'établir des magafins,
arfenaux & places d'armes , &c.
dans fes territoires ; le droit de
tenir garnifon dans les places à
lui foumifes, celui de logement
des gens de guerre, d'étapes, &
de quartiers d'hiver (a).

VI.

Le droit de guerre que l'on ne
fçauroit difputer aujourd'hui aux
États, comprend auffi le droit de
fuite (Heeresfolge , Landesauf-
bott), en vertu duquel, le Seigneur territorial eft en droit de
faire armer fes fujets pour la défenfe des confins & limites de fon
territoire; ou d'établir pour cet
effet une milice provinciale (a).

(a) Le détail de ces droits que l'on doit
exercer avec beaucoup de ménagement
& avec une grande vigilence, fe trouve
dans les ouvrages qui traitent du droit
des gens; p. e. dans ceux de Grotius , de
Jure belli & pacis. & de Puffendorff , de
Jure naturæ & gentium.

(a) Il faut diftinguer en Allemagne la
milice compofée de fimples fujets ou étrangers, de la milice des Vaffaux; cette derniere confiftant ordinairement en cavale-
rie ne peut point être couduite malgré
elle hors des limites du territoire de leur

Il eſt même loiſible aux Etats de fournir des troupes ou autres ſecours aux puiſſances étrangeres(b), ou d'en recevoir, ou de leur permettre de faire des recrues dans leurs territoires (c) ; il leur eſt également libre de ſe mettre en ſervice auprès d'elles , pourvû que ce ne ſoit point contre l'Empire, ni dans un tems ou l'Empire a beſoin d'eux (d).

Seigneur direct. *Londorp. tom. II. p.* 205. *Stryck*, *de Militia lecta provinciali.*

(b) Cela eſt clairement exprimé par le *Récès d'Empire de* 1570. §. 4. & par *l'art. VI. §. 5. de la Capitulation de Joſeph II.* pourvû que cela ſe faſſe de façon, que raiſonnablement on ne puiſſe ſuppoſer que l'Empire ſera par-là expoſé à quelque danger. Ainſi il ne ſeroit p. e. guères permis à un Etat de prendre pour troupes auxiliaires des gens ſuſpects ou mal intentionnés contre l'Empire. V. *Les Memoires de Caſtela. page* 390.

(c) Qui eſt une ſuite du principe antérieurement établi. Cette preuve ſe repoſe ſur cet axiome . . . . *Celui qui peut plus, peut moins ;* ſous entendu dans une même affaire.

(d) V. *Myler , ab Ehrenbach. Stratologia Germanici Imperii ſtatuum , ſive*

VII.

Droit de paix.

Le droit de paix fuit naturellement le droit de guerre & celui qui peut foutenir fes droits par la force, peut auffi en céder une partie, ou y renoncer en plein, ou entrer à cet égard dans une compofition amiable avec fon adverfaire, felon que le bien public de fon état l'éxige, ou que les loix fondamentales le permettent. La guerre eft une crife quelquesfois néceffaire, mais elle affoiblit toujours l'état, la paix au contraire le fortifie. Delà je conclus, que les Etats de l'Empire doivent toujours plûtot pencher du côté de la paix, que de la guerre, fe fouvenant des paroles d'*Alphonfe de Caftille*, qui difoit. . . . *Je crains bien plus les larmes de mon peuple, que les armes de mes ennemis.* D'ailleurs le droit de paix ainfi que le droit de guerre découle du domaine émi-

libertas Germanici Imperii ordinum, apud exteros. & la Capitulation de Jofeph II. art. IV. §. 14. y jointes les Obfervations de J. J. Mofer, au même endroit.

nent, qu'ont les Etats fur tous les biens de leurs fujets, pour en difpofer conformément aux règles d'un fage gouvernement.

VIII.

Une alliance dénote ici un lien ou bien une jonction de deux ou de plufieurs puiffances, fondée fur l'identité de leurs interêts, pour fe défendre contre un tiers ou l'attaquer mutuellement, afin de récuperer ou maintenir & conferver leurs biens, leurs droits & prérogatives, ainfi que ceux de leurs fujets. Pour bien négocier une alliance, il faut que la politique, non feulement porte fes yeux fur les objets qui méritent l'attention de l'état qu'elle gouverne, mais encore fur ceux qui doivent interefer les autres états; il faut en outre tacher de trouver un allié prudent, valeureux & fidele. La juftice du droit de faire des alliances fe repofe fur la néceffité de fe défendre & de maintenir la tranquillité publique. La nature & les conventions des hommes ont rendû très inégales les forces des

Des allian- ces.

états : mais plusieurs états foibles, en s'affociant, deviennent égaux en puissance aux plus forts.

IX.

Le droit de faire des alliances pour fa défenfe en cas d'une injufte attaque paroit être fondé dans la nature & convenir à tout le monde; mais comme les alliances fe font auffi bien pour l'attaque, que pour la défenfe, ce droit confidéré en général ne peut convenir qu'aux Souverains. Les Etats de l'Empire ne s'arrogerent dans les commencemens que le droit d'alliances défenfives faites entre eux foit pour leur bien particulier (a), foit pour le bien de l'Em-

---

(a) Telles étoient les alliances que déjà dans le treizième fiécle les villes commerçantes fituées le long du Rhin faifoient entre elles, voyant qu'elles n'étoient point affez foutenues par les Empereurs. V. *Chron. Auguft. ad ann.* 1255. Telle étoit pareillement l'alliance que *Brunon*, Seigneur de *Ribeaupierre*, fit avec *Charles VI. Roi de France*, le 28. Septembre 1386. dont le traité en original, fe trouve dans les *Archives de S. A. S. le Duc des Deux-Ponts.*

pire, & fpécialement pour l'exécution de la *paix publique*. Ces
alliances étoient ordinairement approuvées & autorifées des Empereurs. Les autres, fur-tout celles
avec les Puiffances étrangeres, ne
pouvoient fe faire, qu'avec l'agrément & le confentement exprès
de la Diete annuelle établie pour
lors (*b*). Les troubles excités au
fujet de la réformation faifoient
naître plufieurs alliances que l'Empire ne pouvoit ou ne vouloit
empêcher ni rompre (*c*). Par-là

(*b*) Par la *Bulle d'Or*, faite à *Nuremberg*, en 1431. Il fut ordonné, fous
peine de cent marcs d'or pur, que perfonne qui qu'il puiffe être, ne feroit
aucune alliance fans le fu, gré & confentement *de l'Empire*. V. *Goldaft*, *t*. 1,
Conftitut. p. 169. V. *la confirmation
de la paix publique*, & *Goldaft* poli-
tifche Reichshåndeln, *p. XII. Cap*. 18.
& *Mutius*, *l. XXX. p*. 355.

(*c*) Les anciennes ligues & alliances
des Etats d'Allemagne, fe trouvent chez
Datt. De pace publia, & chez *Obrecht*,
de Imperii Germanici ejufque ftatuum

le droit des Etats s'affermit à cet
égard ; & déjà , en 1555 , il leur
fut affuré par le Récès d'Augsbourg.
Enfin le droit de faire des alliances , foit entr'eux , foit avec
les étrangers pour l'attaque , auffi-
bien que pour la défenfe , leur fut
pleinement accordé & confirmé
par la paix de Weftphalie (d) ,
dont voici les paroles.... " Cha-
„ cun des Etats de l'Empire jouiffe
„ librement & à perpétuité du droit
„ de faire entr'eux & avec les
„ étrangers des alliances pour la

Fœderibus , §. XVII. & feq. Les plus ré-
centes , favoir , celles qui fe font faites
depuis l'introduction du Luthéranifme ,
font rapportées par Struv. Corp. J. publ.
cap. 29. §. 58.

(d) V. l'art. VIII. §. 2 du traité
d'Ofnabrück , & l'art. II. §. 63. de celui
de Munfter, ajoutez-y l'art. VI. §. 4. de
la Capitulat. de Jofeph II, avec les Obfervations de Mofer.

Remarquez cependant , que les Etats
n'étant point en droit de fe faire mutuellement la guerre , ils ne le font non
plus de faire des alliances offenfives les
uns contre les autres.

„ confervation & fûreté de cha-
„ cun, pourvu néanmoins qu'elles
„ ne foient ni contre l'Empereur
„ & l'Empire, ni contre la paix
„ publique, ni contre cette tranf-
„ action, & qu'elles fe faffent
„ fans préjudice en toutes chofes,
„ du ferment, dont chacun eft
„ lié à l'Empereur & à l'Empire „.

X.

Il eft donc inconteftable que
les Etats d'Empire jouiffent du droit
de faire des alliances même avec
les puiffances étrangeres, pourvu
qu'elles ne foient préjudiciables ni
à l'Empereur ni à l'Empire, ni
aux Etats en particulier (a). Ils
font également en droit de faire
garantir leurs traités, de devenir
médiateurs entre deux puiffances,
& de fe charger de la garantie de
leurs conventions (b).

(a) Une alliance préjudiciable à l'Empire, feroit celle que l'on feroit avec fon
ennemi

(b) Il en exifte plufieurs exemples.
Ainfi, *la tranfaction conclue à Altena*,

X I.

Les alliances fe · font toujours par l'intervention des Miniftres publics : ainfi, le droit d'alliance fuppofe celui d'envoyer & de re-cevoir de ces fortes de Miniftres, qui ont charge de les conclure. Ces Miniftres différent de rang & de caractere, & jouiffent par conféquent de différentes préroga-tives & honneurs. Les Electeurs font en poffeffion d'envoyer aux Dietes d'élection des Miniftres du premier rang avec caractere repréfentatif, en un mot de vrais Ambaffadeurs (*a*). La *Capitulation* leur donne le même droit à l'égard de la Cour Impériale, où elle ac-

près de *Hambourg* , *le* 26 *Mai* 1689 , entre la maifon du Roi de Danemarc & celle de Holftein-Gottorp, fut garan-tie par l'Empereur Léopold & les Electeurs de Saxe & de Brandebourg.

(*a*) Jouiffant des mêmes honneurs que ceux des Rois, portant le titre d'excel-lence, prenant la droite chez eux, ayant le droit d'être conduit à fix chevaux, de fe couvrir devant les Rois, &c.

corde même à leurs Ambassadeurs le pas sur ceux des Républiques qui ont les honneurs des têtes couronnées, & sans faire aucune distinction entre les Ambassadeurs Electoraux du même rang, elle accorde à tous les mêmes honneurs qu'à ceux des Rois (b). Les Electeurs jouissent du même droit à l'égard des puissances étrangeres (c).

XII.

Les Princes, sur-tout ceux d'anciennes Maisons, prétendent une entiere égalité de droit dans ce point. Le fameux *Leibnitz* soutient vigoureusement leurs prétentions (a), je suivrois volontiers ses

Des Princes d'Empire.

(b) V. la *Capitulation de Joseph II*, *art. III*, §. 20. & *les Observations de Moser, sur le même art.*

(c) Ce droit a été expressément accordé aux Electeurs par l'Empereur & le Roi de France lors du traité de Nimégue. V. *Puffendorff, rerum Brandenburg. L. XIV.* §. 58.

(a) Dans son *traité de* 1678, *de jure supremacus ac legationis Principum Ger-*

Ee 3

traces, vu que la suprématie ou la supériorité territoriale dont ils jouissent, les met de pair avec les Electeurs dans tout ce qui est du droit des gens. Les Princes le sentent, leurs Ministres l'affectent, aussi ne voulurent ils point signer le *traité de Nimégue*, avant qu'on leur eût accordé le titre d'Excellence & les droits y attachés. Aujourd'hui il leur est loisible d'envoyer des Ministres du premier rang qui ont le droit de se faire mener à six chevaux; mais on leur refuse le titre d'Excellence (*b*) & d'autres droits y annexés.

XIII.

Si nous ne consultons que l'usage & l'esprit de la Capitulation, il paroît que les Princes d'Empire

---

maniæ, *cap.* 10. Le nom supposé de ce traité est *Furstenerius Cæsarinus Justinus Presbeuta.* Henniges les défend, de même dans son *traité de Jure legationis statuum* 1711. *in* -8°.

(*b*.) V. *Selecta Juris publ.* tome 3, *pag.* 379. & tom. 5, *pag.* 417. De nos jours les Envoyés des Princes d'Empire sont

n'ont que le droit d'envoyer des Miniſtres du ſecond ordre (a). La Capitulation, en parlant des Miniſtres publics, que les Electeurs ont droit d'envoyer à la Cour Impériale & aux Cours étrangeres, ſe ſert formellement des termes *du premier rang, primi ordinis (b)*, tandis qu'en parlant de ceux des Princes ou autres états, elle ſe contente de les déſigner ſous le terme général *Envoyés* (Geſand= ten,) (c) ce qui fait voir que les Electeurs cherchent à s'arroger

---

convenus enſemble en 1728, de ſe ſervir & de ſe donner réciproquement ce titre, dont la prétention a déja cauſé différens mouvemens dans l'Empire. V. *Kulpiſii, diſſert. de legationibus ſtatuum Imperii*, quæ extat in volum. diſſert. ejuſdem edito *Argentinæ* anno 1705. in-4°.

(a) Je ne nie cependant point que dans de certaines circonſtances on ait déféré les mêmes honneurs aux Envoyés des Princes de l'Empire, qu'à ceux des Rois. V. *Puffendoff, lib. XVI. §. 53. & 54.*

(b) V. *l'art. III, §. 20. de la Capitulation de Joſeph II.*

(c) V. *l'art. XXIII. §.2. de ladite Capitulation.*

E e 4

ce droit exclufivement, comme un rejetton de leur prééminence, malgré toutes les proteftations de la part des Princes à cet égard. Les Ambaffadeurs des Empereurs s'appuyant principalement fur la Capitulation, ont conftamment refufé le titre d'Excellence aux Envoyés des Princes, en leur difputant le *Caractere repréfentatif (d).*

XIV.

Des Comtes & des Villes Impériales. Que dirons-nous des Comtes & des Villes d'Empire? La Capitulation donne à tous ceux qu'ils chargent de leurs pouvoirs, le titre commun d'Envoyés Gefandte, Abgefandte (*a*). Les actes

---

(*d*) Une pareille difpute s'éleva particulierement, lorfqu'il s'agiffoit de tramer les préliminaires de la paix de *Ryfwick*; & les Ambaffadeurs de l'Empereur Léopold ayant refufé aux Députés de la Diete les honneurs dûs aux Miniftres publics du premier ordre; ces derniers ne voulurent entrer en aucune conférence avec lefdits Ambaffadeurs fur les intérêts de l'Allemagne. V. *Ludwig*, *de jure adlegandi ord. Imperii*, p. 187.

(*a*) V. le fufdit *art. XXIII.* §. *2. de la Capitulation de Jofeph II.*

publics font foi que l'on n'a point
fait de difficulté, pas même chez
les Puiffances étrangeres, d'accorder ce titre aux Miniftres publics
des Comtes d'Empire, jouiffant de
la fupériorité territoriale, comme
l'a fort bien démontré le favant
Publicifte *Kopp* (*b*), tandis qu'il
confte par les mêmes actes, que
les Miniftres publics des Villes
n'ont jamais pris que le titre de

(*b*) Je m'oppofe conféquemment aux
fentimens des Publiciftes, qui prétendent
que le droit d'envoyer des Miniftres publics du fecond ordre, ne convient aux
Comtes & Villes d'Empire, que par banc,
alléguant pour raifon, que c'eft dans le
banc que réfide la qualité d'Etat de l'Empire. Cette raifon eft bonne quant au
fuffrage ; mais elle ne doit aucunement
être appliquée aux droits qui réfultent
de la fupériorité territoriale, & qui font
partie du droit des gens. D'ailleurs, fi
cette raifon étoit concluante, il s'enfui-
vroit qu'un Comte d'Empire, p. e. ayant
une affaire particuliere & à lui propre,
ne pourroit la négocier auprès d'un autre
Etat ou auprès de l'Empereur par un
Miniftre du fecond ordre ; à moins que
le Collége des Comtes (que cette affaire
ne regarde en aucune façon) ne lui ait

Députés, de même que ceux de la Nobleſſe immédiate (*c*). On peut donc dire que, conformément à la Capitulation, les Comtes & Villes d'Empire, même pris ſéparément ont le droit d'envoyer aux Co-Etats & à la Cour Impériale, des Miniſtres publics du ſecond ordre (*d*).

---

choiſit ce Miniſtre par la pluralité des voix. Certes l'expérience & le bon ſens nous convainquent du contraire.

(*c*) *De différent. Comitum*, p. 491.

(*d*) La Capitulation paroît n'accorder à la Nobleſſe immédiate que le droit d'envoyer des Députés, qu'elle diſtingue des Envoyés des Etats de l'Empire, par le terme 𝔘𝔟𝔤𝔢𝔬𝔯𝔡𝔫𝔢𝔱𝔢. V. *les Obſervat. de Moſer à l'art. XXIII. §. 2 de la ſusdite Capitulation.*

Obſ. Les Publiciſtes ſoutiennent qu'elle ne peut en nommer qu'en Corps, ou du moins par Canton. Ses Députés jouiſſent néanmoins du droit des gens & il ne faut point les confondre avec les Députés des Etats provinciaux, ſoit en Allemagne, ſoit dans les autres gouvernemens.

ERRATA.

Avertiffement.

L'impreffion des deux premiers Tomes ayant été un peu précipitée, il s'y eft gliffé des fautes, dont je dois la correction au lecteur.

Dans le premier Tome.

Pag. 74. ligne 16. *lif.* en 1624.

P. 153. à la marge , *lif. réception du Concile.*

P. 162. à la fin , *lif. provenants des conventions tacites.*

P. 189. ligne 10. *lif. leurs Rois Hengft & Horft*, & dans la note (*a*) de ladite page *lif. Hengft & Horft.*

P. 327. à la fin, *lif. l'Archi-Duc d'Autriche.*

P. 328. à la fin, *lif.* l'Electeur Palatin, comme *Duc de Baviere*, & *l'Archevêque de Salzbourg.*

P. 375. ligne 5. *lif. coroneris.*

P. 383. lig. 8. *lif.* depuis l'Empereur Léopold, felon Mofer dans fes Méditations fur la *Capitulation de Jofeph II*, *art.* 3. §. 8.

Dans le fecond Tome.

P. 365. ligne 27. *lif. criches.*

Item ligne 32. *lif.* 1775.

P. 383. ligne 22. *lif.* la grande *fe trouve au Luxhoff dudit Strasbourg.*

ERRATA

Du préfent troifieme Tome.

Pag. 34. ligne 20. *lif.* Voyez la lifte que le Sr. Heiff à donné.

P. 108. ligne 15 *lif. tantôt feul, tantôt conjointement.*

P. 118. ligne 3. *lif. confommés.*

P. 128. ligne 2. *lif. en force.*

P. 192. à la fin, *lif. pour leur en donner l'exemption.*

P. 245. ligne 11. *lif.* cette claufe.

P. 266. ligne 9. *lif. L. 2. C. de his qui ven· ætat.*

P. 269. ligne 23. *lif mineur difpenfé d'âge.*

P. 275. ligne 13. *lif. mariage non illégitime.*

P. 284. ligne 14. *lif. par dol & à deffein.*

P. 300. ligne 3. *lif. forains.*

P. 303. à la fin, la lettre (*i*) eft de trop.

P. 306. ligne 2. *lif.* l'exemption.

P. 331. à la marge, *lif fources de la fupériorité territoriale.*

P. 335. ligne 9. *lif.* être parvenue.

P. 356. ligne 10. *lif. de refpect.*

P. 359. ligne 12. *lif. émigrer.*

P. 367 ligne 9. *lif. poffédés.*

P. 416. ligne 3. *lif. incorporés.*

www.ingramcontent.com/pod-product-compliance
Lightning Source LLC
Chambersburg PA
CBHW060527220326
41599CB00022B/3446